高野秀行

Takano Hideyuki

幻のアフリカ納豆を追え！

そして現れた〈サピエンス納豆〉

新潮社

【ナイジェリア】

ダワダワの発酵が始まって２日目。豆はネバネバになっていた!!

西アフリカのサヘル（半乾燥地帯）に広く自生するパルキアの実。固い皮を取り除くと大豆によく似た豆が姿を現す。

ナイジェリア北部、カノ市場の納豆売り。カノでは納豆は食卓に欠かせない存在だ。

ハウサ族の衣装を着てパルキア豆を搗く「健ちゃん」。村の女性に大受け。

ソルガム畑の脇に生えるパルキアの木。

一見、単なるカレーライスのように見えるが、実は恐ろしいほどに凝っている料理「スープ・カンジャ」。

セネガル南部カザマンスに広がる田んぼ。ボブ・マーリーのような風貌の人物は〝宗教的不良〟のアブさん。

セネガルの納豆「ネテトウ」。いろいろな形で保存される。これはオクラ形にしてから燻製にしたもの。

マンボイさん一家の食卓。セネガルでは大皿で分け合うのが一般的だ。

カザマンス地方では千年以上前からアフリカ原産の米を食べている。ネテトウ玉を一緒に炊き込むという調理法はここから首都ダカールに伝わった可能性が高い。

あまりに美味しいので別名『セ・ボン（美味しい）』と呼ばれる料理「チェップ・ジョーラ」。仕上げにヤシ油を回しかける。

【韓国】

DMZ（非武装地帯）を売りにしているブランド大豆のチャンダンコン。

韓国側の展望台から眺める38度線と北朝鮮。他の惑星のような荒涼とした土地にちらほらと建物が見える。

韓国の納豆汁、チョングッチャン。すくうと、豆の形が残っているのがわかる。

生チョングッチャンは発酵が終わると、塩と唐辛子粉をふり、杵で搗いてつぶす。粘り気が強いのでなかなか大変。

ワラで発酵させた全羅道ワンジュ郡ウォンウ村の生チョングッチャン。松の葉で香り付けをしているのが特徴。

生チョングッチャン作りで訪れた全羅道スンチャン郡。なかなか山深い。

家の軒先に吊り下げられた「メジュ」。韓国の味噌や醤油はこれから作られる。

全羅道ワンジュ郡にある木造のキリスト教会。かつて「隠れキリシタン」であった人々によって19世紀末に建てられた。

「オモニ（お母さん）」ことキム・ヒョンスックさん、通訳のカンさんと一緒にチョングッチャンをいただく。

【ブルキナファソ】

泊まっていたホテルから見た朝の風景。これでもブルキナファソの首都ワガドゥグの中心地。

コムシルガ地区の王様、ナーバ・ブールガ二世にビールをご馳走になる。

市場で売られているスンバラ（パルキア納豆）玉。

鶏とクスクスを油紙に包んで炭火で焼いた「プレ・クスクス」。納豆の香りが立ち上る。

煮たパルキア豆を杵で搗くザリサさん。

木陰の「キャバレー」で楽しく飲んだくれる人たち。

ハイビスカス納豆を手に持つ、ブルキナファソの〝若頭〟ことアブドゥルさん。

ハイビスカス（ローゼル）の実。ハイビスカス・ティーの原料にもなる。

アフリカの象徴とも呼ばれるバオバブの巨木。

ちっちゃな女の子も見よう見まねでバオバブ納豆作りに参加していた。

【ブルキナファソ】

世界最高峰の納豆料理というべき「鯉と納豆の焼き浸し」。チキンやホロホロ鳥バージョンもある。

スンバラ入り、バオバブ納豆入り、プレーン（納豆なし）のソースで味比べ。断トツに美味しかったのは……。

割ったバオバブの実から果肉のついた種を取り出す女性たち。

臼と杵で搗いてペースト状にしたバオバブの種を大きな団子のように丸め、草をしいた釜の中に入れる。これから蒸す。

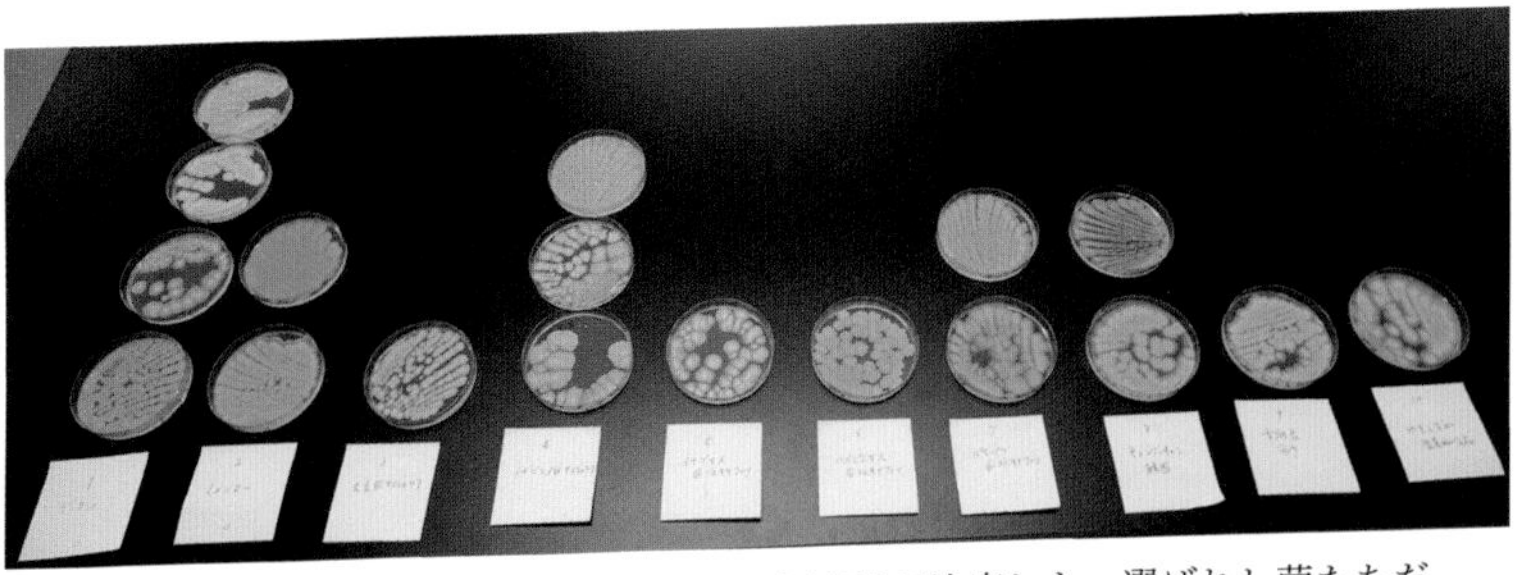

ずらり並んだシャーレの数々。納豆菌W杯出場が決定した、選ばれし菌たちだ。

南アルプス市で出土し、いまやその芸術性の高さで世界的にも有名な土偶「子宝の女神ラヴィ」。モデルとなった縄文人の妊婦も納豆を食べていた!?

写真：土偶「子宝の女神　ラヴィ」
（国重要文化財／南アルプス市鋳物師屋遺跡出土）

トチの葉で発酵させたツルマメ納豆。日本の農耕の起源がここに!?

上が大豆、下が大豆の野生種で縄文時代から生育されていたツルマメ。

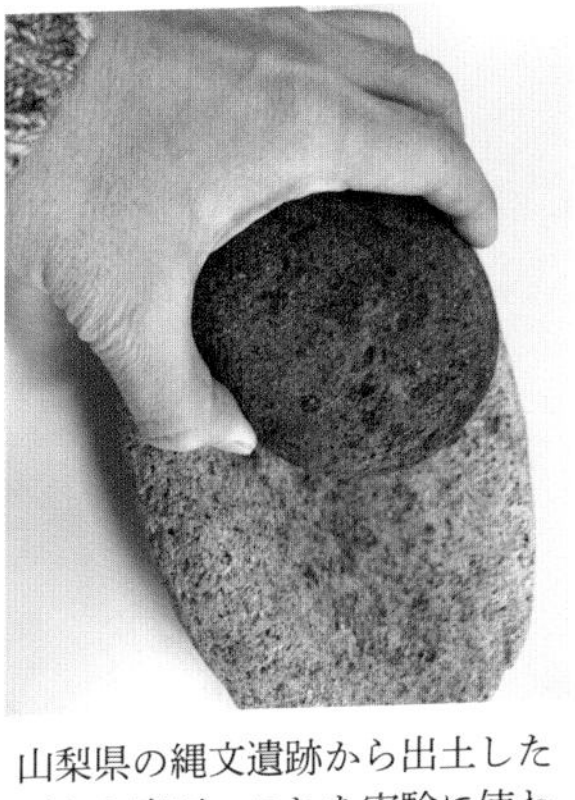

山梨県の縄文遺跡から出土した石臼と磨石。これを実験に使わせてもらった。

目次

装幀　坂野公一（welle design）
写真　著者
地図製作　アトリエ・プラン

幻のアフリカ納豆を追え！

そして現れた〈サピエンス納豆〉

プロローグ

私の人生の裏で糸を引く怪しいやつがいる。それは納豆だ。

納豆の恐ろしい魔の手に私が気づいたのは、大学を卒業し、東南アジア方面へ行くようになってからだ。タイ北部のチェンマイに暮らしていたとき、国境を越えて出稼ぎに来ていたミャンマーの少数民族シャン族の人と友だちになった。彼の家は当時、麻薬王と呼ばれていたクンサーなる人物の組織のアジトだったのだが、それはさておきそこに遊びに行くと、茶色くて丸い、薄焼きせんべいのようなものを見せられた。匂いを嗅ぐと、まるで納豆。このせんべいを砕いてスープに入れて飲むと、納豆の味がした。

納豆はタイにもいたのだ。

それからまた十年ほど経ち、私は中国国境に近いミャンマーのカチン州へ行った。とある事情で、カチン族の反政府ゲリラと一緒に何日もジャングルを歩いていた。ある日、立ち寄った村の民家で簡単な夕食が出された。それはなんと、白いご飯と納豆と生卵だった。納豆卵かけご飯は若い頃の私の大好物だったから夢中でそれを貪《むさぼ》った。醬油でなく塩味だったことを除けば、匂いも味も粘り気も、まるっきり日本で食べる納豆卵かけご飯だった。

納豆はミャンマーのジャングルにもいた。

とてもありそうのないところに納豆があるのは本当に驚かされるが、あまりに突拍子もないので意外に記憶に定着しない。

私が納豆の存在をあらためて強く意識するようになったのは、東日本大震災の前後である。当時、日本に暮らす移民の取材をしていたのだが、そのとき居合わせた日本人が実にしばしば、私の取材相手の外国出身者に「納豆は食べられますか？」と訊くのである。答えがイエスなら「わー、すごーい！」と大げさに感心し、ノーなら「まあ、無理もないですよね」とどこか優越感を漂わせる。納豆で日本人待遇をするかしないか決めているようだ。日本の納豆はいつからそんな権力者になったのか。

私はタイやミャンマーで納豆に出会っている。「納豆を食べる＝日本人」はおかしいだろうと思い、そう言うと、彼らは一様に驚くので、私は一瞬、悪代官の手下たちを倒した水戸黄門のような快感を得るのだが、手下どもは反撃に転ずる。「え、それは本当に納豆なんですか？」「食べ方は？」「作り方は？」「納豆菌の発酵なの？」などなど。

もちろん、そんな問いには答えられない。「いやあ、どうなんすかねえ……」とへらへら笑いを浮かべると、手下どもは拍子抜けという顔になる。

こんなことが何度も続き、私はアジア諸国の「未確認納豆」を探しに行こうと決心した。納豆をめぐる混乱に決着をつけようと思ったのだ。だが、それ自体、納豆の陰謀だったのではないかと今になって思う。

二年あまりかけて歩き回ってわかったのだが、全く驚いたことに納豆は、中国南部から東南アジア内陸部、そしてヒマラヤに至る広大なエリアを牛耳っていたのだ。中国、タイ、ミャンマー、ラオス、ベトナム、カンボジア、ネパール、ブータン、インドがそうだ。

私はこれらの地域で食される納豆を「アジア大陸納豆」、略して「アジア納豆」と呼ぶことにした。日本とアジア諸国でのリサーチで、知られざる納豆の正体の一端が明らかにされた。

①どんな布団でも喜んで寝る

日本では昔から納豆は藁《わら》布団にしか寝ないものと信じられていた。煮た大豆を稲わらに包んで二〜三日おいておくと納豆になるというのが常識だ。学術的にも「わらに納豆菌がいるから」と説明されてきた。

ところが、アジア諸国の納豆はバナナやパパイヤ、クワノキなど大きな葉っぱやシダの葉で包んで発酵させている。どんな葉にも納豆菌はいる。意外と布団をえり好みしなかったのだ。そして、日本の納豆とアジア納豆では納豆菌に本質的なちがいはない。ちなみに、インドネシアのテンペはカビで発酵するので納豆ではない。

②実は長生き志向

日本では納豆は冷蔵庫に入れておかないといけないし賞味期限が短い。太く短く生きている感じがする。いっぽう、アジア納豆は常温で長く保存できるようにするのが基本だ。ミャンマーのシャン族は納豆を潰して平らにのばし天日干しして前述の「せんべい納豆」を作る。他に、大きめの碁石みたいな形で干す民族もいれば、粒のまま干す民族もいる。アジア納豆の見た目が日本納豆とちがうのは長生き志向の結果だ（実は日本でも冬に藁苞《わらづと》に入れておくと、一カ月ぐらいは普通にもつ）。

③働き者で裏方を厭わない

日本では納豆は粒であることを主張している。基本的には白いご飯にそのままかけて食べる。最近では納豆オムレツや納豆パスタ、天ぷらにする人もいるが、その場合も「俺は粒だぜ」という態度を崩さない。

だが、アジア納豆はもっと融通がきく。頼まれた仕事はなんでもこなす俠気《おとこぎ》をもつ。ペースト状になってもち米につけて炙《あぶ》られたり、麵類のトッピングにされたりするのも厭わない。シャン族はせんべい納豆を砕いて粉にし、煮物やたれに入れる。文字通り身を粉にして働いているのだ。アジア諸国では納豆は食材としてより、ダシの素やうま味調味料としての役割が大きい。裏方を厭わないのである。

④恥ずかしがり屋

日本でもアジア諸国でもよそ者はなかなか納豆に出会うことができない。それは納豆が恥ずかしがり屋だからだ。食堂やレストランで出されることは少ない。家でお客さんが来たときも顔を見せない。「俺、くさいしネバネバしているし安物だし……」と台所でもじもじしているのだ。

⑤内弁慶

そのくせ、納豆は身内の中では威張っている。おかげで納豆を食べる人たち――私は「納豆民族」と呼んでいる――は、自分たちの納豆が最高だと洗脳されている。他の国や民族の納豆を「あんなのはまずい」とか「あれは納豆と似て非なるもの」と思いこんでいる。この現象を私は手前味噌ならぬ「手前納豆」と名づけている。

⑥思いのほかフレンドリー

内弁慶の強面《こわもて》の人にありがちだが、納豆はいったん心を開くととてもフレンドリー。納豆を取材に行くことによって、今まで表玄関から入っていたところを、勝手口からスッと入っていける感じがする。これは決して比喩ではない。料理は台所で作るものであり、作り手は主にその家の主婦である。

納豆名人や面白納豆キャラが続々と登場する。彼らの話す言葉は建前ではなく本音だ。

これがまたたまらなく面白い。期せずしてどこへでも通じる裏ルートを発見してしまったようなものだ。どこへ行っても「納豆が好き」というだけで、親戚みたいに温かく受け入れてもらえる。そして、予想もしない美味しい納豆料理を味わうことができる。

⑦弱い者の味方

アジアの納豆民族は驚くなかれ、すべて国内のマイノリティ（少数民族）である。彼らは内陸部の山岳地帯や盆地に住んでいることが多く、肉や魚介類、塩、油といった食材や調味料を入手しにくい。そこで納豆が貴重なタンパク源にしてうま味調味料（ダシ）として彼らの生活を支えているのだ。

日本でも歴史を紐解《ひもと》けば、驚いたことに、幕末あたりまで納豆はもっぱら納豆汁か味噌汁のダシとして食されていたという。肉や魚にアクセスしにくい山村地域や庶民の間でうま味調味料やダシの素とされていた。頑固な東北の農民も喧嘩っ早い江戸っ子も納豆には頭が上がらなかったのだ。

言わば「辺境食」「庶民食」なのである。


以上がこれまで調べた納豆の正体であり、詳細は『謎のアジア納豆』に記した。だが、話は終わっていない。納豆は私が思っているより、もっと広く深く、この世界を支配しているようなのだ。

私がひじょうにそそられている未確認納豆が二つある。

一つは朝鮮半島のチョングッチャン。「韓国の納豆汁」と呼ばれることがあり、食べるとたしかに納豆の匂いや香りがする。だが、もしお隣に納豆汁が昔からあるなら、どうして日本人がこれまで「納豆を食べる＝日本人」と信じていたのか理解しがたい。

もう一つの謎めいた未確認納豆は、なんとアフリカで報告されている。ナイジェリアでは「ダワダワ」、マリやニジェールなどでは「スンバラ」と呼ばれる納豆似の発酵食品があるという。こちらは納豆の原料が大豆でなく、別のローカルな豆らしい。

「大豆の発酵食品」という納豆の定義から大きく逸脱していた究極の未確認納豆と言えよう。

この遠近二つの未確認納豆の正体を突き止めれば、納豆の真実が今度こそ白日のもとにさらされるだろう。その暁には、「納豆」の概念どころか、人類の食文化ワールドが大きく揺り動かされるにちがいない。

まるで映画「フィールド・オブ・ドリームス」のように、私には納豆からの声が聞こえた（ような気がした）。

「行け。韓国とアフリカへ。われらの仲間を探すのだ……」

かくして、私はまたもや納豆の繰り出す粘ついた赤い糸に操られ、旅に出たのだった。

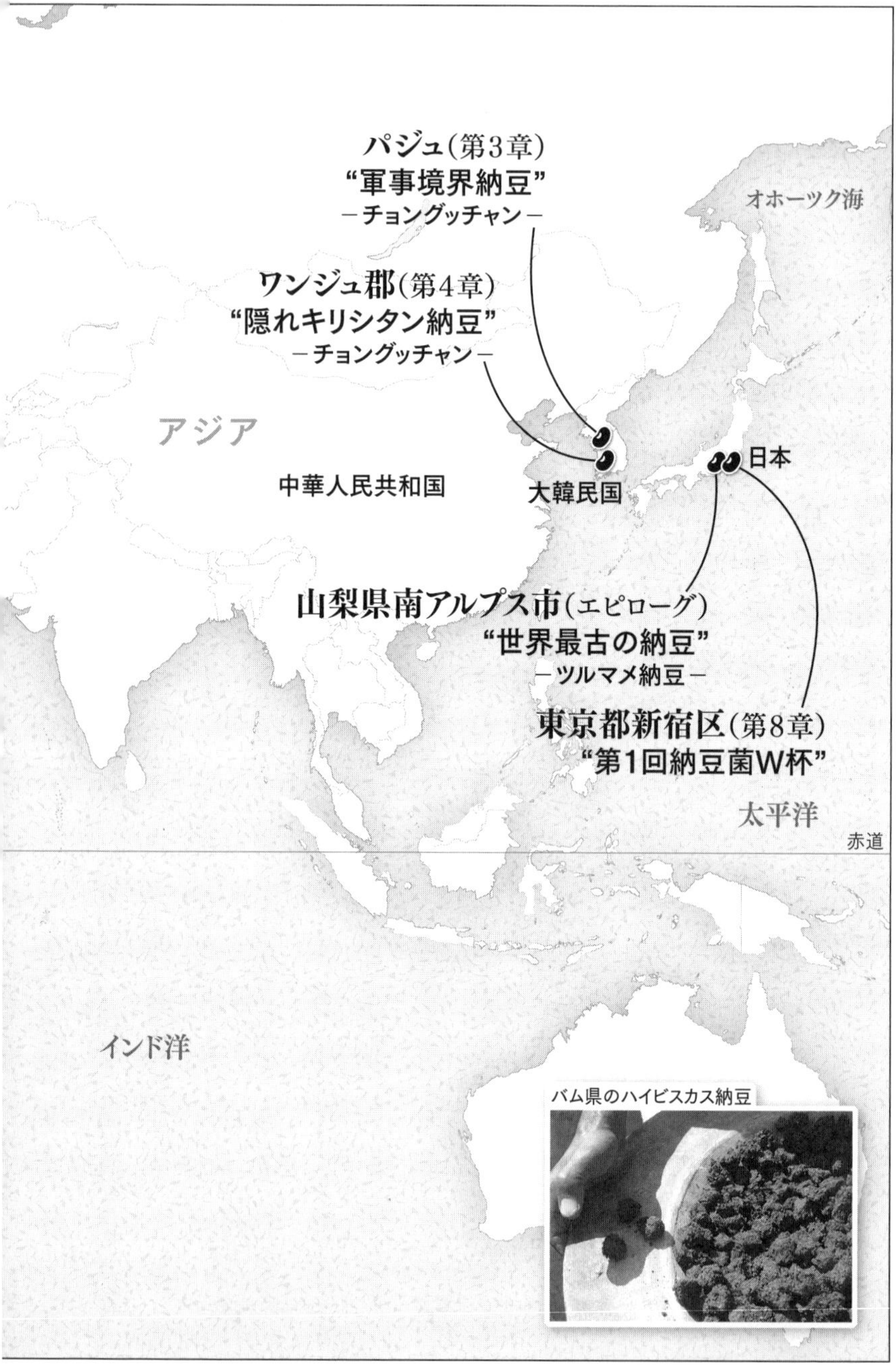
パジュ（第3章）
“軍事境界納豆”
－チョングッチャン－
ワンジュ郡（第4章）
“隠れキリシタン納豆”
－チョングッチャン－
オホーツク海
アジア
中華人民共和国
大韓民国
日本
山梨県南アルプス市（エピローグ）
“世界最古の納豆”
－ツルマメ納豆－
東京都新宿区（第8章）
“第1回納豆菌W杯”
太平洋
赤道
インド洋

バム県のハイビスカス納豆

アフリカ・朝鮮半島・日本
納豆分布図
（今回の取材で見つけたものから）
カノのせんべい納豆
ヨーロッパ
地中海
ジガンショール（第2章）
“くんせいオクラ形納豆”
－ネテトウ－
バム県（第6章）
“ハイビスカス納豆”
－ビカラガ－
セネガル
ブルキナ
ファソ
カノ（第1章）
“せんべい納豆”
－ダワダワ－
ナイジェリア
アフリカ
大西洋
ガンズルグ県（第7章）
“バオバブ納豆”
－トゥイ・ビカラガ－
ワガドゥグ（第5章）
“納豆炊き込みご飯”
－スンバラ－
0
2000km

第1章　謎のアフリカ納豆

カノ／ナイジェリア

1. 幼なじみとイスラム過激派

「秀《ひで》ちゃん、ダワダワの製造農家取材、9月の下旬に行ってきま〜す。西アフリカ共通のうま味調味料ということがわかって、前から行こうと思ってたので。確かボコ・ハラムとかの活動エリアに近づくので、3人のAK47（カラシニコフ突撃銃）を持ったセキュリティー（武装護衛）と行きます。場所はカノというところ。一緒にどう？　笑」（カッコ内は高野が補足）

お気楽なのか物騒なのかよくわからないこんなメッセージが届いたのは、二〇一六年八月末のことだった。差出人は「健《けん》ちゃん」、送信元はナイジェリアのラゴスである。

「おおっ、これは!!」と目を瞠《みは》ってしまった。

「プロローグ」で記したように、アフリカに「納豆らしき発酵食品」があるという話は前からあちこちで見聞きしていた。呼び名は国や民族によって様々らしいが、最も知られているのがナイジェリアの「ダワダワ」だろう。熱帯植物の研究者である吉田よし子氏の『マメな豆の話』でも名前が挙げられているほか、納豆業者関連のホームページなどでもときおり目にする。

だが、しかし。ダワダワは「納豆」と呼んでいいものだろうか。「プロローグ」でも述べたが、これらは原料が大豆ではない。大豆はそもそもアジア原産で、アフリカで栽培されるようになったのは、二十世紀になってからなのだ。

文献によれば、ダワダワは学名*Parkia biglobosa*、英語でAfrican locust bean、日本語では英名を直訳し「アフリカイナゴマメ」と呼ばれる豆を発酵させるという。聖書に登場する「イナゴマメ」

とは全く別物。もちろん、日本には存在しない豆だ（以下、学名を省略して「パルキア」と呼ぶ）。発酵した豆が納豆と呼べるものかもさっぱりわからない。以下、これらの未確認納豆の総称として「アフリカ納豆（仮）」と呼びたい。

ところで、アフリカと言ってもひじょうに広い。アフリカに馴染みのない人に私は次のように説明している。まず、アフリカ大陸は「ゾウの横顔」に似ている。右側に長くて太い鼻が垂れ下がり、左側に大きな耳がある。このゾウの頭の上の辺り（地中海沿岸部）が「北」、鼻の付け根の辺りが「東（東部）」、鼻の部分が「南部」、鼻と耳が交わる部分（赤道近く）が「中央」、そして耳の大部分が「西」。この最後の西アフリカ諸国でアフリカ納豆（仮）が食べられていると言われる。

だが、アフリカにおける納豆は他のどこよりも秘密のベールに閉ざされている。まずアフリカ納豆（仮）の日本語での情報は乏しい。一つには西アフリカが日本人にとってあまりに遠く、日本語の情報が全般的にひじょうに少ないこと。

同じアフリカでも東部や南部は旧イギリス領であり、従って共通語や公用語が英語である場合が多い。ところが西アフリカは半分以上がかつてフランスの植民地で、今でもフランス語を公用語としている。フランス語を覚えないと何もできないので、日本人で西アフリカをフィールドにする研究者、NGO団体、現地在住邦人などもごく少数にとどまる。英語圏の国でも、政治経済の研究や支援が主で、食べ物にはスポットが当たっていない。特に納豆みたいなものは「どうでもいいもの」と見なされている節がある。私がざっと見たかぎり、日本人の手でダワダワやスンバラについての食品化学や文化人類学、微生物学的アプローチはなされていないようだ。

二番目の理由は西アフリカが広大で多様性に富んでいること。

アフリカ大陸の四分の一ほどを占めるこの土地では、莫大な数の民族が十数カ国にもまたがって暮らしている。「アフリカ納豆（仮）」といっても、どの程度の範囲で食べられているのか、そもそも彼らがみな同じ豆を使い、みな納豆のような味と匂いと粘り気をもつ食品を作っているのかどうかも見当がつかない。パルキアとはちがう豆を使っている地域もありそうだ。

そして、アフリカ人やアフリカを研究している欧米人は日本の「ナットー」など知らないので、「これは××（国や地域）におけるナットーみたいなものです」なんて書き方はしない。だから何が納豆なのか皆目見当がつかない。英語やフランス語で論文や食関連のサイトを検索しようにも、検索ワードをどのように入れたらいいのかわからない。

もちろん、グーグルで「fermented beans（発酵した豆）」「Nigeria（ナイジェリア）」と入れて検索すればいろいろなものがヒットするが、見たことも聞いたこともない植物名、食品名、学名、民族名、地名の羅列である。「Itsekiri が Ondo で Citrus vulgaris から作る woloh」と書かれていてもただ呆然とするばかりだ。

何よりの問題は、私が西アフリカへ一度も足を踏み入れたことがなく、土地勘が一切ないことだ。アジア納豆の取材のときは、地名、民族名、土地の様子、どんな野菜が市場に並んでいるかなど、たいてい頭に入っていた。現地の言葉もけっこう話せた。

西アフリカに限ってはそういった予備知識や経験がゼロだ。学生時代から長らく西アフリカに憧れていながら、結局一度も機会がないまま、今に至っている。

やはりこれは一度自分で現地へ行かねば始まらないと思う。ただ、そこにはまた別の大きな障害があった。

「アフリカ納豆（仮）」のエリアは、なぜかイスラム過激派が活性化している地域と重なっているのだ。現在アフリカの過激派に最も詳しい日本人は、私の早大探検部時代の後輩で、二〇一六年三月まで四年間ヨハネスブルク支局長だった毎日新聞記者の服部正法じゃないかと思うのだが、彼が『ジハード大陸「テロ最前線」のアフリカを行く』という本で取り上げている過激派はソマリアのアル・シャバーブ以外はすべてアフリカ納豆（仮）地帯で活動している勢力だった。

これは果たして偶然なのだろうか？　納豆が陰でイスラム過激派の糸を引いている――なんてことはないだろうが、その関係についてはおいおい考察していかねばならないだろう。

それにしても面倒なことこのうえない。納豆取材は過激派と相性がよくないのだ。

私は自分でも過激派（ソマリアのアル・シャバーブ）に襲われた経験があるから想像がつくし、服部も同じことを言うのだが、危険地帯であっても、現地にパッと行って数時間取材してすぐ引き上げれば、リスクはさほど高くない。

過激派が襲撃や拉致を行うにしてもやっぱり段取りや準備、根回しが必要だ。

「なんか、××村にヘンなアジア人が来てるって俺のダチが言ってんですけど、ちょっと襲ってみないっすか？」「お、いい話だな。じゃ、兵隊十人くらい、あと車も三台くらいソッコウ用意しろ」「今使える車は一台しかないっす」「そっか、じゃ、部隊長に言って他から借りねえとな」……あくまで推測だが、こんな会話が携帯電話やＳＮＳのチャットでやりとりされ、計画が立ち上がるのではないか。

もしこちらが日帰り程度の素早さで動けば、彼らが襲撃の用意をしているうちに、仕事を終えて危険地帯から脱出できる。

ところが納豆（あるいはそれに類似した発酵食品）というのは、半日かけて豆を煮て、それから仕込んで二泊三日くらいはかかる。三日か四日は同じ場所に待機しなければならない。しかもそれは町外れや村であることが多いだろう。納豆の類いは臭《くさ》いから町の中心部ではあまり作られない。外国人が辺鄙《へんぴ》な場所に何日も滞在していたら、これはもう「どうぞ襲って下さい」と言っているようなものだ。

「ダワダワ」の産地として最も情報量が多く、真っ先に行ってみたい場所であるナイジェリア北部には、世界のイスラム過激派の中で最も凶悪な連中が出没している。ボコ・ハラム。〝ボコ〟は英語のbookに由来し、地元の共通語であるハウサ語で「アルファベット（ローマ字）」を意味する。〝ハラム〟はイスラムで「禁忌」のこと。つまり、アルファベット表記に関するすべてを否定しているのだ。日本ではしばしば「西洋教育は悪」と意訳されるこの組織は、クリスチャンの高校の女子生徒二百名を拉致して世界に悪名を轟かせた。他にも自爆テロや小さな村を襲っては学校教育を受けた者を皆殺しにするという、恐ろしい行為を繰り返している。現在はＩＳ（イスラム国）に忠誠を誓っていると聞く。

西アフリカの伝統文化の中心地と言われるマリやニジェールもアルカイダ系の過激派組織が勢力を伸ばしており、似たり寄ったりの状況のようだ。どこから手をつけていいのかもわからず、取材を先延ばしにしたくなるのも理解していただけるだろう。

さて、ここで話はやっと冒頭に戻る。「ナイジェリアの健ちゃん」だ。

彼は私の幼なじみである。父親同士が勤め先の同僚で、私たちは小学生のとき、一緒にスキーに行ったりして遊んだ。この健ちゃん、その後、東北大学で食品化学を専攻し（卒論のテーマは豆腐）、たまたま味の素株式会社に研究員として就職。ペルーやブラジルなどの勤務を経て、たまたま今ナイジェリアに駐在中であった。

といっても、実は私たちは小学校以来、一度も会ったことがない。十年ほど前、健ちゃんが私のフェイスブックを見つけて、何度かやりとりをしたことがあるだけだ。だから私の脳内では健ちゃんは毛糸のスキー帽をかぶった可愛らしい小学男子のままだ。

その小学男子曰く、現地向けの食品開発リサーチを行う過程でダワダワの存在に注目していたとき、たまたま私の納豆の本を読んだ。すると、エピローグでダワダワにも触れていたので、「俺と同じことに興味もってるじゃん！」と驚いた。なので、同国北部のカノという町へ武装警官の護衛付きでダワダワの調査へ行くことになったとき、半分冗談で「一緒に行かない？」と声をかけてきた。健ちゃんによれば、アジノモト現地法人のカノ支店の社員が住んでいる村で取材が出来るという。

なんという「たまたま」の多さ。なんという「うってつけ」の状況。

やはり私は納豆に操られているとしか思えない。

私はソマリアやソマリランドでよく武装した護衛をつけるが、本当にカネがかかる。彼らの日当自体は大したことがなくても、彼らの宿泊代と食事代、車のチャーター代やガソリン代がハンパでないのだ。今回、そういった諸経費はもちろんアジノモトが出すので（健ちゃん一人だって金額は変わらない）、私は自分のホテル代や交通費だけ負担すればよい。

「行く!!」とすかさず返事をした。さすがに少し日程をずらしてもらい、十月上旬に旅立つことにした。

大学時代の先輩で納豆取材のパートナーである竹村拡《たけむらひろむ》さんにも声をかけた。竹村さんはテレビのドキュメンタリー番組を作るフリーのディレクターであるが、あくまで趣味として幾度となく私の納豆探索に同行し、映像を撮影してくれていた。色黒で筋肉質の裸の大将のような風貌で一見強面《こわもて》に見えるが、納豆と酒をこよなく愛し、ときに鋭い問いを投げかける頼もしい相棒だ。

先輩は「お、面白そうじゃん！」と二つ返事。航空券を買い、ビザも取得し、黄熱病の予防接種も三十年ぶりに打った。

かくして、ろくな準備も下調べもなく、いきなり究極の未確認納豆「ダワダワ」に挑むことになったのだった。

2. ワンダーランド・ナイジェリア

三十年以上も世界各地を旅していると、単に「新しい国へ行く」だけでは期待と不安が高まったりしない。だが、ナイジェリアへの長いフライトはまさにワクワクとドキドキが胸中で激しく交錯していた。

同国は「アフリカで最もカオスな国」としても知られる。「世界で」と言い換えてもいいかもしれない。もう四十年以上内戦が起きていないにもかかわらずだ。

政治家・役人・軍の腐敗、治安の悪さ、貧富の差は世界最悪レベル。その反面、アフリカでも屈指の経済力と活気を誇っている。GDPは二位のエジプト、三位の南アフリカをおさえて、一位の座に輝いている（二〇一六年）。理由は産油国だから。

私が学生の頃、アフリカを旅しているときによくナイジェリアの規格外の逸話を聞かされた。

曰く「（当時首都だった）ラゴスでは車を運転していると、ものすごい渋滞で動かなくなる。すると窓から札束を持った手がにゅっと入ってきて『この車、売ってくれ』と言う」とか、曰く「日本人駐在員の家が真っ昼間から強盗に襲われ、玄関の鉄格子を破壊しているので慌てて警察に電話したら『車のガソリンがないから迎えに来てほしい』と言われた」などである。警察のカネを誰か上の人間が横領するのでこういうことが起きるらしい。

これは三十年ぐらい前の話だが、最近はどうなっているかとネットで調べてみて、たまげた。さらにパワーアップしているのだ。

ナイジェリア在住の日本人ビジネスマンのブログではこんな記述があった。

「ナイジェリアのグッドラック・ジョナサン前大統領の時代に、ボコ・ハラムとの戦闘に当てていた百五十億ドル（およそ一兆六千億円）に相当する財源をなくしていたという事実がイェミ・オシバジョ副大統領によって明らかにされました」

一兆六千億円が消えた？

あまりに信じがたいので、この記述が本当かどうか（あるいは数字が間違ってないか）確かめようとしたが、結局わからなかった。一つにはナイジェリアの腐敗を検索すると、あまりに多くの記事がヒットするからでもある。

例えば、アメリカの公共ラジオネットワーク（ＮＰＲ）によると、前政権時代の国防顧問が軍から六十億ドル（約六千億円。二〇一六年十月当時のレート換算、以下同）を盗んだ疑いで裁判にかけられているという。

「おかげで軍は弾薬や車両のガソリン代にも事欠き、ボコ・ハラムと満足に戦うことができなかった」とのことで、三十年前の強盗事件の逸話と全く同じ構造だ。

たった一人で六千億円を盗んでいるなら、三人で優に一兆六千億円を超えてしまう。

他にもナイジェリアの有力紙が伝えるところでは、この四、五年だけでも、年金改革チームの議長が千九百五十億ナイラ（約五百八十五億円）の年金を横領していたとか、連邦民政長官が千二百三十億ナイラ（約三百六十九億円）を横領していたとか、毎月十億ドル（約一千億円）の灯油助成金が消えているとか、文字通り〝桁違い〟の腐敗っぷりだ。

しかも疑惑をもたれた人物が逮捕されたり有罪判決を受けたりすることはほとんどない。たとえ起訴されても、「被疑者が外国に滞在しており出廷できないので裁判ができず無罪」とかめちゃくちゃである。

こんな記事を読んでいれば、二〇一六年のリオ五輪で、サッカーのナイジェリア代表が給料未払いのため試合のボイコットを示唆していたところ高須クリニックの高須克弥院長が支援金を出して結果として銅メダルを獲得したという件も納得できる。ナイジェリアのサッカー協会の上の人間が予算を横領していたにちがいない。

いっぽう、ナイジェリアは映画超大国でもあるという。

ユネスコの調べによると、二〇一五年のナイジェリアにおける映画制作本数は九百九十七本で、インドの千九百七本に次いで世界二位。七百九十一本のアメリカを上回っている。しかし、一説によれば、ナイジェリアの年間制作本数は二千とも二千五百とも言われ、要は正確な統計がないのであろう。もしかすると、ハリウッドはおろかボリウッドを抜いて世界一という可能性も十分ある。現地では「ノリウッド」と呼ばれているとか。しかるに映画館は全国で三十三館のみ。チケット代の高い映画館へ行くのは一部の富裕層のみで、一般人はＤＶＤのレンタルや違法コピーなどで鑑賞するということらしい。

以上はほんの一例だが、要するにナイジェリアのカオスは一つにはオイルマネーの無軌道な消費（費やしたり消えたりするからまさに「消費」）に由来する。

国民間の格差はすさまじく、アフリカ最大の都市の一つであるラゴスでは、一日に電気が二時間程度しか来ないという。それもときどき来ては止まり、と繰り返して通算二時間。これでは昔の吉幾三の歌ではないが電気製品がまるで用をなさない。企業や店、裕福な人たちはもっぱら自家発電に頼っている。庶民はテレビや冷蔵庫、パソコンも満足に使えない。地方に行けば——おそろしいことに油田地帯も含めて——まだ電気が来ていない村が多々あるという。

私たちの取材についても健ちゃんは「この国では何が起きるかわからないから覚悟しておいてほしい」という趣旨の発言を繰り返していた。

特に心配だったのはラゴスからカノへの国内線だ。実は私たちが日本を発つ十日前、ナイジェリア最大のアリック航空は国内・国際線とも全便欠航した。理由は「機体の保険料を滞納したため」。さらに飛行機の燃料が買えなくなる恐れもあるという。

三十年前から国民や外国人を悩ませる「燃料がない問題」とは一体何か。単に横領だけではない。ナイジェリアは産油国なのにガソリンや灯油を精製する工場や技術がないのだ。だから、原油を売ったカネでガソリンや灯油を外国から買わねばならない。でも、横領や原油価格の下落で外貨が足りなくなって輸入できなくなる、ということが延々と現在まで繰り返されている。

私たちがナイジェリアを恐れるのも無理はないだろう。

ところがである。現実はいつも私の予想を裏切る。パリからラゴスまでのフライトは定刻通り、乗客のナイジェリア人（とおぼしき人々）は物静かで落ち着いている。賄賂の要求がひどいというムルタラ・モハンマド国際空港もあっさり通り抜け、アジノモト現地法人の快適なワンボックスカーでスムーズに出発。アフリカでは見たこともない美しいシーサイドハイウェイを突っ走り、中心街へ入ると、そこは高層ビルが林立する大都会だ。道路は掃除が行き届いていてゴミもあまり見当たらない。

健ちゃんが住む社宅は、欧米の基準では普通かもしれないが、日本の基準では「豪邸」と呼びたくなる高級マンション。ヤシの木とプール付きだ。二階の窓から見る眺めも素晴らしい。大きな天蓋をもつ木々がコロニアルな白い建物の合間に生い茂り、鳥の声があちこちから飛び交い、まるで古き良き時代のバンコクのよう。

車の運転手も健ちゃんの指示に従ってキビキビ車を動かすし、夕食をとった中華料理店はこぢんまりとしながらも味はなかなか、店主のナイジェリア人は愛想良くて柔らかい人当たり。他のお客も適度に品がよく、楽しそうにお喋りをしている。

「ナイジェリア、えらくきちんとしているね。話とちがうじゃん」健ちゃんに苦情（？）を述べると、彼は憤慨した。

「秀ちゃんはまだいいところしか見てないんだって」

彼曰く、今日は日曜日だから車が少ないが、平日の渋滞はものすごい。苛立ったドライバーたちはあちこちで喧嘩を始める。ピストルを上に向けてブッ放して威嚇し合うなど日常茶飯事だ……。

続けて曰く、この日、道路がきれいだったのは、たまたま前日が独立記念日だったから。「一昨日（記念日の前の日）は道路清掃のため外出禁止だったんだ。国民も俺たちも強制的に家の掃除をしろって言われてさ。もう、ありえないよ。仕事もできないんだから」

もちろん通学や通勤も不可。清掃局の車とスタッフが道路を片っ端から掃除し、一般人も家とその周りを掃除する。

「すごくいいシステムじゃん！」というと、健ちゃんは「どこが！」とまた憤慨した。

その顔を見ていると、こちらも笑みがこぼれる。

健ちゃんとラゴスで一緒に飯を食っている。それが夢のようだった。

なにしろ私たちは四十年ぶりに会ったのだ。最後に会ったのは十歳のときである。なのに違和感がまるでない。フェイスブックで健ちゃんの画像を見たときには「見知らぬおっさん」であり、「どうしてあんな可愛かった少年がこんなことに……？」と困惑したが、本物を目の当たりにすると、くるくるよく動く目や威勢のいい口調、ラテンの人間みたいな闊達《かったつ》な仕草や表情など、少年時の面影が十全に残っていた。というより、いまだに少年のようである。

　健ちゃんは私が見たところ、味の素社の「辺境要員」のようだ。これまでブラジルとペルーに勤務。奥さんはペルー人女性で、現在は息子さんとともに実家のあるペルーの首都リマ在住。彼は途上国が心底好きで、ペルーから東京勤務になったときはあからさまにガッカリしていたし、ナイジェリア勤務が決まったときは大喜びしていた。ナイジェリアなど日本の会社員が最も行きたくない国の一つだろうから、変わり者というほかない。

　だが、健ちゃんは社内で単なる外れ者なわけではない。ペルーでは「アジノメン」というインスタントラーメンの開発にたずさわり、同国で大ヒットさせたという。私も食べさせてもらったが、「牛肉味」とか「雌鶏味」「若鶏味」など、レパートリーが日本のインスタント麺の概念とは全く異なるものだった。それも健ちゃんが現地の人の感覚を身につけて開発を行ったからだ。

　健ちゃんのモットーは現地主義。例えば、アジノメンの開発時には極力、日本食をやめて、現地の人と同じものを食べて、「舌を現地化させた」という。その徹底ぶりは「一度日本食を食べると三日は舌が（現地に）戻らない」というセリフからもうかがえる。でも彼は当たり前のようにさらりと言う。

「そうでないと、現地の人に受け入れてもらえる商品は作れないからね」

　健ちゃんはこのような能力と実績を買われて、東京の本社から満を持してナイジェリアに投入されたのだ。ナイジェリアではこれまで〝うま味調味料〟の販売が中心であった。うま味調味料とはグルタミン酸ナトリウム（略称ＭＳＧ）、要するにアジノモトの白い粉だ。それを、「現地に根差した現地の為の調味料」をはじめとする食品全般の多角化のために初の食品技術開発担当として赴任。二〇一六年一月に研究開発部が設立され、健ちゃんはその部長となったという。

春巻や魚介炒めなどをつまみながら会話を重ねると、私たちには不思議なほど共通点が多いことがわかった。人がやっていないことをやりたいとか、先進国のお洒落なカフェみたいな場所が苦手だとか、徹底した現場主義だが、裏をかえせば抽象的な理論に頭がついていかないとか……。話をしていて違和感がまるでない。

子供のときは二人とも（当たり前だが）辺境志向など全くない少年だった。健ちゃんは小学校の校長室にふらっと入って校長先生と談笑するという異常なほどに社交的な子供だったから「ふつう」ではなかっただろうけど、格別、冒険好きであるとか、世界を旅したいとか言っていた記憶はない。

でもなぜか二人の元少年（犯罪者みたいだが）は世界各地を回った果てに四十年後、アフリカで再会し、一緒に納豆の正体を突き止めるため、イスラム過激派の多いナイジェリア北部へ向かうわけである。

3．うま味調味料の南北対立

翌朝、無事に国内線は動いており、私たち五人は北部最大の都市カノへ向かった。私、竹村先輩、健ちゃんのほか、アナニ君とクリスチャーナさんという若いナイジェリア人の男女が同行していた。彼らはともに味の素社の現地法人「ウエスト・アフリカン・シーズニング（ＷＡＳＣＯ）」の社員であり、二人ともイボ族でクリスチャンとのことだった。

ナイジェリアがカオス超大国なのは原油による無軌道な発展だけが理由ではない。民族や宗教、環境の多様性も世界屈指だろう。

『世界民族事典』（弘文堂）には「ナイジェリアの言語分布は、掛け値なしに世界で最も混沌と紛糾を極めている状態といってよい。言語集団の永年にわたる移住と、戦乱、奴隷狩りなどの社会的要因がこの混乱状況を作り上げた」と書かれている。

〝言語集団〟とは〝民族〟とほぼ同義である。ナイジェリアには民族が二百五十以上あるとされている。だから一言で「ナイジェリア」とか「ナイジェリア人」といっても、地域や民族によって文化や生活スタイルが著しく異なり、意味も変わってきてしまう。ナイジェリアの未確認納豆調査が困難を極めそうだと予想されるのも同じ理由だ。

とはいっても、大まかにはこの国は「北部」と「南部」に分けられる。北部は乾燥したサバンナで、宗教はイスラムが主体、そして主要民族はハウサ族。

南部は熱帯雨林で、キリスト教徒が多数派。主要民族はヨルバ族（南西部）とイボ族（南東部）。この三つの民族で全人口の六割ほどを占めているらしい。

石油がとれ、都市や経済が発達してきたのは南部だが、政治や軍を長年牛耳ってきたのは北部のムスリムであり、宗教と民族を交えた南北対立の構図が続いているとされる。

そしてなんとも興味深いことに、南北対立は調味料にも及んでいるらしい。

「アジノモトの売上げは九〇パーセント以上が北部なんだ」と健ちゃんはいう。

この国におけるアジノモトの歴史は意外に長く、深い。

味の素社は一九八一年に当時事業所があった同じ西アフリカのトーゴ共和国からニジェール共和国経由で事業を開始、「AJI-NO-MOTO」（以下「アジノモト」と表記）という商品名で例のうま味調味料を販売しはじめた。

一九九一年、ナイジェリアに現地法人ＷＡＳＣＯ社を設立。味の素社は全世界でアジノモトを販売しているが、ナイジェリアは国別の売上げで世界ベスト5の常連というから驚く。現在は売上げなんと約百億円（ちなみにその他のベスト5常連はタイ、ベトナム、インドネシア、フィリピンなどの東南アジア諸国）。

現在は北西部十三支店、北東部十二支店、南西部三支店、南東部四支店で、計三十二支店。社員はざっと千人という大企業だ。日本人は六名。健ちゃんは役員待遇である。

このうち北西部と北東部で売上げの大半を占めるというのだ。

理由は？　と聞くと、「一つには南部はネスレ社のマギーが強いからかな」。

西洋人は十五世紀、この国の南部に到着し、奴隷貿易やキリスト教の布教活動を行った。だから、今でも南部は西洋的であり、欧米の会社が強いということがあるのかもしれない。実際に、ネスレ社が一九七〇年代前半から南部中心に販売活動をしていたが、北部は手薄だった。そこへ味の素社は北隣りのニジェール経由で商品の供給を開始し、北部一帯に広めることができたという。

これはまさにイスラムが入ってきたルートと同じだ（ただし順番は逆。宗教の方はイスラムが先に北部へ入り、後からキリスト教が南部にやってきた）。その結果、イスラム圏ではアジノモト、キリスト教圏ではマギーがそれぞれ優勢という興味深い棲み分けができているらしい。

しかし、健ちゃんが挙げたもう一つの理由はもっと面白い。

「あと、北部はダワダワを食べるからじゃない？」というのだ。ダワダワのうま味はマギーよりはアジノモトのうま味に近いんじゃないかという仮説を彼は抱いているらしい。

これまでアジア諸国の各地で「××（納豆の現地名）はうちのアジノモトだよ」という発言を聞いてきたが、ナイジェリアでも同じことが起きているのだろうか。

だが、そもそも、どうしてダワダワはもっぱら北部で食べられるのかという疑問に対して、健ちゃんはこれまた刺激的な意見を述べた。

「やっぱり、南部は乾燥エビをすり潰したやつとか魚介が多いからダワダワとかいらないんじゃない？」

なんと。海に近い方は魚介のダシ（調味料）を使い、そういうものが入手しづらい内陸部では納豆――これは日本を含めたアジアの調味料文化で私が唱えている仮説通りではないか。

もっとも健ちゃんもナイジェリアのうま味調味料状況をまだ把握していない。だからこそ、今回ダワダワ調査に乗り出したのである。

話を二人の現地社員に戻すと、彼らは南部出身のクリスチャンであり、北部に行ったことがない。ある意味、外国のようなものかもしれない。そこで上司の健ちゃんが「うちの商品のほとんどが売れている北部の現場を見て勉強してほしい」と連れてきたのだ。

アナニ君は光沢のある薄いオレンジのシャツにジーンズ、クリスチャーナさんは髪をアップに結わえ、ワンピースにかかとの高いサンダル、革のベルト、そして大きなサングラスという出で立ちで、二人して南の島に行く新婚カップルのようである。

ちなみに上司の健ちゃんは青いだぶだぶしたハウサの民族衣装を身につけていた。

「なるべく現地に合わせるのが俺の主義」とのことで、実際に彼はナイジェリア主要民族の衣装を十種類以上持っているというのだが、頭にかぶっている水戸黄門みたいな頭巾は解せない。そんなものは誰もかぶっていない。

なんだか味の素社現地法人ラゴス本社の三名は、諸国を行脚している水戸黄門とそのお洒落なお伴《とも》みたいであった。

ラゴスから北部の中心地カノまでは距離にしてざっと千キロ。一時間ほどのフライトである。

カノはラゴスから来ると別世界だった。人口二百万に及ぶ大都市ながら、高い建物はいくらもなく、上空から見ると、乾いた土地にトタン屋根の平屋がどこまでも続いている。

空港に降り立ち一歩外に出ると、出たのにもかかわらず、まるでオーブンの中に入ったような気がした。強烈な日差しが地面やコンクリートの建物や車や樹木や人を焼いていた。空気は乾燥している。だぶっとした青や茶の民族衣装をつけた人々がラゴスより明らかに大勢いる。敬虔《けいけん》なムスリムの着用する白い長衣姿の男性も少なくない。頭にかぶるのは白地に金や銀の刺繡を施した上品なイスラム式の帽子だ。

——これがサヘルか……。

サハラ砂漠の南側の縁を「サヘル」と呼ぶ。アラビア語で「岸辺」の意味で、巨大なサハラ砂漠を海と見立ててのことだろう。東西四千キロ以上にも及ぶこの岸辺には、中世からいくつもの王国や帝国が栄えた。それらの王国や帝国は私の長年の憧れだったのだが、感傷に浸っている間もなく、WASCO社カノ支店のスタッフとご対面である。

空港の入口付近に「アジノモトはサトウキビから作られています」という英語コピーの入った味の素の車が止まっていた。そこには懐かしい赤いお椀のロゴが描かれていた。日本ではもう見なくなった、昭和時代の味の素のマークだ。

支店長以下、全員が真っ赤な味の素のロゴ入りシャツに黒いズボンという異常なほどに目立つ出で立ち。でも、みなさん、すらりとしてスタイルが抜群なため、この派手な制服が実に似合っている。

彼らもまた、ひじょうに立ち振る舞いが落ち着いていた。芸人気質の健ちゃんが私を指し、「彼は発酵大豆食品のスペシャリストで、ソマリアのスペシャリスト。ソマリア、知ってる？　海賊がたくさんいる国。彼は海賊の友だちがたくさんいるんだ」などとわけのわからない紹介をし、私がそれに合わせて「そう、この人（健ちゃん）みたいな」などと漫談を始めると、みなさんは苦笑しつつも品良く対応していた。

本社からお偉いさんがやって来た。地元の民族衣装を身につけているうえ、胡散臭い友だち連中まで連れて来ている。気さくな人柄なのか単なる変わり者なのか、ノリが今一つわからないけれど、とりあえず話を合わせておこうといったところだろう。意外なほどに日本の会社員に似た対応ぶりだ。言い忘れていたが、ナイジェリア人は全体的に日本人と同じくらい上下関係に厳しいそうである。地位や年齢が上の者には忠実で礼儀を尽くすそうだ。それもまた無秩序国家ナイジェリアの多面性であろうが、私たちを目上の者として遇しなければならない彼らも気の毒である。

銃を携えたラゴスの警官たちともここで合流。彼らは丸二日もかけて陸路でやってきたという。カノの警察に護衛を頼めばいいじゃないかと思うかもしれないが、ＷＡＳＣＯ社はラゴスの警察署と長年、信頼関係を築いているから、このような態勢をとらざるをえないらしい。

荷物を車に積み込み、そのままダワダワを作っている村へ向かった。

幅はゆったりしている車も人も少ない道路、食料品を売るキオスク的雑貨屋、古いコンクリート造りの建物、あてもなくうろうろしているヤギと子ども、ビニール袋の散乱する草の生えた空き地、インド製とおぼしき三輪タクシー……。アフリカ各地で目にする田舎町の景色だ。人々はのんびりした様子でボコ・ハラムの緊張感は皆無である。

後輩の毎日新聞記者・服部によれば、二〇一三年にカノに来たときは、モスクや市場、大学などでテロが何度も起きており、現地の人たちも「ボコ・ハラムの兵隊がどこにいるかわからない」とピリピリしていたし、地元ジャーナリストも「危ない」と言っていたが、二年後の二〇一五年四月に再訪したときはだいぶ緊張感が和らいでいたという。もっとも、そのあとの同年十一月には携帯電話（スマートフォン）市場で少女二人が自爆テロを引き起こし、約十五人が死亡したとのことだ。それから十カ月あまり、ボコ・ハラムは影を潜めている。

あとで、カノ在住のハウサ人ジャーナリスト（服部の助手も務めているフランスのＡＦＰ通信の記者）、アミヌ・アブバカル氏に聞いたところでは、ボコ・ハラムの主力部隊はナイジェリア政府軍と、それからナイジェリアに隣接するチャドの政府軍にも攻撃を受け、両国の国境地帯にある（ナイジェリア側の）チャド湖付近に立てこもっているという。ナイジェリア政府軍が無理に攻められないのは例の女子高生二百人あまりを人質にしているからだという（軍事費の横領で弾薬や車両のガソリンが不足しているとは思いたくない……）。

村は意外に近かった。二十分ほどで車はガクンという振動とともに舗装路を下り、砂に近い土の道をガタガタと進んだ。

4．サハラの岸辺で未確認納豆をつくる

村に入った。

日干しレンガで作った土壁の家、木陰でくつろぐ白服の老人たち、赤ん坊を脇に抱え、頭に大きな金だらいを載せた（手は使っていない！）若いお母さんなどとすれ違い、やがて作物が積み上げられた一角に車は止まった。

茶色い乾いた地面に降り立ち、土壁に挟まれた狭い路地を通り抜けたら、女性や子どもがわらわらした空間に出た。

「アッサラーム・アライクム！」とイスラム式の挨拶をしながら納豆取材に来たのは初めてのことだ

一時はイスラム過激派ボコ・ハラムの襲撃に怯えていたというナイジェリア北部の村。私たちが訪れた時（2016年10月）は落ち着いて、のんびりした雰囲気だった。

納豆を試食する、味の素社現地法人の女性社員クリスチャーナさん。このお洒落っぷりを見よ！

納豆取材を警備してくれたラゴス警察の武装警官。

った。

村の名前はダンクワリ。人口を訊くと、なんと「一万人」という答えが返ってきた。訝しんだ私たちがあとでグーグルアースで確認すると、どう見ても千人程度の規模である。それでも大きな村なのは間違いないが。

今現在住んでいるのは、WASCO社カノ支店に勤務するアミヌさんという三十歳くらいの、いかにも実直そうな人物。アミヌさんと一緒に同支店のマネージャー、マーティンスさんも同行し、通訳・案内をしてくれる。彼は中部（北中部）出身のイガラ族だが、ハウサ語をふつうに話す。ここカノには百以上の民族が住んでいるので、いちばん人口の多いハウサ族の言葉ハウサ語が共通語となっているのだ。

大きな木の下で作業はすでに始まっていた。原色のスカーフを頭からすっぽりかぶった老若の女性は、私たちヘンなガイジンや自動小銃を手にした三名のラゴス武装警官にも頓着せず、なにやら大騒ぎしながら、でも楽しそうに立ち働いている。

納豆に限らず、食べ物取材は常にそうだが、どんなに「私たちが来るまで何もしないで待っていて下さい。最初から作業を見たいから」と言っても、協力者のみなさんは決してその約束を守ってくれない。一つには、よそから来る取材者は「お客さん」であり、お客さんを長々と待たせるわけにはいかない、ある程度は下準備をしなければいけないという意識がはたらくから。もう一つは、世界中どこでも「仕事は朝から始める」という習慣なので、取材者の到着までボーッと待っていることができないからだ。

いつもと同様、今回も私たちは急いで作業の輪に加わる。

これまた世界的に共通する食べ物取材の難しさなのだが、複数（ときには三つ、四つ）の作業が同時並行でおこなわれている。こちらでは何かを煮ていて、あちらでは何かを切っていて、実はこの間にも何かが鍋の中で水に浸されているといった具合だ。

どこで何が進行しているのかわからないし、現場には見物人が何十人も集まってきて、混沌としている。しかし、こちらも三人全員が途上国における食べ物取材の「プロ」。健ちゃんは類《たぐ》い稀《まれ》な社交性を発揮し、村の人に——通じていようがいまいが気にすることなく——声をかけ、ときどき不慣れな手つきで手伝っては笑いをとり、場を和ませていく。その手腕は見事の一言だった。

いっぽう、私と竹村先輩はさんざん納豆取材をやっているので、そこから今はこの作業なんだろうとか、これからこういう作業に移るはずなどと見当をつけていく。不案内な土地での未確認納豆取材で頼りになるのは納豆作りの経験だけ——というのも不思議である。

驚いたことに、真っ先に目に入ってきたのは大豆を大きな鍋で乾煎《からい》りしている場面だった。

大豆!?

そうなのである。聞けば、「もともとはパルキアの豆で作っていたけど、二十年くらい前から大豆が入ってきて、今ではそれもダワダワにする」とのこと。この日も、二種類のダワダワを同時に作っているという。

この展開は想像しなかった。おかげで取材が難しくなってしまったが、嬉しい誤算である。大豆を納豆菌で発酵させていたら、誰が何と言おうとそれは納豆だろう。以下、大豆とパルキアを分けて作り方を紹介したい。

まず大豆だが、日本での一般的な納豆作りとは過程が異なる。日本ではまず大豆を一晩水に浸してから煮るか蒸し、その後で発酵させる。だが、ここでは前述のように、水に漬けるかわりに煎ってから煮る。すると煮る時間が短くなるうえ、豆が香ばしくなるという。煎りながらヒョウタンのヘラでぐるぐるかき回すのは、皮を飛ばすためだそうだ。

次にふるいにかけ、ゴミや皮をとる。

石臼で粗くひいてひき割りにする。ひき割りの方が豆の表面積が増えるので煮る時間も短くなるし、発酵もしやすくなる。実は秋田県のひき割り納豆も似た方法で作られている。

ひいた豆は琺瑯《ほうろう》のお盆にのせ、よく振る。お盆は日本などアジア諸国で使われている（使われていた）竹の箕《み》と同じ用途だ。箕にのせて振ると米なら籾《もみ》が、豆なら皮が飛ぶ。

よく水洗いをしてから、何か灰色の粉をふりかけた。何かと思ったら「カリウム」という返事。その正体は「灰」。灰色のわけだ。アラビア語で植物の灰のことを「アル・カルヤー」と言ったのが語源らしい。さらに同じ語源から「アルカリ」という言葉も生まれた。つまり、灰はアルカリ性物質の代表的存在なのである。

なぜこの段階で豆に灰を加えるのか？　村の人の答えは「豆が柔らかくなるから」だが、私は豆をアルカリ性に保ちたいという理由もあるんじゃないかと思った。気温が高い場所では大豆を水に浸すと乳酸菌がはたらいて酸性になりやすいのだ。納豆菌はひじょうに強い菌だが、酸性の環境は苦手である。ゆえに納豆は日本でもアジア諸国でももっぱら「冬」に作られる。

ましてや、ここのように四十度もありそうな場所での納豆作りとなれば、酸性化は最も警戒すべきことだ。私は前から「西アフリカみたいな年中暑い場所で果たして納豆が作れるのか？」と疑問に思っていたが、灰の利用によるアルカリ化はまさにドンピシャの答えである。

「灰を入れると煮る時間が八時間から四時間に縮まる」と説明されたが、実際にはなんと一時間で終了。早い！　あらかじめ乾煎りし、皮も飛ばしているからだろうか。

穀物などを入れるプラスチック袋を地面に敷き、その上に煮豆をぞろぞろっとあける。この状態で十分から十五分冷ます。

最後に巨大なヒョウタンの下側を半分に切った「ボウル」に入れる。直径五十センチ以上もある大きなものだ。ところどころ割れた部分を何かの繊維で縫い合わせている。長年、丁寧に使ってきたことが見て取れる。

日本では稲わらに煮豆を包み、アジア諸国ではさまざまな木の葉っぱやシダの葉で包む。わらや葉に納豆菌がいるからだ。

ここでそういうものを使わないのは、ヒョウタンの表面にすでに納豆菌が居ついているからだろう。アジア納豆作りでも頻繁に納豆を作っているところでは、葉っぱを使わず、煮豆をじかにカゴに入れたりする。

ちなみにヒョウタンはアフリカ原産。五万〜七万年前、人類がアフリカから出たとき携えていた数少ない植物の一つだったらしい。栽培作物が生まれる以前、ヒョウタンこそ人類にとって必要な植物だったのだ。今でもアフリカでは料理に関するあらゆる場面でヒョウタンが利用される。小さなものには塩や調味料、中くらいのものは水や酒を入れる。瓶やペットボトルの代わりだ。大きなものはこのように料理用のボウルにしたり、表面に小さな穴をいくつも開けて「ザル」にすることもある。

このヒョウタンボウルに煮豆を入れるのだが、またしても灰を何度も入れ込む。仕込みに灰をすき込むのはアジア納豆の製造でも見たことがある。

以上で大豆の仕込みは終了。最初の乾煎りと豆を煮るときに灰を入れることを除けば、アジア納豆と基本的に同じ製法だった。

いっぽう、パルキア。私は何の予備知識もないまま現場へ来てしまったから、なんとなく大豆やインゲンみたいに畑で栽培している野菜かと思っていたが、全然ちがっていた。

作業している途中で、「これはどこでとれたものなんですか？」と聞くと、真面目なアミヌさんは「こっちにありますよ」と即座に集落の外へ連れていってくれた。

自分たちで栽培しているのかと思いきや、それも間違い。高さ三メートルもあるトウモロコシそっくりの穀物ソルガム（和名モロコシ、タカキビ、いわゆる「コーリャン」とも同じ）畑を通り抜けたら、高さ十メートル以上もある、枝がゆるやかにうねった木が生えていた。アミヌさんはアジノモトの制服を着たまま靴だけ脱いで幹をするすると登っていくと、いくつかぶらさがっている莢《さや》を持って下りてきた。莢は長さ二十センチもあり、すでに枯れて腐りかけていたが、中には黒い豆が残っていた。木や豆のサイズは東南アジアでよく見かけるタマリンドに似ている。

「これがカルワです」と言う。カルワとはハウサ語でパルキアのことだ。雨季の初め、四月ぐらいに実がなるという。

こんな大きな木から豆をとっているのか、と現場に来て初めて知り、驚いた。

村に戻り、あらためてパルキア豆のダワダワ作りを見せてもらう。パルキアは黒くて固い殻に包まれている。まずその殻をとらなければならない。

まず、殻ごと煮てから、臼で搗《つ》く。すると、殻が少しずつ剝けてくる。このとき若干砂を混ぜるのが独特だ。摩擦が増えるからだろう、「殻がとれやすくなる」とのこと。

搗いた豆を水で丹念にゆすぎ、殻と砂を取り除く。豆が姿を現す。大豆より平べったいが、色もサイズも大豆に驚くほど似ている。

正直パッと見では区別がつかない。私たちは取材中に何度も「あれ、これ大豆だっけ？」「いや、

日頃から「ダワダワ」を作って売っているハウサ族の女性。イスラム教徒だが、男性相手でも気さくで朗らか。

パルキアの莢。中に豆がつまっている。

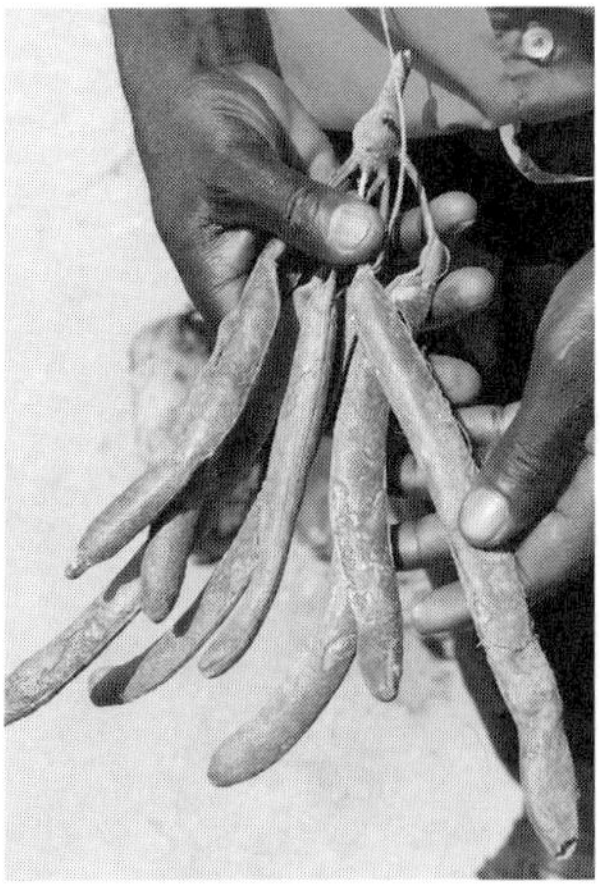

煮豆を入れて発酵させるヒョウタンのボウル。

パルキアでしょ」「え、そう？」「あ、ちがった、大豆だ」などという会話を繰り返し、混乱に拍車をかけたほどだった。

ただ、パルキア豆は大豆よりはるかに手がかかる。もう一度、今度はタマネギと一緒に煮る。タマネギは香り付けらしい。煮終わると再度水を切り、ゴミや殻を丁寧に除去する。そして、地面に土嚢袋に似た化学繊維の袋を敷き、その上に豆をどさっとあける。

パルキア豆を味見してみたら、味も大豆そっくりである。香りは若干薄いが、甘みやうま味は遜色ない。「ダンダヌ！（おいしい）」と習い覚えたばかりのハウサ語で言ってみる。

ダンダヌ、ダンダヌ……と女性たちが繰り返して笑う。

煮た大豆とパルキアを二つ並べると、後者の方が若干色が白っぽい。

パルキアも同様に、灰をすき込みながらヒョウタンに入れる。

これが終わると、女性たちが両の手のひらを軽くあげて、口々に「アンガマ！」と言った。「おしまい」という意味だとすぐにわかった。

この過程を見るかぎり、出来上がった「作品」は納豆にまちがいないと断言したくなるが、そう容易《たやす》くはない。というのも、すでに完成されたダワダワが作業終了間際に登場したからだ。

二種類あり、一つは乾燥したもの、もう一つは半生タイプ。黒くて粘り気は全くない。匂いは納豆っぽいが薄い。別のものと言われればそうかもしれないと思う程度。味も納豆といえば納豆だが、苦みがあり、これまた確信はもてない。

ダワダワの謎は翌日以降へ持ち越された。

5. アジノモトVS現地調味料、宿命の対決

翌朝、ホテルに〝イミグレーション・オフィサー〟と称す人物がやってきた。どうやら公安警察のようだ。気むずかしそうな中年男である。

外国人はホテルにチェックインするときビザのコピーを警察に渡す決まりになっているという。それを渡すと、「何しに来た？」と訝しげな目を向ける。

「ダワダワを見に来た」と答えたら、男の態度が豹変した。

「ダワダワ！　あれは素晴らしい調味料だ！」と熱く語り出したのだ。「何に入れても美味いし、健康にもいい」などと絶賛の嵐。思わず私も顔がほころんでしまった。納豆のことになると妙に熱く語るのは日本を含めたアジアの納豆民族共通の特徴だからだ。

だがひとしきりダワダワ礼賛を終えると、公安の男はまた気むずかしげな顔に戻り、こう言った。

「でも最近の主婦はレイジー（怠け者）になった。ダワダワじゃなくてアジノモトなんかを入れる」

困ったもんだというように首を振った。

私は笑いをこらえるのに苦労した。彼もまさか私がアジノモト関係者とは思ってないだろう。でも彼の言い分はよくわかる。アジノモトより天然の調味料の方が美味いに決まっている。いっぽうで、「レイジーな主婦」と彼が断罪した女性たちの気持ちもよくわかる。私もその一人（主夫）だからだ。日々の家事のうち、最も時間と労力をとられるのは料理である。その過程をできるだけ簡略化したいというのは私たち、世界中の主婦（主夫）の絶えざる願いである。

このような背景から、簡便な調味料が企業の手で開発されてきた。アジノモトはその代表格だ。

主婦だけではなく、外食産業も同様だ。いまやアジノモトなくして日本の外食産業は成立しない。中国やタイといった料理大国も同様だ。中華がおいしいとかタイ料理が素晴らしいといっても、ほとんどはアジノモトかその類似商品が入っている。

いっぽう、それを批判する声は、日本はもちろんのことタイやミャンマーでも耳にする。まさかナイジェリアでも同じ意見を聞かされるとは思わなかった。

天然の調味料とアジノモトはそれぞれ伝統と現代文明の代表であり、両者はいつも激しくぶつかり、争っている。

村に着いたのは朝十時頃だろうか。

ダワダワがまだ発酵中なので、本日はダワダワを使用した料理を教えてもらうことになっていた。

前日とは少し違う場所に案内された。訊けば、昨日はアミヌさんのお母さん（お父さんの第一夫人）の家だったが、今日は第二夫人の家なのだという。もっとも両方とも実質的にしきっているのはいかにもしっかり者といった風情のアミヌさんの奥さんだった。無口だがテキパキとよく働き、ほかの人にも指示を出す。

「途中から『彼女を追っていけばいいんだ！』とわかって、撮影がラクになったよ」と竹村先輩は前日語っていたが、この日の料理は主食とおかずがそれぞれ二種類ずつ。それを何人もの女性が同時進行で作っていくため、展開を追うのは困難を極めた。納豆とちがい、こちらに現地の料理の予備知識がないからなおさらだ。

ナイジェリアでは主食といえば、穀物やイモを潰して粉にし、それを柔らかい団子のように練ったもので、「スワロー」と呼ばれている。搗きたての餅のようでもあるので「餅団子」と私は呼んでいた。本日用意されたのは米の餅団子とトウモロコシの餅団子。

おかずの方は「オクラスープ」と「バオバブの葉っぱのスープ」。私たちは前者を作るところだけ取材できた。

まず、ダワダワを「カオピ」と呼ぶ白い豆と一緒に臼で搗く。次に、鍋にヤシ油を注ぎ、タマネギを炒める。これに、「ビサップ」と呼ばれるハイビスカス属の植物の葉、オクラ、ダワダワとカオピ豆の搗いたもの、トマト、ペペ（唐辛子）、そして水を投入。

この辺までは「なるほど」と見ていたが、問題は次だ。アジノモトを二つの鍋に、それぞれ二十五グラム、三十五グラムも投入したのだ。野菜の量に比べて明らかに多い。

「アジノモト、こんなに入れるの？　これじゃダワダワの味が消えちゃうだろう？」とアジノモト現地法人のナンバー2である健ちゃんが呆れたほどだ。

この辺りで私たちは今回の調査に大きな欠陥があることに気づいた。私たちは「ふつうの北部ナイジェリア人のダワダワ料理」を体験したかったのだが、いつの間にか「アジノモトの偉い人たちを接待する会食」に様変わりしていたのだ。

まあ、無理もない。健ちゃんは重役であるし、カメラやビデオカメラを持った取材班が入り込んで撮影を行ってもいる。田舎の村にとってはお祭りに近い大イベントだろう。

アミヌ夫人はアジノモトのお椀マークと社名が書かれたエプロンをつけていた。用意された皿もアジノモトのロゴ入り。いずれも二年前、キャンペーンで配られたものだという。ここで撮影した画像や映像を見たら、誰もがアジノモトの広告だと思うにちがいない。

トドメは「マディッシュ」というカレーパウダー入りの「風味調味料」。当然、味の素社製である。

私たちが案じたとおり、完成された料理はダワダワの味が一切感じられなかった。

本日の料理取材失敗である。

……失敗だが、料理自体は美味い。うま味調味料をドカドカ入れているせいもあるが、それ以外にもヤシ油とピーナッツ油がふんだんに使われている。

不思議なことに、オクラスープにトウモロコシの餅団子も、もう一つの（私たちが手順を見損なった）バオバブスープも、日本のカレーと妙に似ていた。適度な辛さ、本場インドのものとは異なるカレーパウダー、そして油とうま味調味料。特に後者のバオバブスープは米の餅団子と一緒に食べると、カレーライスそのままで、「ああ、久しぶりの日本食だな」なんて言いそうになる。

「ここの人たちにカレーのルウ、絶対売れるよ」

「そうそう、味覚がそっくりだもん」

私と竹村さんは口々に味の素社の現地法人管理職に新たな商品販売を提案したのだった。

しかし、この日最大の驚きは最後の最後に訪れた。

大豆がいつ、この土地にやってきたのか、アミヌさんのお母さんに訊いていたときである。

彼女によると大豆の使用はさほど古くないらしく、「はっきり憶えていないけど、二十五年前くらいに栽培を始めたんじゃないか」という。続けて彼女は「大豆はダワダワにしたり、××にしたり……」と言うのだが、「××」は英語に訳せないらしく、アミヌさんが四苦八苦して、その食品か料理かを説明しようとするのだが、さっぱりわからない。

すると突然、「ちょっと待って」と言い、彼はどこかへ行ってしまった。しばらくして戻ってくるなり、ビニール袋を差し出した。中を見たら、なんと三角の揚げ豆腐そっくりの物体が入っている。

「なんだ、これ!?」と驚きつつ、食べてみて再度、啞然。まるっきり日本の揚げ豆腐だ。しかもオーソドックスに美味い。いや、手造りなだけに、東京のスーパーで売られているものより豆の味がして、風味も食感もいい。

「なんじゃこりゃあ！」と思わず叫んでしまった。

ナイジェリアで食品研究を一年続けている、そして大学の研究対象が豆腐だった健ちゃんも目を丸くする。

「どうしてこんなもんがあるの？　豆腐じゃん。見たことも聞いたこともないよ」

しかし、アミヌさんやマネージャーのマーティンスさんによると、豆腐はカノ州だけでなく北部ではひじょうに一般的な食べ物だという。ただし、「中部では少なく、南部では見かけない」とのこと。

狐に化かされたような気分になったが、あとで調べてみると、一九九〇年代初めに国際協力事業団（JICA）から派遣された中山修さんという人がこの国の北部を拠点にし普及に尽力したとわかった。

納豆はちがうが、豆腐は本当に日本起源だった。でも、現地の人たちが豆腐を受け入れたのはよほどおいしいと思ったからだろう。豆腐は作るのに手間がかかるわりに栄養価は高くない。

納豆、アジノモト、カレーライス、豆腐……。ナイジェリア北部は「日本」なんじゃないかと私たちは思ってしまったのだった。

6．ダワダワの正体は……？

今回の取材は予想しないものが次々に登場するので、ここに書き連ねるのも苦労する。

実は二日目、私たちは衝撃的な事実に直面していた。

ダワダワの正体だ。

まだ仕込んで一晩なので大して発酵していないだろうと思いつつも、せっかく来たので、物置を覗いてみたのだ。

木の扉をギイと開け、薄暗い室内に入る。鳥の声が聞こえるのは、まだ人が集まっておらず、村が静かなせいだ。刈り入れたゴマの草の束が山積みにされ、ヒョウタンや壺が転がっている。しかし、すでに何か既視感にとらえられていた。

――これはもしかすると……。

強烈な予感が襲ってきた。

最初はパルキア豆。上にかけられた化学繊維の袋の覆いを開けると、もわっと熱気が立ちのぼる。

「うわっ、来てる！」

健ちゃんが遠隔から計れる赤外線温度計をパルキアにかざすと「五十二度」と出た。納豆の最適発酵温度は（諸説あるが）三十五〜四十五度が標準的だと思われるので、五十二度は十分以上な熱である。表面は真っ白だが、主に灰のせいだろう。この時点で「いつもの」匂いがした。

やや扁平な豆をつまむと、ネバネバと指にくっつき、糸を引く。

匂いを嗅ぎ、口に含む。

ひょうひょうとした、いつもの「友」がそこにいた。紛れもなく納豆だった。

「これ、どう見ても納豆だよ」思わず笑いがこみあげてきた。

あんな巨木の固い実なのに、こんな乾燥したアフリカの土地なのに、なぜ納豆なのか。なんだか自分が今、どこにいるのかわからなくなりそうだ。

今日は茶系の、しかもなぜかヨルバ族の服を着て、やっぱり水戸黄門みたいな頭巾をかぶった健ちゃんが「俺も味見させて」とひとつまみ。口に入れ、真剣に味わっている。味の素社の研究者はその真剣な表情のまま言った。

「うん、納豆だ」

だが彼もこの状況が信じられないのか、いつものような無邪気さはなく、「これ、パルキアでしょ？　かなり納豆だよね……」とむしろ困惑しているようだった。

ビデオカメラを回している竹村先輩が「このままでもイケそうなくらい？」と訊くと、「醤油かけてご飯にかけて全然いける」と健ちゃんはキッパリ。

このあと竹村先輩も味見し、「うん、納豆だ」と同じことを言う。

結局、これしか言うことがないのだ。納豆取材を三年続けている私たち二人とうま味調味料の専門家が三人そろってダワダワを納豆と認識してしまった。菌を見てみないと断定はできないものの、まず間違いなく納豆菌の作用で発酵した「納豆」であろう。

続いて、大豆。こちらは全く糸を引いていない。少し粘つく程度だ。豆は若干固く、発酵も弱いのだろう、味も薄い。慣れ親しんだ大豆特有の甘い香りがする分、懐かしさは同じくらい感じるが、全体としては不思議なことにパルキアの方が日本の納豆に近い。

謎の未確認納豆ダワダワは「納豆」だった。

突然、私の頭の中の納豆マップはドーンと世界規模に拡大した。今やユーラシア大陸とアフリカ大陸を含めないと納豆の地図は描けなくなったのだ。アフリカ納豆ビッグバンの瞬間だった。

翌日、完成したダワダワを見に行った。

物置のヒョウタンを開け、仕込んだ豆を見ると、誰かがかき回したあとがある。味見すると塩辛い。

「今朝、塩を混ぜた」とのこと。販売用には無塩のままで売るのだが、自家用には長く保存するために発酵を止めるために塩を入れるそうだ。

だが、塩分を除けばパルキアの方は前日にも増して発酵が進み、匂い、味ともに素晴らしく納豆である。若干アンモニア臭がするが、気にならない。そういえば、京都・山国で九十代の女性が作り続けている納豆もこんな匂いだったと思い出した。

かたや大豆の方はやはり発酵が今一つで、味も香りも薄い。

高温のせいか湿度が低いせいか納豆菌の性質なのか理由はわからない。パルキア豆の方がこの土地の環境に適しているのかもしれない。

日本ならこれで完成だが、日本以外ではどこもほとんどがこの先に加工プロセスがある。この村も例外ではない。これからせんべい状にするのだ。よっこらしょと二つのヒョウタンを外に運び出した。

先ほどまでガランとしていた中庭に、女性と子どもが地面から湧いてきたかのように何十人と集まっている。笑い声、歓声、駆け足の音、子どもを叱る怒声が炎天に響き渡っている。

村人たちの大注目を浴びているうえ、竹村先輩がビデオカメラを回しているので、黄門様の健ちゃん以下、私たちはまるでどさ回りの役者みたいだ。

一緒に納豆加工作業を始めた。

赤いヒジャーブ（イスラム式スカーフ）をまとった背の高くてスタイルの良い若い女性（アミヌさんの妹さん）が臼をきれいに洗ってから、豆を流し込んで杵で搗く。

この作業は、驚いたことにミャンマー・シャン族の作る「せんべい納豆」そっくりだ。シャン族はアジアでも最も納豆が好きでこだわりをもつ人たちだが、常温で保存するため、できあがった納豆を臼で搗いてから平たく伸ばし、せんべい状にしてから乾燥させるのだ。

ここナイジェリアの納豆の方が豆が平たいせいかやや搗きにくいが、基本的にはシャン族のせんべい納豆作りと同じだ。もっと言えば、糸引きの加減、ねちゃーんとしつつほろほろと崩れる様子、立ちのぼる納豆臭が見事なまでに納豆。日本の納豆と同じなのだ。

「これ見て納豆じゃないっていう日本人はいないよ」としつこいほど健ちゃんと竹村さんに繰り返してしまった。

搗いた豆が半分潰れてペースト状になると、臼から出してヒョウタンに戻す。それはいいのだが、匂いに誘われハエの大軍団が集まってきた。これまで日本でもアジア諸国でも納豆作りでハエなど見たことがない。涼しい時期に作るからだ。

納豆は冬の季語なんだよなー、こんな暑いところじゃ無理あるよなーなどと思っていたら、村の女性たちはきびきびと納豆ペーストの表面にピーナッツ油を塗った。するとびっくり、ハエは豆につかなくなった。

「ハエの足は触覚だから油がつくのを嫌うんだろう」と健ちゃん。

ここでも納豆の加工に実にいろいろな工夫が凝らされている。油を塗ると、ハエよけだけでなく、香ばしい匂いがしてくる。

次に女性が五、六人、ギニー・コーンという植物の茎で編んだ作業台の周りに集まり、ダワダワを丸めたり平たく伸ばしたりしはじめた。ギニー・コーンは節のない細い竹のような見てくれである。つまり、竹を編んだ葦簀《よしず》のようなものの上で納豆をいじくるという、またしてもアジア的な風景なのだ。

もっとも、ハウサ族の人たちは自由奔放だ。せんべい形にこだわらず、小さなピラミッド形にしたり、球形に丸めたり。粘土細工のように楽しみながらこねている。

私もやってみた。カルカシという植物の粉を水に溶いたものを手につける。乾いたときに固くなるのだという。まるでオクラのようにネバネバして糸を引く。オクラはこの辺りが原産地であるし、ネバネバしたものが好きな土地柄なのだ。

粘土細工が終わると、そのままナイジェリア葦簀の台を運び、家の仕切りになっている壁の上へひょいと置いた。この「ひょい」と置く感じもシャン族がせんべい納豆を作るときとそっくりだ。丸一日、天日干しをするという。この日差しならすぐに乾くだろう。

ところで、ダワダワはどれくらい商売になるのだろうか。この村では洗面器のようなプラスチック容器を量の基準としている。容器十七杯で五十キロ、つまり一杯＝二・九四キロ、ざっと三キロである。

パルキア豆は一杯＝八百ナイラ。これをダワダワにして売ると千三百ナイラになり、五百ナイラの儲けだ。今回は二杯作ったので利益は千ナイラになる。ナイラのレートは乱高下しているので日本円換算が難しいが、今のレートで千ナイラは四百円、三カ月前なら二百円。

昔の日本や今のミャンマー同様、ここでも納豆の製造販売は零細な商売である。

大豆の方は全てがもっと安い。豆が一杯＝三百五十ナイラ。パルキアの半額以下だ。パルキアの木は栽培化されていないという。つまり、自然に植わっている木から豆をとるしかない。大豆はご存じのように普通の栽培作物である。収穫がずっと容易いのだろう。

そして手間は半分以下であり、売値は半額だそうだ。大豆の方が商売としてはやや割がいい。

面白いのは同じダワダワでもパルキア豆と大豆では売る先が異なること。パルキア豆はカノの町の市場へ持って行き、大豆はカノでは売れないのでジェサワという近隣の小さな町の市場に持って行くそうだ。品質がよく値も張る商品は都会に、品質で劣るが安価な商品は田舎に出荷するということである。

ダワダワはナイジェリア北部でひじょうにポピュラーな調味料のようだ。

ＦＡＯ（国連食糧農業機関）などが管理するオンライン百科事典 Feedipedia.org のデータによれば、ナイジェリア北部のパルキア豆の年間生産量は二十万トンと推定されているという（二〇〇二年）。パルキア豆はそのまま食べることはなく、すべてダワダワにする。ただし、ダワダワにする際は固い殻を取り除くので、口に入る量は若干減るはずである。もし殻の重さが一割だとすれば、年間約十八万トンがダワダワになる計算だ。

ナイジェリア北部の人口はよくわからない。そもそもナイジェリアの人口が不明なのだ。民族紛争の種になるので国勢調査を行わないらしい。ただし、世界銀行の二〇一六年の推定では約一億八千万人。北部の人口がざっと国の半分として推定約九千万人。

九千万人が十八万トンのパルキア豆のダワダワを消費している。さらにナイジェリア北部人は大豆のダワダワも――統計がないのでどれくらいかまるでわからないが――相当量食べている。仮にパルキア豆のダワダワの半分として九万トン、四分の一として四・五万トン。

かたや日本は人口約一億二千万人で、納豆生産量は現在約二十五万トン。

いずれにしても、一人当たりの納豆消費量は、ナイジェリア北部人のほうが日本人より上であることに間違いなさそうだ。

面白かったのはアミヌさんとマーティンスさんに「日本にもダワダワがある」と言ったときの反応で、目を見開いて驚き、「ナイジェリアから輸入しているの？」と訊いたのである。大笑いしたが、思い返せば、日本でも「外国にも納豆がある」と言うと、少なからぬ人が「日本から伝わったの？」

と訊くから考えることは同じだ。

納豆は自分たちだけが食べている臭くて美味い独特の伝統食品――。

アフリカ大陸の西側の民族とアジア大陸極東の民族が同じことを考えている。それがたまらなく面白い。

7. 究極の「和定食」試食会

到着して三日目の昼である。もしここがイスラム過激派の活動域なら「危険状態」に入っているはずが、何も気配はない。

私たちも当然、情報収集を行っている。WASCO社カノ支店のスタッフによると、現在、本当に危ないのは北東部、チャド共和国と国境を接するボルノ州だけだという。

「ボルノ支店はどうなっているのかもよくわからない。さすがに外国人は行けないから」と健ちゃん。

服部に紹介されたAFPのジャーナリスト、アミヌ・アブバカル氏によれば、現在、ボコ・ハラムはチャドとの国境地帯の森に追い詰められているうえ、二つに分裂しているという。

「今のリーダーがあまりに人を殺すから、前のリーダーの息子を新しいリーダーにした一派ができたんだ」と彼は説明する。ボコ・ハラムも発生当初はここまで残虐なカルト集団ではなかったらしく、今のリーダーに対する反発は組織内でも強かったということだ。

私はイスラム過激派については、なるべく先入観をもたず情報収集することを心がけている。というのは、日本や先進国のイメージと現地の感覚は異なっている場合が多いからだ。

例えば、アフガニスタンのタリバン。日本では単なるテロリストのように思われがちだが、十年前に首都カブールで取材していたとき、現地のジャーナリストは、「政府とタリバンが和解しないとこの国は絶対に平和にならない」と語っていた。政府の腐敗ぶりがひどいうえ、アメリカへの反発も強く、タリバンへの一定の支持があるらしい。実際、アフガニスタン政府もアメリカも、折に触れてはタリバンの穏健派と交渉を試みている（毎回失敗に終わっているが）。

ソマリアのアルカイダ系組織アル・シャバーブも現地では意外に支持がある。首都モガディシオ出身のある友人は――本人は断じてアル・シャバーブに反対なのだが――こう言う。

「モガディシオでアル・シャバーブを支持する人はたぶん二割。反対する人は三割くらい。半分ぐらいは支持でも反対でもないけど、どちらかといえばアル・シャバーブにシンパシーを感じている」

つまり、彼の言うことを信じれば、政府が押さえている首都でさえアル・シャバーブ支持の方が全体的には多いのだ。地方なら支持者はもっと増えるだろう。

理由はアフガニスタンと似通っている。非民主的で腐敗しきった政府とそれを支援する西欧社会に対する反発、さらにクリスチャンが主導しているケニアやエチオピアといった近隣国が介入していることへの嫌悪などだ（ただし、ソマリアでは「政府とアル・シャバーブが和解すべきだ」という意見は全くない）。

タリバンもアル・シャバーブも、非民主的な国における「野党」的な立場を獲得しているようにみえる。

だから、もしかしたら世界的には圧倒的に「悪」とされているボコ・ハラムも、現地の人から見ればちがう見方があるのかもと思っていた。だが、AFPのアミヌ・アブバカル氏は「カノでボコ・ハラムを支持したり、シンパシーを持っている人はほとんどいないだろう」と言う。「テロが危険なことは言うまでもないが、それ以外に商売にひじょうに差し支える」

ＷＡＳＣＯ社カノ支店の人々はもっと痛烈に非難していた。

「あいつらはムスリムじゃない。単なるカルトだ」

「小さな村を襲って、皆殺しする。許せない」

ボコ・ハラムは少なくともカノ周辺では全く支持されていないようだ。

実は現在のボコ・ハラムは、ボルノ州の主要民族であり、イスラムへの信仰が強いことで知られるカヌリ族を中心に構成されていると言われる。全国的に支持者のいるタリバンやアル・シャバーブと異なり、もっと狭い民族主義カルトの色合いが濃いようだ。ナイジェリアの民族対立が生み出す最悪の例とも考えられるかもしれない。

そんな話をしながら、納豆を作っている。この数年、私にとって「ソマリ」と「納豆」が二大テーマだった。イスラム過激派について調べたり書いたりした直後に納豆の原稿を書かねばならなかったりして頭を切り換えるのに苦労していたが、今やそれは良くも悪くも現場で同居している。

イスラム過激派と同居しているのは納豆だけではない。そのあとは豆腐だ。

日陰でも三十五度ぐらい、日向では四十五度にも達しようかという猛暑の中、作業は三カ所、同時に進行し、納豆、カレーとすでに莫大なデータが脳内メモリに詰められ、私たちはときおり思考が止まり、立ちすくんでいた。

いつの間にか豆が煮えていた。ヤシ油を入れている。

「消泡剤の代わりだ」と健ちゃんが感心する。豆腐を作るときどうしても泡が立つが、これが残ると見た目がよくないうえ味も落ちる。そこで日本では油脂系消泡剤、グリセリン脂肪酸エステル、シリコーン樹脂といった物質を消泡剤として入れるという。それがここではヤシ油なのだ。

さて、豆が煮えると布で濾《こ》す。残った滓《かす》がおから、濾された豆乳が豆腐になるはずだ。

健ちゃんは「ニガリの代わりに何を使って凝固させるのか」と注目していたのだが、答えはヒエの一種であるトウジンビエの粉を水に漬け、少し発酵させたものだった。舐めるとやや酸っぱい。要は酸性であればいいらしい。実際、それを汁の中に入れると、みるみる固まりだした。

消泡剤にヤシ油、ニガリの代わりにトウジンビエの発酵汁と、日本とまるで異なった材料を使い、しかし同じ工夫をしている。そして出来上がった豆腐は……。

熱々の豆腐を口に放り込んだ私は叫んだ。

「ダンダヌ!!」

女性と子どもたちの間からドッと笑い声。土地の食べ物をガイジンが気に入ってくれたと思ったのだろう。

ちがう。純粋に豆腐が美味いのだ。

私は特に豆腐にこだわりがあるわけでなく、わざわざ豆腐屋へ買いに行ったことはない。スーパーで適当にカゴに放り込んでいる。だから尚更なのだが、作りたての豆腐がこんなに美味いものとは知らなかった。熱くて手でもっていられないほどなのだが、それも忘れて摑んでは口に入れを繰り返し、貪《むさぼ》ってしまう。豆のうま味、甘み、歯ごたえも日本でこれまで食べてきたものとはレベルが全然ちがう。

ナイジェリアの村で豆腐の真の美味さに気づくとは一体どういうことか。

もっとも、こちらでは納豆と同じように、豆腐もそのままでは食べない。揚げるのだ。といた卵を薄く塗りつけて衣のようにしている。スライスしたタマネギと一緒に油で揚げる。量が多いので、全部揚げ終わったのは一時間近くも経ったあとだった。

納豆と豆腐が揃い、いよいよ試食会だ。

発酵したパルキア納豆。

餅団子をカレーにつけて食べる。
味はほぼカレーライス。

納豆ができてから、潰して固める。
この後、これを天日で干してせんべい状にすると、保存食になる。

できたての揚げ豆腐。タマネギと塩をまぶして食べる。

健ちゃんの発案で中庭にゴザを敷き、そこで食べることにした。みなさんに日本風の納豆と豆腐の食べ方を是非見物してもらい、ひいては一緒に味見していただきたいと思ったからだ。おりよく竹村先輩が日本から醤油をもってきていた。それを生かさない手はない。皿に白いご飯をよそい、上には糸引きダワダワと揚げ豆腐をのせ、醤油を上から垂らす。醤油以外はこの土地のものだけを使用した「純和食」だ。

二人で食べ始めたが、やがて「異変」に気づいた。あれだけ物見高い女性や子供がすーっと離れ、こちらに背を向けてしまった。全く関心をもった様子がなく、自分たちで何かおしゃべりしている。試食どころではない。WASCO社のスタッフとラゴス警察だけが、何か珍しい動物を発見したかのように私たちを携帯やスマートフォンで撮影していた。

そこでようやく自分たちの大失敗に気づいた。イスラムの作法では食事は男女別々だ。そのうえ、人が食べている場所に近づいたり、じろじろ見るのはマナー違反なのである。

いつものように、もし男だけで屋内で会食していたら、少なくとも男性陣とはこのスーパーな「純ナイジェリア産日本食」を食す喜びを分かち合えたのに——と言いたかったが、実はそれすら叶わぬ夢だった。なぜなら、肝心のダワダワに砂が混じっているのだ。

殻をとり除くために入れた砂。水でよく洗って流していたが、それでも直に食べるとけっこうじゃりじゃりする。スープやシチューに入れる分にはいっこうに気にならないが、豆だけだと砂一粒でも噛んだとき歯にガチッと当たる。味自体は納豆の醤油がけで美味しいのだが、これでは食べた気がしない。うーん、せっかくここまで来ながら……悔しい。

砂を噛む思いとはこのことだ。

「これ、厳しいね……」

「うん……」

私たちは人々に背を向けられたまま、深くため息をついた。

しかたがない。写メを撮り終えると気が済んだ顔をしているＷＡＳＣＯ社のスタッフを捕まえ、健ちゃんが「ちょっと食べてみて」と〝上司命令〟。しかたなくマーティンスさんは一口ずつ納豆と豆腐を食べ、「オーケー」と言うものの、目は泳いでいた。日本でもナイジェリアでも会社員は辛い。私たちも辛い。

ところが、アミヌさんだけは口にも入れなかった。食べたくない、のではない。上司に反抗しているのでもない。

「今日は断食の日だから」という。断食？　ラマダンでもないのに？

そう問うと、彼は静かな表情で答えた。

「今、週に二回、断食してるんです。国のため、ボコ・ハラム問題解決のために祈っているんです」

私は一瞬、言葉を失った。

ボコ・ハラムは村を襲い、学校教育を少しでも受けた人を皆殺しにするという。

この村など、いくら人の数が多くても、武装組織に襲撃されたらひとたまりもない。

政府も軍も腐敗がひどく、どれだけ自分たちを守ってくれるかわからない。でも、というか、だからこそ、一般庶民は地道に、ひたむきに生きている。

納豆と豆腐をこよなく愛すこの優しい人々が安全で平和な生活を送れるようにと、私も祈らずにはいられなかったのである。

第2章　アフリカ美食大国の納豆

ジガンショール／セネガル

1．「納豆」の語源はセネガルのウォロフ語だった!?

納豆は謎に包まれた食品である。なにしろ、「納豆」という日本語がどこから来たものなのか皆目見当がつかないのだ。中国語由来と思っている人が多いようだが、中国語には納豆という言葉は存在しない。今中国で「納豆」といえば、日本から輸入された納豆を指す。

では大和言葉なのかというと、それもありえない。「アイヌ語に漢字をあてた可能性は？」と思い、アイヌ研究者に問い合わせたら、「アイヌには納豆を食べる習慣はありません」というシンプルな回答だった。

日本で作られた漢語風の造語なのだろうか。「豆《とう》」がマメなのはわかるとして、「納《なっ》」がわからない。寺の納所《なっしょ》で保存していたから納豆と呼び名がついたという説もあるようだが、納所とは会計事務所のことであり、そんな場所にあの臭い食品を貯め込むはずがない……。

実は語学オタクである私もうんうん言いながら考えたが、いくら考えてもわからない。さすがは謎の食品。内容以前に名称の由来すら誰も知らないのだ。

その謎を解く重要な鍵（？）を与えてくれたのは幼なじみの健ちゃんだった。彼に誘われてナイジェリアへ旅立つ前に話は戻るが、せっかくだからもう一カ所行ってみようということになった。

仮にナイジェリア北部のダワダワが「アフリカ納豆」と呼べるものだったとしても、広大な西アフリカの他の地域の状況はどうなのか判断がつかない。同じようにパルキアを使い、同じような手順で、同じように納豆菌で発酵させたものなのか、それとも別のものを別の手順で別の菌で発酵させたものなのか。だいたいにおいて、どの程度の広さで「アフリカ納豆（仮）」――ああ、また「仮」に戻ってしまった!!――が食べられているのかも見当がつかないのだ。

もう一カ所なら、西アフリカの伝統の中心地であるマリやニジェールを目指したかったが、やはりイスラム過激派の脅威を無視できず、逡巡していた。そんなとき、ラゴスの健ちゃんからまたしても仰天ニュースが届いた。

「セネガル行かない？　納豆みたいなもの、あるらしいよ。名前は現地のウォロフ語で『ネテトウ』（笑）」

なんと！　セネガルはナイジェリアから優に三千キロ離れている西アフリカの西の端。そんな土地でアフリカ納豆（仮）が食されていることも驚きだったが、名前がネテトウ？　日本語そっくりじゃないか。納豆の語源はセネガルだったのか!!

……まあ、そんなわけはないと思うが、迷ったら面白そうな方向に進むのが私の流儀だ。

かくして、私たちアフリカ納豆探検隊はナイジェリア取材のあと、「納豆」の類似商品じみた謎の「ネテトウ」の正体を突き止めるべく、セネガルの首都ダカールへ飛んだ。

ダカールはベージュ色をした石造りの建物が砂の中にコトコトと埋め込まれたような、こざっぱりした町だった。人々が明るくのどかに歩き、子供がサッカーをしていたり、おばさんが道端でピーナッツを売っていたりして、南国らしい開放感にあふれている。

セネガルはナイジェリアと対照的な国だ。

ナイジェリアは民族が二百五十以上もあるとされるが、こちらは二十程度と西アフリカではかなり少ない方である。旧フランス植民地なので、公用語はフランス語。宗教はイスラム教徒が九割近くでクリスチャンは一割に満たないが、深刻な宗教紛争や迫害は起きたことがない。世界中を席巻しているイスラム過激派やイスラム主義の思想はこの国ではまるで影響力を持っていない。治安はよく、政治経済の両面で旧宗主国との関係が安定しており、「旧フランス植民地の優等生」とも呼ばれる。ナイジェリアだけでなく、他の西アフリカ諸国全てから見ても異彩を放っている。

セネガルの首都ダカールは快適かつ安全な都市で、ヨーロッパと他のアフリカ諸国を結ぶ交通の要所であり、まるで東南アジアにおけるバンコクのような立ち位置だ。

なによりも、セネガルが際立っているのは「美食大国」としての名声である。

サハラ以南のブラックアフリカで「ご飯がおいしい」と外国人（アフリカ人と非アフリカ人の両方）に評判をとるのはおそらくセネガル料理だけだろう。私は昔、コンゴに滞在中、現地の「セネガル食堂」で食べたことがあるが、米のご飯に煮たチキンとトマトソースがかかっていて、とてもおいしかった。アフリカでは外国料理といえば、フランス料理とか中華料理などの非アフリカ料理であるが、そのほぼ唯一の例外がセネガル料理だといえる。

アフリカの食文化に深い興味をもつ健ちゃんはハイレベルなセネガル料理を習うべく、日本人の知り合いを介してセネガルの一般家庭へ民泊する計画を立てた。今回私たちはそれに便乗させてもらうことになったのだ。しかるに予定が狂い、なぜか健ちゃんはガーナ共和国で行われる日本祭りでよさこい音頭を踊ることになっていた（彼はカノでのダワダワ取材のあともホテルの部屋でよさこいの振り付けを練習していた）。

こうして肝心の健ちゃんがよさこいで消えてしまい（三日後に合流するとのこと）、私と竹村先輩が見知らぬセネガル人のお宅にお邪魔することになった。

セネガルでは初《しょ》っ端《ぱな》から意外な展開が待ち受けていた。

まず、健ちゃんからは「サタデーさんというカトリックの人が待っている」と聞いていたのだが、実際に出迎えてくれたのはマンボイさんという陽気なムスリムの女性と、アブ・ジョップという、ボブ・マーリーみたいな髪型の、どう見てもラスタマンとしか思えない男性だった。まるで話がちがう。

マンボイさんは私たちが泊まる家の女主人で、フランス語を話す。私ともフランス語でやりとりした。一方ラスタマンは簡単な英語を話す。私たちがフランス語を解さないと思ってマンボイさんが通訳を用意してくれたのだろうが、一体何者なんだろうか。

彼らは「あなたたちはマナの友だちだから大事にする」とか「マナは××（料理の名前らしい）が大好きなのよ」などとまくし立てるのだが、マナというのが日本人の名前だと気づくのにも数分かかった。どうやら、この民泊を健ちゃんに紹介した人らしい。彼女はセネガルダンスの踊り手としてダカールでも有名だという。しかし、私たちはマナさんのことは何一つ知らない。竹村先輩にいたってはなぜかマナさんがよさこいダンサーで、セネガルへよさこいを教えに来ていると思い込み、「よさこいダンス！」と連呼。セネガル人の二人は「は？　ヨサコイって何？」と眉をひそめていた。

結局、互いに相手のことを何も知らない私たちにとって唯一共通の話題は〝納豆〟だった。

「ネテトウを知ってる？」とやや慎重に訊いてみた。〝やや慎重に〟というのは、日本を出る直前に、セネガルに住んだことがあるという日本人から、「ネテトウはセネガルではあまり食べられていない。貧しい人の食べるものだと思われている」と聞いたからだ。

「ネテトウ？　あんなもの、食わないよ」という答えも予期していたのだが、二人の反応は全くちがった。ラスタマンは「もちろん。あれは薬だ」と厳かに告げた。マンボイさんにいたっては「ネテトウはセネガルの代表的な料理のほとんどに使われているのよ」と、得意げな表情。

なんと。ネテトウはアフリカで最も美食と言われるセネガル料理で不可欠な調味料らしい。俄然おもしろくなってきた。

今度はこっちが彼らを驚かせる番だ。

「日本にもネテトウがあるんです」と私が言うと、マンボイさんたちは驚いた顔をした。

「え！　セネガルから輸入してるの？」

「いえ、日本で昔から作って食べているんですよ。臭くてネバネバする」

「本当？　信じられない！」

「名前はナットウって言います」

「ナットウ？　ネテトウそっくりじゃない!!」

そう言って二人は笑った。日本人そっくりの反応だ。

マンボイさんの家は空港から二十分ほど走った、中産階級と庶民が混在しているような地区にあるフランス的なアパルトマンの二階。私たちはそこのリビングルームにマットレスを敷き、寝起きさせてもらうことになった。ちなみにマンボイさんは仕立ての店を経営しており、ダンナさんはホテルの清掃係だという。

夕食はパスタ。「今日はネテトウを食べないの？」と訊くと、「夜にネテトウは食べないよ」とマンボイさんは笑った。「だって、米は昼にしか食べなくて、ネテトウは米と一緒に食べるものだから」

米とセットなのか。驚くばかりだ。セネガルの納豆ネテトウとは一体、何なんだろうか。

2. アフリカの納豆先進国

ダカールの朝の市場はまるで賑やかな珊瑚礁のようだった。原色の衣装を身にまとった女性たちが、伝統音楽をポップスに組み替えたような活きの良いセネガル音楽にのって、狭い路地を熱帯魚のように優雅な動きで交錯し、彼女らが頭にのせる金だらい（これで野菜や魚などを運んでいる）が強烈な日差しを浴びて煌《きら》めく。私たちは不器用なダイバーになったような心持ちで、マンボイさんのあとについて、市場に潜っていった。

ネテトウは至る所で売られていた。豆の形状を残したひじょうに塩辛い半生タイプもあれば、完全に乾燥した「干し納豆」タイプもある。

見た目も味も、ナイジェリアのダワダワそっくりだ。店の人とマンボイさんに話を聞くと、「大きい木に長い莢《さや》がなる。その中には黄色い粉と豆が入っている。その豆の殻をむいて、ネテトウにする」という説明。やはりパルキアと思われる。

ただし、ダワダワよりも形状は多種多様。

無塩のまま豆をつぶして固め、若干スモークにしたタイプもある。こちらは面白いことにオクラそっくりの形をしている。この地で最も代表的な野菜らしいオクラを模したということだろうか。

――ここも納豆の利用が進んでるな……。

と私は唸った。

アジア大陸の多くの地方では納豆の食べ方がバラエティ豊富である。生だけでなく、煮る、炒める、蒸すなどさまざまな調理法があるし、乾燥させたり味噌状だったり、あるいは塩や唐辛子を加えたりと形状や味つけも多様だ。日本では粒かひき割りをパック売りにした形状しかなく、白いご飯にかけて食べるのが一般的だ。それに比べたら断然「納豆先進国」であり、初めて取材したときはショックを受けたものだ。

セネガルのネテトウもひけをとらない。ネテトウを潰して乾燥させたものを砕いて粉にした商品も売られていた。「粉納豆」だ。「すぐに使える」と売り手の女性は笑った。

ミャンマー・シャン族も同じように粉納豆を利用する人がいるが、家で手作りするだけで商品化はされていない。

ここの納豆は多彩であるのみならず、「即戦力」であることを求められているのだ。ある意味、「アジノモト化が進んでいる」とも言える。

もっとも、市場を探索するうち、それはネテトウだけでないことに気づいた。野菜売り場には、みじん切りのオクラやタマネギ、あるいはニンジンとタマネギのセットなどがビニール袋詰めで並んでいる。売り場の人は客とのやりとりでただでさえ忙しいのに、その合間を縫って俎板《まないた》も使わず、両手に野菜とナイフを持ち、器用にみじん切りにしている。

「カット野菜」が市場でふつうに並ぶ光景はアジア・アフリカを通して初めて見た。主婦の〝時短〟のためだろう。これだけでもセネガルの料理が他のアフリカ諸国とはちがう次元に達していることが察せられる。

だが、セネガル主婦の「時短」は手抜きではない。それを思い知らされたのは買い物を済ませて、家に帰ってから。マンボイさんとカディちゃんというお手伝いの女の子が二人がかりで料理を始めたが、その凝りようが尋常でなかったのだ。ネテトウの扱い方も想像を超えていた。

作ってくれたのは二品。いずれもセネガルで代表的な家庭料理だという。一つは「スープ・カンジャ（オクラのスープ）」、もう一つは「チェッブ・ジョーラ（ジョーラ族の米料理）」。セネガル料理は基本的にワンプレートなので、一回に一つの料理しか作らないが、私たちに時間がないため一度に二種類作って見せてくれたのだ。

折しも時は十月、「今年は雨が降らないから一年でいちばん暑い時期かもしれない」とマンボイさんは苦笑する。狭い西洋式のシステムキッチンにプロパンガスのコンロを置いているため、厨房全体が竈《かまど》のような熱気に包まれた。

マンボイさんとカディちゃんは阿吽《あうん》の呼吸でくるくると動き回る。二人ともムスリムだが、とてもお洒落。別に私たちを意識しているわけでなく、日常的にお洒落なのだ。マンボイさんはパープルの布を頭に巻き、ベージュに赤のゆったりしたワンピース。まだ生まれて半年の赤ちゃんがいて、ときどきはその子を背中に布でおぶったままで作業を行う。赤ちゃんはお母さんの動きに従い、メリーゴーラウンドにのっているかのようにくるくる振り回されるが、意に介す風もなく熟睡、ちっちゃいピンク色の足裏が台所のあちこちで閃《ひらめ》く。

いっぽう、カディちゃんは白いTシャツにぴったりしたジーンズを穿いて、頭には白いターバンのような布、そして耳には銀色のかわいいピアスを付けていた。

この人たちが作るネテトウ料理は「凄い」の一言に尽きた。

まず、スープ・カンジャ。トマト味のカレーライスのような料理なのだが、入れるダシと調味料の種類の多さに圧倒される。

肉は使わず、「生の魚」「干し魚」「燻製の魚」と三種類の魚を入れるのだ。しかもそれらはすべて形がなくなるまで煮込む。つまりダシにしてしまう。こんな贅沢な魚ダシの料理は世界にも例がないだろう。

仕事も実に丁寧だ。生の魚はまず煮て十分火を通したあと鍋から出し、手で小骨まで全部とる。野菜もきちんと洗う。マンボイさんは市場のカット野菜は「洗ってないからよくない」と言う。ニンニクは一かけを半分に切り、芽の部分を取り除くといった具合。

グルメ国民ならではのこだわりはネテトウにも発揮された。半生の豆状のものも、潰してオクラ形に固めたものも、繰り返し丁寧に水で洗う。豆状のものなどは粘り気がすっかり洗い流され、ただの煮豆のようだ。でも味見すると納豆の風味は残っているのが不思議だ。

二種のネテトウは、大量のオクラ（これが主役である）、風味調味料であるマギー、タマネギ、唐辛子、ニンニクと一緒に、日本の銭湯や温泉にある手桶を一回り大きくしたような木の臼に入れ、杵で丹念に搗《つ》く。最終形態は味噌玉のよう。

この料理をレシピ的に説明するのは困難だ。見ていても目が回ってくる。

わかりやすく整理すると、「鍋」と「オクラ納豆玉」からなる。

鍋では三種の魚を煮崩れるまで煮込み、トマト・ピューレと「アジャ」というトマト風味の調味料（以上はすべてうま味）、さらにジャカスという白くて丸いナスに似た野菜と赤、緑、黄色の小さいパプリカを加える。野菜は彩り用らしく、切らずに丸ごと入れて形を残す。魚はうま味に消え、野菜は切らないで残すという発想が面白い。

それに臼で徹底的に搗いたオクラ納豆玉（これもうま味の固まり）を投入して合計一時間以上ぐつぐつ煮込む。

最後に——これは正直私たちには解せないのだが——赤いヤシ油を二リットルのペットボトル一本分、全部流し込んでしまう。これもコクを出すためなので、一種のダシあるいはうま味になるわけだが、「うわっ、全部入れるの？」と口をぽかんと開けてしまった。

日本の濃厚豚骨ラーメンもびっくりで、「うま味狂」がいるとすれば、それは日本人でなくセネガル人だろう。

このクレイジーうま味シチューのスープ・カンジャがあとは煮込むだけになると、もう一品の「チェッブ・ジョーラ」にとりかかった。こちらは日本人にとってはスープ・カンジャよりさらに驚く料理だ。

チェッブ・ジョーラは別名「セ・ボン」と言われる。セ・ボン（C'est bon）はフランス語で「美味しい」の意味。「あまりに美味しいから『美味しい』と呼ばれるようになったの」とマンボイさんは屈託なく語る。

料理名が『美味しい』なんて世界でも他にないのではないか。しかもこの『美味しい』の主役は……なんと納豆だった。

まず、ネテトウにマギー、タマネギ、塩を加え、木臼でよく搗き、ネテトウ玉を作る。

次に米を炊く。このとき、米にネテトウ玉（と干し魚少々）を一緒に入れるのだ。

最初は意味がよくわからなかった。だが、ご飯が炊きあがり鍋の蓋を開けたとき、意味は一目瞭然、いや一嗅瞭然だった。

「納豆の炊き込みご飯！」

「そうくるか！」

私と先輩は興奮して口々に叫んだ。ご飯にはうっすらと納豆の風味がついていた。このご飯を大きな平皿に盛り、ご飯からとりだしたネテトウ玉、鰺のフライ、そして別に作った三種のソース（たれ）をのせる。

ソースAはタマネギ、マスタード、酢、ニンニク粉、コショウ、唐辛子粉からなる「酸っぱいオニオンソース」。ソースBはネテトウ、マギー、タマネギ、塩を混ぜて、臼でたんねんに搗いた「ネテトウ・ソース」。そしてソースCは最も凝っていて、タマネギ、マスタード、酢、ニンニク粉、コショウ、唐辛子粉（ここまではソースAと同じ）に塩を加え、それに蒸したビサップという野菜を混ぜた「ビサップ・ソース」。

ビサップはアオイ科ハイビスカス属の一年生植物で、学名は*Hibiscus sabdariffa*、フランス語ではオゼイ、英語名はローゼル、和名もローゼルという。ナイジェリアのダンクワリ村でも料理に使っていた。西アフリカ全体で、ひじょうにポピュラーな栽培植物であった。

実はこの植物の花を煮出したのが日本でも人気のある「ハイビスカス・ティー」である。西アフリカでは冷やして砂糖を入れ、ジュースにして飲む。「ハイビスカス・ジュース」と呼ばれる。だから本書ではこの植物を「ハイビスカス」と呼ぶことにしたい。その方が覚えやすいし、間違いではない。

このハイビスカスの葉はオクラやモロヘイヤと同様、とても粘り気がある。ネバネバは西アフリカの人にとって重要なポイントなのだ。当然納豆とも相性がよい。

最後のソースはカディちゃんが念入りに器の中でかき混ぜていたが、粘り気がすごく、まるで日本人が納豆をかき回している光景にそっくりだった。セネガル人は納豆に粘り気を求めない。セネガル納豆はうま味専門。代わりにオクラとハイビスカスの葉が十分な粘り気を生みだしている。食事にうま味と粘り気を求めている点では日本人と同じ。ただ、こちらでは「分業体制」なのだ。

途中、子供たちの面倒を見ながら、長丁場の料理でもマンボイさんたちは疲れる様子を見せない。ウォロフ語で誰かの噂話なのか何か話すと、シャイで無口なカディちゃんがクスッと白い歯を見せて笑う。マンボイさんはマナさんから習ったらしく、「シオ、チョット」とか「イタダキマス」などと日本語をしゃべって、茶目っ気たっぷりの流し目をくれる。

できあがった『美味しい』はパッと見は少しスペインのパエーリャにも似ていた。パエーリャではサフランライスを入れるところをこちらは納豆の風味付けをしたライス、魚介の代わりにネテトウ玉と鰺と三種のたれである。最後にヤシ油を一回し。ごま油をかけるような具合だ。

「これで出来上がり〜」陽気なマンボイさんがお皿を両手でもち、頭を揺らしながら歌うように言う。

私たちにセネガル料理を教えてくれたマンボイさん。白い布で子供をおぶったまま、よく働く。

ネテトウ玉を米と一緒に炊き込む。納豆炊き込みご飯だ。

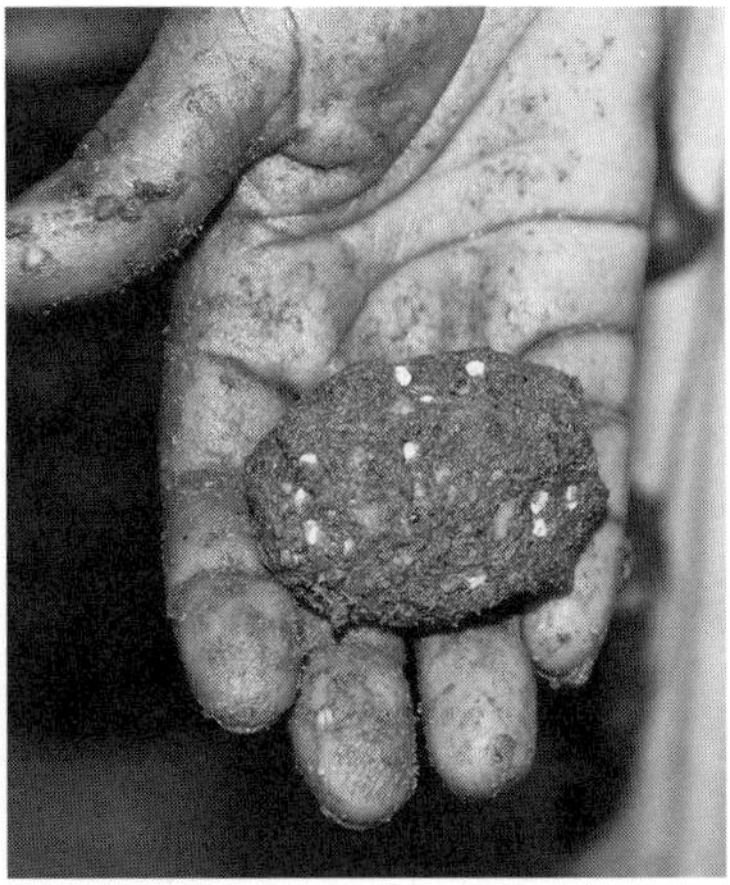

ネテトウにオクラ、タマネギ、ニンニク、唐辛子、「マギー」(風味調味料)を混ぜ、臼でよく搗いた「ネテトウ玉」。

らしい。

『美味しい』は早く作れていいわ〜」とも。この凝った料理もセネガルでは「手早い」うちに入る
作り始めてからざっと二時間半。私と先輩は暑さと情報の洪水と驚きで半ば朦朧としていた。でもとにかく食べてみたい。

クレイジーうま味料理「スープ・カンジャ」はあえて言語化すれば、「すごく凝った手作りカレーライスのトマトシチューバージョン」。

「生魚」「干し魚」「燻製魚」の三種類の魚、マギーとアジャという二つの人工調味料、そしてネテトウ、二リットルのヤシ油。過剰なうま味が渾然一体となって疲労困憊した脳と体を直撃する。ほとんど無意識的に「むちゃくちゃうまい」と呟いていた。

ネテトウの味はわかるような、わからないような。でも、ネテトウがなかったら、おそらくこの味の厚みは出ないんだろうなと思う。

それに比べると、『美味しい』はもっと素朴。なんといってもご飯はうっすらと納豆の風味がする。ネテトウ玉は一口目こそアジアの味噌納豆を彷彿させる。でもアジア諸国では納豆をご飯に直接かけることはあまりないから、ご飯と一緒にかきこむとその味はミャンマーやタイを離れ、故郷の島国のそれに近づいてきて、「そうそう、こんな感じ!」と言いたくなる。しかも口の中で噛んでいると、どんどん日本の納豆の味へ進化していく。飲み込むとほわ〜んとした、あの間が抜けたような、ホッとさせるような、裏も表も知り尽くした家族のような香りがこみあげてくる。まさに納豆。そうとしか言いようがない。

ネテトウ玉をオクラソースに合わせれば私の大好物であるオクラ納豆だし、緑の野菜はそうでなくても日本人をホッとさせる。揚げた鰺とご飯も日本人の琴線に触れる。

納豆、鯵、ご飯なのだから、朝の和定食を食べているようなものだ。「ふるさとの味だ、懐かしい」と思うのだけど、ここはふるさとでもなんでもなく、アフリカの端っこにある国なのだった。それに故郷では納豆の炊き込みご飯など、残念ながら全く一般的でない。

「ネフナ！（美味しい）」と、私がマンボイさんに習ったばかりのウォロフ語で言うと、マンボイさんはいたずらっぽい顔をして答えた。「超オイシイ！」

いや、まったく。この料理は『美味しい』じゃなくて『超美味しい』に改名した方がいいかもしれない。

「参りました」と先輩のカメラが向けられたときに言った。「ここにも納豆先進国がありました」

3. ネテトウの桃源郷

小さな飛行機の窓から見えるのは森、湿地、それに蛇行する川ばかりだった。まるでコンゴかアマゾンのようだ。地上に降りたっても空気はじっとり湿り、ヤシの木や濃い緑の大木がそこかしこに枝葉を伸ばしている。サバンナや砂地は影も形もない。

——まさに別世界だ……。

と同時に、どうしてこんなところへ来てしまったのかとも思った。

当初の目論見では、ダカール周辺でネテトウ作りを取材しようと思っていた。時間と費用を考えれば、近場に越したことはなかった。

ところが私たちの目論見は——いつものように見事に——外れた。ダカール周辺ではネテトウを作っていないことが判明したのだ。

市場に売られているネテトウは、一部、ギニア共和国産があったがそれを除くとすべて「カザマンスから来ている」という。カザマンスとはセネガル南部、特にガンビア川より南の地域を指すらしい。意外である。セネガルを代表する食品なのだから、そこら中で生産されていると思ったのに。日本で例えると、味噌を九州でしか造っていないようなものだ。

意外といえば、はるばるカザマンスまで同行してくれることになったのも意外な人物だった。謎のラスタマン、アブさんだ。

住所も経歴も不詳。「以前、大統領府の護衛隊に勤めていたことがある」などというが、真偽は不明。そもそも彼の言うことは何が本当なのかさっぱりわからない。

いつも飄々として、どう見ても不良なのに基本的に正しいことしか言わない。外を歩きながら唐突に「お金は使えばなくなる。でも友だちはなくならない」とか「若いときはディスコで女の子を追いかける。でもそんな時間は必ず終わりが来る」などと武者小路実篤か相田みつをみたいな名言を吐く。

いっぽう、私が何かを頼んだり相談したりすると、おうおうにして「インシャッラー（神の思し召しのままに）」とか「ナイス」などと一言発して淡く微笑む。何がナイスなのか全然わからないのだが。

「ネテトウは薬だ」というから、どういう意味なのか訊いたが、やはり「ナイス」で片付けられてしまった。英語がよくわからないのか、そのような些細で世俗的な問題にこだわることはないと諭しているのか。ちょっと禅問答をしているような気分にもなる。

禅問答という喩《たと》えはまんざら的外れではない。というのは、彼は実は「バイ・ファアル」という、この国独特の「宗教的不良」なのだ。

セネガルはイスラム主義や過激派と無縁と前に書いたが、それはスーフィー（イスラム神秘主義）

首都ダカール郊外の住宅地。

ダカールの市場ではダシ関連商品売り場が充実している。
魚や貝の塩漬け、ネテトウ、ヤシ油など。

の流れを汲むいくつかの「教団」が国民の間にがっちりと根を下ろし、ネットワークを張り巡らせているからだという。

中でも最も大きな影響力をもつと言われるのが「ムーリッド教団」で、バイ・ファルはこの教団に帰依している。堅気じゃないので定職についていないし、お祈りもしないし、酒も飲む。戒律は守らないのに信仰心はとても厚い。ちょっと日本の虚無僧《こむそう》を連想させる。虚無僧はいちおう禅僧であるものの、無頼の輩や物乞いも多々混じっていたという。虚無僧は尺八を吹くが、バイ・ファルも自称ミュージシャンが多いらしい（アブさんもそうである）。

アブさんは自分を通訳やガイドでなく「セキュリティ」と称している。実際、アブさんと一緒に歩いていると犯罪にあわない。彼はチンピラやヤクの売人や泥棒連中とも顔見知りだからだ。いっぽう、町を歩いていると、セレブのような着飾ったご婦人が彼に声をかけてきたりする。いわば表と裏のどちらにも属さないが、どちらにも自由に出入りできるジョーカーみたいな存在なのだ。

バイ・ファルは人々の〝お手伝い〟をするのが仕事とアブさんは言う。お金のある人には有償、ない人には無償らしい。特に「誰に頼めばいいかわからないニッチな仕事」がバイ・ファルの出番となる。セネガルの「納豆」ネテトウの製造現場を探して案内するなどその典型だろう。

もっとも、カザマンス行きにアブさんの同行を頼んだのは私たちの意思ではない。マンボイさんと彼女の夫であるウザンさんが口を揃えて、「あそこはダカールとは別世界だ。君たちだけで行ったら何が起きるかわからない」と強く反対したのだ。「前は独立運動をやっていて、戦闘で人々が大勢死んだ」

またか！　と思った。どうしてアジアもアフリカも、納豆エリアはいつもきな臭いのか。東南アジアからヒマラヤにかけての地域では、納豆を食べている人たちはほぼ全員がその国のマイノリティであり、弾圧を受けていたり反政府活動を行っていたりすることが多かった。ナイジェリアやニジェールなどではイスラム過激派が猛威をふるっている。ようやく過激派と無縁なセネガルへ来たと思ったのに、納豆核心部を目指したらいきなり紛争地だという。

そんなわけで両親がカザマンスの人だと称する（真偽は不明）アブさんに一緒に来てもらうことでマンボイさん夫婦の承諾を得たのだ。アブさんに頼んだら案の定、こう言って微笑んだ。

「ナイス……」

取材の結果もナイスならいいのだが。

かくして、私と竹村先輩とアブさんの異色ネテトウ探索隊はカザマンスの中心都市ジガンショールへ飛んだ。そして、あまりの環境の違いに驚かされたのだ。

着いた翌朝、市場に出かけると、道路の脇にふつうに「ＢＡＲ」という看板が出ていたり（ダカールでは酒は違法ではないが、一般のセネガル人の目に触れないように扱われている）、髪を露出させて歩く女性たちがそこかしこにいたりして、町の雰囲気もダカールとはえらくちがう。

「なるほど、これじゃ『俺たちはセネガル人じゃない』という人が出現してもおかしくないな」と思った。

カザマンスはセネガルの他の場所と異なり、元はポルトガル領だったという。そのせいもあるのかカトリックの割合が比較的多い。自然は豊かで農産物もよくとれるが、現金収入がないので貧しい。中央に搾取されるだけで自分たちはないがしろにされている——。

そういった事情を背景に、この地の有力民族にしてカトリック信者の多いジョーラ族が中心になり、セネガルからの分離独立運動をはかったとされている。

アブさんはここでも至るところに知り合いがいる。同じバイ・ファルと腕を組むような独特の挨拶をしたり、ムーリッド教団の長老に祈禱を受けたりする。

彼はいつになく饒舌《じょうぜつ》で、市場で野菜や果物や乾物を指さしては、「これはお茶にして飲む。お腹の病気にいい」とか「これを飲む。悪い霊《スピリット》がいなくなる」などと説明する。

「ダカールではすぐ病院へ行く。でも、ここでは自分たちで治す」。決して貧しいから行けないと嘆いているのではなく、西洋医学に頼らず自力で治す力を持っているのだというプライドが彼の口調から滲み出ていた。

そのような講釈の中で貴重な物質が現れた。

黒い豆と黄色い粉。

「ネレの実だ。これでネテトウを作る」とアブさんは豆をさした。つづいて黄色い粉を見ながら、「これもネレからとれる。黄熱病のとき飲む。病気が治る」。

豆はまちがいなくパルキア。セネガルでは——そして後で知ったのだが西アフリカのフランス語圏でもすべて——「ネレ」と呼ばれるらしい。そして黄色い粉はパルキアの莢《さや》の中に入っているワタだった。やはり、ネテトウはダワダワと同じものだった。

アフリカ納豆——今度こそ（仮）はとってもいいだろう——の中心は、おそらくパルキアにちがいない。なにしろ、三千キロ離れた場所で同じ豆が使われているのだから。

ネテトウ自体も市場にはそこら中にあった。「マギー」や「アジャ」といった食品メーカーの調味ダシや干し魚の切れ端、ヤシ油の間に並んでいることもあれば、魚や貝の乾物に紛れていることもある。全体的に「ダシ」になるような食品の仲間と見なされているようだ。ちなみに、マンボイさんがスープ・カンジャを作る際、大量に投入したヤシ油もカザマンス産である。

そのようなネテトウ売り場でアブさんを通訳に聞き込みを行い、取材によさそうな製造現場を紹介してもらった。アブさんは私の話を半分程度しか聞いていない（理解していない）ようだし、ときどきぶらっと姿を消してしばらく戻ってこなかったりするが、肝心のところはちゃんと押さえてくれるので助かる。

市場が一段落すると、アブさんは何も言わずにすたすた歩く。この時点で気温は三十五度以上ありそうで、しかもひどい湿気。ネテトウより自分が先に発酵しそうだ。まず彼のバイ・ファル仲間とおぼしき人たちの住処を訪ねた後、今度は平屋の民家へ入っていく。

と、若くて綺麗な女の子が七人か八人、わらわらと挨拶に出てきた。みんな十代後半から二十歳くらい。

「一体ここは何の館なんだ？」「ハーレム？」　竹村先輩と私は顔を見合わせた。

単にアブさんのおばさん宅だったのだが。

それにしてもセネガル女性はめちゃくちゃ美人揃いだ。これまでソマリ人とエチオピア人がアフリカ二大美人だと思っていたが、それは主にアラブ系と血が混じり、彫りが深くて鼻筋が通っているという顔のルックスから来ていた。

対して、セネガル美人はスタイルが抜群。足は長いし、体は細く、腰のくびれが人間離れしている。細い金属の棒をゆるやかにS字に曲げたよう。しかもそれをぴったり浮き上がらせている服。マンボイさんらセネガルの仕立屋さんの腕前は並みではない。

実はこの日、市場のネテトウ売り場でアブさんが取材先を紹介してもらっているときも、私は横にいたスーパーモデルみたいなお客に目を奪われ、上の空だった。

さすがにそれほどではないが、ここの娘たちもみんな細く、しなやかにくびれていて、美女ぞろい。

洗いざらしのTシャツやコットンパンツ姿なのだが、その美貌は隠しようがない。

　家の中に入ると、おじさんとおばさんがいた。外よりさらに暑く、そこにアイドルグループの控え室（なんて入ったことないけど）みたいに女の子たちが集っている。流れる汗が目に入り、彼女たちの姿がにじむ。夢を見ているようだ。

　彼女たちはみんな、ムスリムと思えないほど人なつっこく、異国のおっさんである私たちと楽しそうにお喋りをした。ほとんどが学生だとのことでフランス語をふつうに話す。

　私が竹村さんを指して、この人、独身だよと言うと、おばさんは「誰か一人連れてっていいよ」と答え、女の子たちは「あ、あたし、行く！」「え、あたしも！」などと叫んでキャッキャッと笑う。この旅の間ずっと体調が悪くて辛そうな先輩もこのときばかりは表情がほころんでいた。

　マミちゃんという、仔犬みたいになつっこい女の子が昼食をつくってくれた。面白いことに、ここでもマンボイさん宅と同様、ご飯を炊くとき、米を研いで鍋に水を注いだあとにネテトウ玉を一緒に入れていた。セネガルでは米に納豆を入れて炊くのはごく一般的なようだ。

　牛肉の「マーフェ（ピーナッツ油のご飯）」と「フーティ」。魚もなく、肉もごく少量。

　フーティはすり潰したオクラとネテトウをご飯にのせたもの。米は地元で作っているものだという。そう言われて思い出したが、この辺りは米の産地としても有名なのだ。形はタイ米に似ており、香りはタイ米ほどではないが、味は遜色ない。オクラ納豆ご飯、最高である。料理を口に入れると滝のような汗が流れ出る。何か自分の体を構成する要素が、どんどん地元の物質にとって替わられているようだ。

「一緒に東京でセネガル・レストランをオープンしようよ。日本人はネテトウも好きだし」とマミちゃんに言うと、「うふふ、いいよ〜」とちょっと肩をすくませて照れながら笑っていた。

猛暑のハーレムは去りがたかった。

しかし、カザマンスを真の意味で桃源郷としているのは美女ではなかった。

おばさん宅を辞し、アブさんのあとについてマンゴーとパパイヤ、竹、バナナ、大きなヤシなどの間を通り抜けて行くと、いきなり広大な田んぼが出現した。

田んぼ!!　まだ稔《みの》っていないが、たしかに稲だ。稲を植える際に畑のように畝《うね》を作っていたり、かなり大きい（長さ五十センチほどの）株を植え直しているところはちがう。水路もない。でもゆったりと水に浸り、どんな日本人が見ても田んぼだ。

それはアフリカのダワダワやネテトウを日本人が味わったとき「ちょっとちがうけど納豆」と思うのに似ている。肌が黒く手足の長いセネガル女性が腰をかがめて「田植え」をしている場面は、さきほどとは別の意味で夢のように思える。

この米がどの種類なのかわからないが、不思議なことに、この地域には数百年か千年以上か、とにかく大昔から稲作があった。アジアから伝わったのではない。アジアとは別に、しかし同じようにイネ科の野生の植物を少しずつ手なずけ、全く同じような栽培種を西アフリカの人たちは創りあげた。グラベリマ稲と言われる。

人間の普遍性に驚かざるをえない。米を独自に作るくらいなのだから、納豆があることは何の不思議もない。米と栄養学的に最も相性がいいのが大豆だと言われる。大豆によく似たパルキア豆がその役割を果たしているのではないか。

ここでは千年以上前から米と納豆があったのかもしれない。

4．燃えるネテトウ村

鮭には川を遡る本能があると言われるが、私たちも毎回、まるで本能に導かれるように源流——納豆製造現場へと遡る。鮭みたいに卵を産むわけでもないのに。

今回も私、竹村先輩、バイ・ファルのアブさんという、とても人目を引く混成納豆探索隊はジガンショールの町でタクシーをチャーターし、セネガル納豆の一大拠点を目指した。ネテトウ製造をしているヤラン村だ。

ジガンショール自体、大きめの村のようだったが、少し離れると土壁にトタンもしくはヤシの葉で葺いた屋根が並ぶ本当の村が現れた。マンゴーやパパイヤが木にたわわに稔り、人々は木陰に椅子を出してくつろいでいる。三十年前に旅したコンゴそっくりだ。

人家のないところは水。カザマンス川とそれが形成する湿地帯だ。ひょろついた舗装路を走っていくと、池なのか川なのかも定かでない水の広がりは、ときにマングローブの蛸のような足に遮られ、ときには見渡すかぎりの田んぼにスッと移行する。

遠くの田んぼで女性が数人ごとに作業を行っているのが見える。緑の中に赤やオレンジの柄が熱帯の小鳥の群れのように動く。青い空から雲雀《ひばり》の声のように彼女たちの甲高い楽しげな声が落ちてくる。

「カンボジアみたいだ」と竹村先輩が言った。

「ぼくはミャンマーを思い出しますね」と私は答えたが、しばらく見ていると、むしろ昔の東京近辺はこんな感じだったんじゃないかと思えてきた。

東京湾周辺やそこに注ぎ込む江戸川、利根川、荒川などの下流域は湿地帯だったと聞く。そこを少しずつ開拓して、人々は水田に変えていった。実際に目にすると湿地帯から水田への移行は土地利用として最も自然で無理がない。

納豆源流への遡航は時代をさかのぼる気持ちをいつも伴う。

いくつか軍のチェックポイントがあるが、止められたのは一度だけ。それも身分証明書と車の中をちらっと確認したのみ。

「前はゲリラがいたから、厳しいチェックポイントがたくさんあった」とアブさん。

なるほど。反政府活動が続いたからこそ、この地は今でもこれだけ開発が進んでいないのだろう。言い換えれば自然や古い生活様式が残されている。

ヤラン村は遠かった。二時間も走り、ようやく到着した。半ば錆びたトタン屋根の家が大きな天蓋をもつ木の合間に点在する、見た目はありふれた村だ。

意外とぬかりのないアブさんは、知り合いを通して村の人の名前と携帯電話の番号を確保し、前もって連絡してくれていた。

家を訪れると頭に布を巻いたカディ・ケンブルさんという四十代の女性が現れた。にこやかだがフランス語は話さない。集まってきた他の女性たちも同様だ。この村では二十代未満の若者以外は学校へ通ったことがないようだ。

この村でも共通語はウォロフ語であるから、アブさんの通訳で話を聞く。ネテトウの作り方はどうやらナイジェリア北部と同じみたいだ。それから、パルキアの豆は隣国のギニアビサウ共和国から買っていると意外なことを言う。てっきりここはパルキアの木が多いからネテトウ作りが盛んなのだと思っていたが。

だが困ったことに、アブさんの英語は時制が現在形しかなく、本人の性格も禅僧的。込み入った取材の通訳には向いておらず、いくら質問を繰り返しても具体的なことがさっぱりわからない。

この状況を打破してくれたのは、村長のクナマ・サジョ氏だった。ゆったりした黒のセネガル服に身を包んだこの人物は、一九六五年生まれの五十歳（当時。以下同）。にこやかで気さく、そしてフランス語が流暢で頭がよかった。一つ問いを投げかけると、それに関することを三つ、四つと明確な言葉で返してくれる。おかげでいろいろな謎がするすると紐がほどけるように解けていった。

まず、ギニアビサウからパルキア豆を買うという話。実はこの村、ギニアビサウとの国境までたった一・五キロだという。ギニアビサウにはもっと森があり、パルキアの木もある。だから毎週水曜日にこの村で立つ市にギニアビサウ人が豆を売りに来る。ときにはすでに発酵させたネテトウを持ってくる人もいる。

もちろんこの村にもパルキアの木はある。昔からネテトウを自給用に作って食べていた。魚や肉は買わないと手に入らない。

「ここではお金がないときはネテトウとオゼイ（ハイビスカス）と米だよ」と村長は笑った。

やはり、そうなのか。ネテトウはここでも貴重な調味料にしてタンパク源――つまり「辺境食」なのだ。

また、私は自分が少々思い違いをしていたことに気づいた。川や海や湖が近ければ魚介が手に入るだろうと思い込んでいたが、この村のように川から数キロでも離れたら日常的に自力で魚を獲るのは難しくなるのだ。ほしければ、お金か何かで川辺の漁民や漁師と交換しなければならない。

村長はパルキアの木のところへ案内してくれた。ナイジェリアで見たのと同じ、枝がメドゥーサの頭のようにうねうねと枝分かれした巨木である。莢がなるのは四月から六月。つまり雨季の前だという。パルキアの豆はきちんと保存すれば一年もつとのこと。ギニアビサウのかなり遠いところからでもこの村に運んでくることができるわけだ。

次に見たのは、パルキアの莢に含まれている黄色いワタの部分が干してあるところ。甘いので昔は砂糖の代わりにこれにピーナッツを混ぜてお菓子にしたり、水に溶かしてジュースにしたという。今でも子供たちの好物だ。ジガンショールの市場ではアブさんが「黄熱病のときに飲む」と言っていたが、村長は「マラリアのときに飲む」という。発熱時に飲むとよいと思われているようだ。また、「ネレ（パルキア）の樹皮は胃がよくないときや疲れたときにお茶にして飲む」とのこと。

ナイジェリアでも同じようなことを聞いたし、あとで文献を読むと、西アフリカの広い地域でこのパルキアの木は重宝されている。種子（豆）が納豆として食べられるだけでなく、樹皮やワタ、葉、根まで生活の役に立っている。

これは西アフリカの人々がどのように納豆を発見していったのかを考えるうえで重要だ。

アジアでは大豆から納豆を作る。大豆は野生種を栽培化したものだ。最初から食べる目的で人が作っていたのだから、その豆を煮るのも、煮豆が発酵して納豆になるのも自然な成り行きである。

でも、西アフリカのパルキアは野生の木だ。しかも豆の皮は固く、それを取り除いて煮るのも容易ではないうえ、豆は煮ただけでは食べられず、発酵させて納豆にする必要がある。

では、なぜパルキアの豆を納豆にして食べるという発想にたどり着いたのか。

一つの仮説として、まず莢の中の黄色いワタが甘かったことが人々の注目を得た可能性がある。天然で甘いものは貴重だからだ。ワタをとった後には豆が残る。皮は固いがなかなか立派な豆だから、「これ、なんとかして食えないかな？」と誰しも思うだろう。最初は煮て食べたが、そのうち煮豆を放置していたら発酵して納豆になった——。

あるいは、この仮説のバリエーションとして、パルキアの木そのものが「いろいろと役に立つ木」

と認識され、その一つとして豆も使い方（食べ方）が研究開発されていった可能性もある。納豆源流の見所は納豆自体の本質だけではない。どんな人たちが納豆を作っているのかも興味深い。

村長によれば、この村の人口はざっと二千。世帯数は不明。「家族の構成は変わるんだ。増えたり減ったりするからね」

民族はジョーラ、バランタ、マンディンカ、プール（フルベ）、マンジャコ、マンカニヤ、そしてウォロフと実に多彩。「セネガルではこんなのは普通だ」と村長。そればかりか、ムスリムとクリスチャンが同居し、通婚もしている。夫がムスリムで妻がクリスチャンという、本来ありえないような組み合わせも珍しくない。そのような場合、結婚式はどうするのかと訊いたら、「家族や親族の家でやるよ。だって、モスクや教会でやったら、信者でない人たちが困るだろ？」という答え。たいへん民主的で風通しがいい。

ネテトウはもちろん、民族、宗教に関係なく、誰もが作っている。

いつから商売にしたのかという質問に、村長は「一九八三年」と即答した。その年、ダカールから人が買い付けに来たという。記憶が鮮明なのは、首都の商売人が村へ何かを求めてやってくるということが衝撃的だったせいかもしれない。そこから村の人たちは少しずつ販売用のネテトウを生産しはじめたという。


気づけばとっくにアブさんは消えていた。まあ、この村まで私たちを連れてくるという大役を果たしてくれたので不満は何もない。

村長はまるで取材対応に慣れきった人のように、順序立てて私たちを案内してくれる。次はネテトウ製造現場だ。

この村ではネテトウは「協同組合が管理している」というが、道路脇で建設用のブルーシートにくるまり無造作に重しとしてタイヤがのっけられているとは思わなかった。最前から目にしていたのだが、てっきり粗大ゴミか建築資材だと思っていた。

シートをはがすと、黒いネテトウの固まりが現れた。味はすごく塩辛い。大量にあるように見えたが、「月水金にダカールからトラックが来て持って行くから、今日は少ない」とのこと。毎週、二〜三トン出荷するというからすごい。

シートの少し先にはやはり道路脇に、二十リットルのポリタンクが十本ほど並べられていた。次々とネテトウが出てくる。

さらに歩いて行くと、村のあちこちでネテトウを作っていた。私が抱えても手が回らないほど大きな寸胴型の鍋が家の庭で火にかけられ、ぐつぐつ煮えていた。それぞれの鍋の下には丸太のような薪が四本も五本も突っ込まれている。ある家では大鍋四つ、計百十キロの豆が同時に火にかけられていた。ただでさえ炎天下なのに火事場のような加熱で、辺りの空気が歪んでいるように感じるほどだ。

物理的な熱に加えて村の人たちの熱気が迸《ほとばし》っている。

思わず、「ゴールドラッシュ」という言葉が頭に浮かぶ。ネテトウバブルと言ってもいい。これまで日本、アジア大陸、ナイジェリアと、いろいろな納豆製造現場を見てきたが、ここほど「しゃかりきに作っている」と感じた場所はない。

一つ気づいたことがある。この村がナイジェリア北部の納豆村と比較にならないほど大規模にネテトウを作れるのは、ギニアビサウが近くにあり原材料のパルキア豆を仕入れるのに適しているからだけではない。森林が豊富で、豆を茹でるための燃料つまり薪に事欠かないのである。

仮にダカール近郊の人がネテトウを作って儲けようとした場合、ギニアビサウから直接豆を買い付けることはできても、薪が絶対的に足りない。もしくは高価になる。やはり、ネテトウの大量生産はカザマンスの独壇場なのだ。

ネテトウの販売価格はキロ当たり六百CFA《セーファー》フラン（約百二十円）で決して高くないが、週に二トン出荷するとしたら二十四万円になる。一月で九十六万円。豆の仕入れ値や燃料代を差し引いても、他に産業のないこの村ではけっこうな収入にちがいない。しかも季節を問わず、一年中、作れるのだ。そう思って意識して家の様子を見直すと、それまで見逃していた衛星テレビアンテナが目に入ってきた。この村、パッと見は冴えないが、実はけっこう潤っているようである。

ネテトウを発酵させている小屋に入ると、ムンと納豆臭がにおった。棚の布をめくったら出荷を待つネテトウ軍団がずらりと勢揃いしていた。味見すると塩気はない。やはり、無塩発酵。納豆菌による発酵。それは納豆。

納豆を食べると、いつも心が緩み、にんまりしてしまう。それを見透かしたかのように、村長がにこにこ顔で言った。「このままでも食べるよ。ピーナッツみたいにね」

豆のまま、ご飯にのせて食べることもあるという。ピーナッツの喩えが面白い。そういうふうに言わないと、外国人やダカールの人たちには理解できないと思ったのだろう。それは言わずもがな、現代日本人のごく一般的な食べ方であるのだが。

一通り製造過程を確認し、ようやく取材終了。体調が悪い竹村先輩は熱中症気味になり、私も暑さに喘いだ。

村長に丁重に御礼申し上げた後、最初の女性カディさん宅に戻り遅い昼ごはんをいただいた。同席しているのはカディさんのダンナさん。彼は日本の甚平そっくりの、前で合わせる着物を羽織っている。白いご飯、オクラとハイビスカスの葉を潰してまぜたおかず、それにヤシ油で煮た鯵。これがめち

セネガル南部のオクラ納豆ご飯。〝宗教的不良〟であるアブさんとその親戚の娘が作ってくれた。

納豆用の大豆を大鍋でぐつぐつ煮る。女の子が火の番をしていた。

村長のクナマ・サジョ氏は出荷前のネテトウを見せてくれた。きつい塩味。

パルキアの木の下で立ち話をするヤラン村の人々。

ゃくちゃ美味い。ダカールでは憶えきれないほどたくさんの食材や調味料、油を使っていた。ジガンショールに行くと食材の数はぐんと減り、油も調味料もとても控えめになった。そして源流まで来ると、人工的なものは一切排除されている。というより、これが本来の姿なのだ。マギーやアジャなどなく、油もごく少量。味つけは塩と唐辛子だけ。

残念なのはネテトウがないことである。遠慮してお客には出さないのかもしれない。納豆民族は日本でもアジア諸国でも、本能的によその人から納豆を隠す。納豆は「身内の食べ物」だからだ。

カディさんに無理に頼んでネテトウをもってきてもらい、ご飯にのせた。

オクラと混ぜると、あら不思議、オクラ納豆になるかと思いきや、むしろ潰したオクラの粘り気は生卵に近く、私の大好物である納豆卵かけご飯のようだ。

汗を流しながら、甚平そっくりの着物を着たお父さんと納豆卵かけご飯をアフリカの田舎の村で食べている。不思議にして、なんとも爽やかな気持ちである。

しかし。食べ終わって一息つくと、先ほどから考えている疑問がよみがえってきた。この村が販売用のネテトウを製造しはじめたのは一九八三年だと村長が言ったあとで、竹村先輩が呟いたのだ。

「その前、ダカールの人たちはネテトウを食べていたのかな？」

鋭い問いである。今現在、ダカールで食されているネテトウのうち九割以上はカザマンスから来ているのだ。その前は一体どこからネテトウを入手していたのか？　そもそも食べていたのか？

源流に来るといろいろな発見がある。同時に新たな謎も生まれる。

5．美食大国成立の秘密

私たちはアブさんと別れ、ジガンショールから空路でダカールに戻った。

アブさんは「こっちにしばらく滞在する。バスでダカールに帰る。交通費の心配、いらない。君たちにとってもナイスだろう？」といつもの仙人じみた笑みを浮かべていたが、この頃私は気づいていた。アブさんは飛行機が怖いのだ。でも信仰心厚き無頼であるバイ・ファルたるもの、そんな格好悪いことは言えない。だからそういう言い回しをするのだ。アブさん、つくづく可愛い人である。

ダカールに戻ると、森と水と美女が滴るジガンショールは夢のように遠くなっていた。

首都は半砂漠の上に人工物が立ち並ぶ、まさに「砂上の楼閣」であった。道路脇には巨大な広告が立てられている。ふつうの国なら、それらはシャンプーやスマートフォンや自動車の宣伝なのだが、ここダカールで最も目に付くのは調味料である。

マギー、カジャ、アジャ、それに名前を知らないものまで、びっくりするほど多い。さすが美食大国の首都である。

料理にこだわる人たちは常に新しい味を求める。同時に常に新たなる「時短」の方策を探す。人工的な調味料はその両方を兼ね備えている。

マンボイさんの家の近くの道路脇には荷台がアルミ製の箱形になっている大型トラックが止まっていた。横腹には大きく「ＫＡＤＩ（カディ）」と記されている。新手の調味料だそうで、車を拠点にして宣伝活動を行っているという。

カディのロゴ付きのプラスチック製バケツやら何やら「カドー（フランス語でギフトやプレゼントのこと）」を渡す。何を隠そう、アブさんの最近の主な収入源はこのカディの宣伝活動なのだった。

「カドー、あげる。みんな、ハッピー。家で毎日、カディを見る。次は自分でカディ買う。みんな、ハッピー。ナイス」とアブさんは仙人ならぬ、ブローカーの笑みを浮かべていたものだ。

アブさんはカディの依頼でカドー作戦のほか、ミュージシャンやコメディアンを集めたイベントなどもアレンジしているという。

なるほど、日本で広告代理店がやるような仕事をここでは世間の裏表に通じムーリッド教団のネットワークをもつバイ・ファルが請け負うこともあるというわけだ。

「昔、みんな、アジノモトを使う。でもマギーが来る。カドーあげる。みんな、マギー買う。アジノモト、買わない」

このようにセネガルの都市部ではバイ・ファルが一役買って、新しい調味料の波が定期的に押し寄せ、マーケットへの新規参入を図るらしい。

新しい味と時短を求めて変化していくのは調味料だけではない。主食もそうだ。

カザマンス滞在中から帰京まで、私は遅まきながらセネガルの米について興味を抱き、旅に携えてきた資料やウェブサイトの情報を探して読んだ。すると驚くべきことを――これまた今さらながら――知った。

「アフリカのイネ、その生物史とアジアとの交流の歴史」（田中耕司、熱帯農業研究6（1）2013）によれば、アフリカ米（グラベリマ稲）はどうやらニジェール川の大湾曲部（川が大きくカーブを描いているところ。現在のマリ共和国）の内陸三角州で、二千～三千年前（一説には四千年前とも！）に栽培化されたものらしい。そこからセネガル、ガンビア、ギニアビサウの沿岸部、シエラレオネ、コートジボワールの間の森林地帯などへ拡大したという。

セネガルのカザマンス地方にいつ頃伝わったのかは全く不明だが、一六八五年に同地を踏査したポルトガル人航海者の記録では、カザマンス地方で最も有力な民族で、後に反政府活動を行うことになるジョーラ族の人々が畦畔《けいはん》や移植を伴った「集約的な」稲作を行っていたことが記されているという。

日本の江戸時代には、かなり発達した水田農耕技術が彼の地には存在したようである。

一方で、首都ダカールを含む、カザマンス以外の地域では米食が好まれていたわけではない。半乾燥地帯では稲が栽培できないのだから当然とも言える。

「西アフリカ・セネガルの食と景観をめぐる謎」（手代木功基・清水貴夫、月刊「地理」二〇一六年七月号）などによれば、都市部へ米が導入されるようになったのは、二十世紀初頭以降、とくに第二次世界大戦後の一九五〇年代、セネガルがまだフランス植民地の時代だという。

仏領インドシナ（ベトナム、ラオス、カンボジア）からフランスが米を輸入するようになり、よい米は自国へ、植民地セネガルへは安い破砕米（形の壊れたクズ米）を送った。これがセネガルにおいて見事なまでにハマった。粒が小さいので油がよく絡まり、おいしく感じられ、飲み込みやすい。

米が広まった理由はそれだけではない。セネガルでも元来はナイジェリアと同様、主食はトウジンビエやモロコシなどの雑穀を臼で搗き、餅団子状にしたものである（今でも半乾燥地の農村ではそうらしい）。この「臼で搗く」という仕事が女性にとって大変な手間（重労働）なのだが、それに対し、米は店で買ったものをそのまま料理に使える。ただ炊くだけだ。

「なんて便利なの!!」とセネガルの主婦たちは驚嘆したらしい。辛く面倒な作業をする必要がない。ある意味ではインスタント食品のようなものだ。つまり、セネガルで米が急速に普及したのは味のみならず広い意味での「時短」が高く評価されたからなのだ。

米が「時短食」だとは日本人のわれわれからは想像もつかない話である。

『美味しい』（C'est bon）の異名をもつ「チェッブ・ジョーラ」（納豆鯵フライご飯）は前にも述べたように直訳すれば「ジョーラ族の米料理」である。米料理はカザマンス地方のジョーラ族の十八番だった。それがダカールなどにアジア米が流入するにつれ、調理法がカザマンス地方から移植されたわけだ。

日本やヨーロッパから人工的な調味料が、東南アジアから米が、そしてカザマンス地方から料理法が、それぞれダカールに伝わり、やがてはセネガル全土（少なくとも都市部）に伝播した。それらはいずれも一九五〇年代以降、つまり比較的最近の出来事なのである。

では、われらがネテトウはどうなのか。

それを知るため、ダカール滞在最終日に、マンボイさん宅から歩いて十分のところに住んでいる彼女のお母さんを訪ねた。ジェイナバ・ジョップさん、一九三八年生まれ、七十八歳。私の父より一つ年上である。

この国ではかなりの高齢だが、姿勢もよく、頭脳も明晰なようだ。私のフランス語での質問をマンボイさんがウォロフ語に訳すと、はきはきと答えてくれた。

ジェイナバさんはトゥクロールという民族で、モーリタニア国境に近い北部のフータという村の出身である。かなり乾燥したエリアだ。

ジェイナバさん曰く「昔はネテトウなんてない。味つけは塩と唐辛子だけだったよ」。

彼女がネテトウに出会ったのは一九六〇年にダカールに出たときだったという。

「初めは臭くて嫌だったけど、少しずつ慣れた。ジョーラ族の人が作るので、彼らから食べ方を習った」

かつて関西や四国、沖縄など非納豆圏の人が初めて東京に出てきて納豆に出会ったときのような体験談だ。

興味深いのはその当時、ダカールでネテトウを食べていたのはジョーラ族の人だったということだ。やはり米食民族が納豆を首都に持ち込んでいたのだ。

とはいうものの、ネテトウは今のようにダカールで誰でも食べるものではなかった。「市場でもあまり売られていなかった」とのことだ。激変したのは一九六〇年のセネガル共和国独立の前後、つまりちょうど彼女がダカールに出てきた頃だった。

「独立の一、二年前、新しいセネガルの国の軍隊を作るため、全国から若者たちが集められた。田舎じゃ仕事がないからね、大勢の若者がダカールに行ったんだ。それより前は国内の移動はとても少なかったけど、独立後に急に増えた」

彼女の夫、つまりマンボイさんの父親も同じフータの出身で、その人も兵隊としてダカールに来た。ジェイナバさんはダンナさんに付いてきた。要するに独立前後に突如始まった「国家誕生」のるつぼを形成した一人なのだ。

軍隊を中心とした人とモノの移動がいかに急激だったかは、「独立の一年後に（故郷の）フータに帰ったら、市場でネテトウが売られていてびっくりした」という話からも想像できる。

あくまで推測だが、二十世紀半ばまで、海岸部や川縁をのぞき、セネガルの大半の地域にはダシやうま味調味料が存在しなかったのかもしれない。だが国家誕生の余波で、ネテトウというオうま味調味料が瞬く間にセネガル全土に広まった。ネテトウ・ビッグバンである。

独立してから初期の頃は案の定、市場で売られるネテトウはカザマンス産ではなかった。「ギニア共和国やガンビアから来ていたね。それがいつ頃か憶えてないけど、カザマンスのものになっていったね。国内産だからカザマンスの方が安いんだよ」

ヤラン村に最初にバイヤーが来たのは一九八三年だと村長は言っていた。おそらくはその前後の出来事なのだろう。

ジェイナバさんはもう一つ、面白い話をしてくれたのだが、人工調味料がダカールに入ってきたの

西アフリカで最も重要な野菜の一つで、たいてい納豆と一緒に食べられるオクラ。色は赤みがかっている。

ネテトウとオクラを混ぜて米と一緒に食すと、まるで納豆卵かけご飯のような食感と味。

マンボイさん（右端）とマンボイさんのお母さんであるジェイナバさん（右から二番目）。

はそんな昔ではないのだという。

「最初に入ってきたのはアジノモトとジャンボ（という調味料）。二十年か三十年くらい前」

単純計算だと、二〇一六年（取材当時）の二十年前なら一九九六年、三十年前なら一九八六年だ。

興味深い。ジェイナバさん一人に聞き取りをしただけでセネガルの食の歴史全部を推測するのはあまりに乱暴だが、あえてその愚を犯してみれば、セネガルの美食大国化は次の順序で進んだのではないだろうか。

まず、一九五〇年代に、手間のかかる餅団子食から簡便な米食へ移行したおかげで、セネガルの主婦は余裕ができた。そして節約した時間と労力を、米と一緒に食べるおかず（ソース）に投入して、凝るようになった。ネテトウを杵で潰し、他の薬味と混ぜて使ったりもしたのだろう。

米料理がそもそもジョーラ人などカザマンス地方から学んだものなのだから、そこに当然ネテトウが入ってきた。今でも「ネテトウと米がセット」「ネテトウは基本的に肉でなく魚に合わせる」というのは明らかにカザマンス料理の影響だと思われる。

実際、米食の導入からネテトウ・ビッグバンまではさして間がない。一九六〇年にセネガル独立の余波でネテトウ・ビッグバンが起きていたようだからだ。

つまり、米とネテトウと米料理は連鎖するようにダカールで普及・発達を遂げた。

それが美食大国セネガルの第一歩になったのではなかろうか。

この地における納豆は魚介類とともにダシの概念をセネガル料理に持ち込み、セネガル人に「うま味」の感覚をすり込んだ。

そして、それらを呼び水として一九八〇年代から九〇年代にかけて、アジノモトが来襲し、「うま味調味料ビッグバン」が発生した。そして、現在はうま味調味料戦国時代だ。

もっとも現金収入に乏しい農村部では、今でもネテトウが唯一にして最高の調味料となっているのかもしれない。

実際にはセネガル料理の発展についてはピーナッツ油やヤシ油の生産と普及、あるいはフランス料理からの影響などもあったのだろう。その辺は今後もっと慎重に検討されるべきだが、米とネテトウとうま味調味料に関してはそんなに外れてはいないと思う。

いっぽう、一部の人はネテトウとうま味調味料を相反《あいはん》するものとして認識する。

ジェイナバさんはこんなことを言う。

「私はアジノモトもマギーも使わない。あれは体によくない。昔の人は健康で長生きだった。ネテトウしか食べなかったから。今の人はすぐ病気になる……」

実はアブさんも同じようなことを言っていた。「私が健康なのはナチュラルなものしか食べないからだ。アジノモトやマギー、ナイスじゃない」。自分はそういう調味料商品の宣伝活動で稼いでいるにもかかわらず。セネガルの納豆信仰は尋常でない。

日本でもアジア諸国でも、人工的なうま味調味料は時短と味の向上・安定に欠かせない商品となっている。その一方で、一部の年配の人や味にこだわる人、「意識高い系の人」はそれを敬遠する向きがある。

ナイジェリアでもセネガルでもそれは全く同じなのだ。納豆と人工うま味調味料は激しくも微妙な綱引きを演じていた。

人間の普遍性の面白さをあらためて感じさせてくれたアフリカ納豆先進国の日々であった。

第3章 韓国のカオス納豆チョングッチャン
／DMZ（非武装地帯）篇

パジュ／韓国

1．チョングッチャンはセオリーの通じないカオス納豆？

西アフリカに焦点を合わせていたズームレンズをぐーんと手前に引くように、今度は一転して韓国の納豆「チョングッチャン」の話をしたい。ここでも西アフリカとは全く異なったレベルながら、同じぐらいエキサイティングな納豆物語に出会うことになった。

「チョングッチャン」を本場で初めて食べたのは、ナイジェリアやセネガルへ行く前、二〇一六年四月のソウルだった。取材ではなく、韓国の劇場と出版社が奇特なことに私を講演会に呼んでくれたのだ。

その当時、私は韓国のチョングッチャンについて料理研究家の人に話を聞いたり、資料を読んだりという程度しかリサーチを行っていなかった。現物のチョングッチャンも、東京都新宿区大久保の韓国料理店で一度食べてみただけだ。

しかもそれはどんちゃん騒ぎの飲み会の中であり、正直言って、あまり味をよく覚えていない。ただ、野菜の他に牛肉が入っているのが意外だった。納豆は基本的に肉や魚の代替物として食べるものなので、日本を含め、アジア諸国では魚肉と合わせて食べることが少ない。「ほんとうに本場ではこうやって食べてるのかな？」という疑念をもったものだ。郷土料理の類いはレストランでは妙に豪華に演出され、本来の姿でないことがある。

だから、今回この機会にぜひ本場のチョングッチャンを試食したいと思い、講演前の昼食にリクエストさせてもらったのだった。ちなみに、私はこれまで二回、韓国を訪れたことがあるが、いずれも三、四日の短い滞在で、この国については何も知らないも同然だった。

出版社の編集者と通訳の女性に連れられ、ソウル中心部にある鍾路《チョンノ》区の北村《プッチョン》と呼ばれるエリアにある小道をゆるゆると上っていった。少し空気はひんやりしているが、日差しは暖かく、高原の初夏を思い出させる。表参道や青山を連想させる洒落たブティックが並んでいた。

「これは本当の韓国ではありません。韓国は伝統と現代、いろいろなものがもっと激しくぶつかってカオス」

まだ少年の面影を残した三十代の編集者、チョ・ジフンさんは笑った。

ファッションストリートを一歩横に入ると、細い路地。通訳のキム・ウヨンさんが看板を指さした。「チョングッチャン」と書いてあるらしい。

韓国式の反り返った瓦屋根に沿って路地裏を行くと、店の前に出た。別宮食堂《ピョルグンシクタン》。門をくぐるなり、思わず「おおっ！」と感嘆の声を漏らしてしまった。韓国の時代劇に出てくるような伝統的な庶民の家屋だ。三方を瓦屋根の建物に取り囲まれた中庭には原色のパラソルが二つ立てられ、食事をしている人たちがいる。脇には切ったひじきや生姜がプラスチックの洗面器や籠に入れられ、無造作に干してある。台所の前には「ハガリ」と呼ばれる細長い大きな黒い壺。この中に漬物や味噌などが仕込まれ保存されていると後に知ることになる。

家（店）には靴を脱いであがり、引き戸を開ける。畳こそ敷いてないが座敷なのだ。日本の居酒屋のように低いテーブルと座布団が並んでいる。こんな店があるとは思いもよらなかった。

部屋には匂いが充満していた。納豆によく似た、でもちょっとちがう匂い。

食事時なだけにお客さんで賑わっている。会社員風のおじさん、若い女性のグループ、観光客らしきおばさん、若い男子グループ……とまさに老若男女。

「チョングッチャンはいつでも食べます。このようにお昼に来てもいいし、夜来て、ご飯を食べてからお酒を飲んでもいい」と通訳のウヨンさん。

童顔のジフンさんはチョングッチャンが食べられないという。子供のころから嫌い。というより、彼はソーセージやハンバーグといった「子供っぽいもの」ばかり好きで、なんとキムチを含めて発酵食品は全て苦手なのだと驚きの告白をする。

「今日は外国人の気分。冒険です」とギュッと拳を握る。私の役どころをとられてしまった。

この店にはチョングッチャンとテンジャンチゲ（味噌の汁物）しかないという。だから注文も、料理が来るのも早い。あっという間にキムチ、ナムル、大根と干し魚の煮付け、それにひじきと大根の和え物など韓国料理特有の小鉢群が並べられると、早くも主役の登場だ。

チョングッチャンは石鍋に入っており、「おまえ、俺のことを知ってるか!?」と言わんばかりにグツグツと激しく煮え立っていた。

一見、味噌の汁物のようだが、半分に割れた豆が鍋の底に沈んでおり、お玉のような匙《さじ》でよそうと姿を現す。豆の他は、豆腐、ネギ、エノキ、椎茸、それに「カボチャの子供」と呼ばれる野菜が入っている。盛りだくさんである。味つけは微量の唐辛子粉とエゴマ。

「ここはエゴマが多いです。普通はこんなに入れません」とウヨンさん。彼女はチョングッチャンが好きで、美味しい店をあちこち食べ歩いているとのこと。なかなか詳しい。

さてお味はというと、非の打ち所がないほどに「納豆汁」だった。なつかしい匂いと味。これが納豆でなければ一体何だと言いたい。といっても日本の秋田県や山形県で食べられている納豆汁とは異なる。日本のものは豆をペースト状に磨《す》り潰し、それゆえ汁にとろみがあるが、こちらは豆の形がちゃんと残っており、汁はスープのようにさらっとしている。潰した納豆が味噌汁の中に入っているような感じでもある。

また、東南アジアの少数民族が作る納豆汁にも似ているが、向こうでは唐辛子やニンニク、生姜、パクチーなどを容赦なく入れる。こちらの方は薬味の種類も量も控えめ。その代わり豆がまろやかで味が濃く、汁の口当たりもやさしい。

ちなみに新大久保で食べたのとはかなり印象がちがう。たぶん、あちらのは肉が入っていて、そのダシや風味が濃厚に出ていたからだろう。ウヨンさんによれば、やはりチョングッチャンにはふつう肉は入れないそうだ。

二日酔い気味で食欲がなかったのに、あまりに美味しくてお代わりしてしまった。

「ここのは食べやすいです」と苦手なはずのジフン青年も健闘している。

ロケーションといい、伝統家屋を使った店の佇まいといい、料理の質といい、完璧なほどに日本人向けだと思うが、ガイドブックにも載っていないし、見渡しても日本人らしき人は皆無。韓国語しか通じないせいだろうか。勿体ないことだ。

チョングッチャンは納豆と同じものだと多くの資料に書かれてあるし、チョングッチャンから取り出した菌が日本で納豆作りに使われているという報告もあるから当然といえば当然だが、自分の五官でやはり納豆（正確には納豆汁）だと確認できて一安心である。

さて食後、店のオーナーに訊くと、母の母つまりお祖母さんが韓国南西部の全羅道《チョルラド》のムジュという「スキーができる山の近く」の出身で、ソウルに出て店を開いたという。おお、やっぱり山の民か。

「納豆はアジアの辺境食」という私の仮説を支持してくれると心強く思ったのだが、そんな得意げな気分はその晩、講演会の打ち上げで見事に打ち砕かれた。

せっかくの機会なので、酒を飲みながら、出版社、劇場、イベント企画の人たちに一人一人、聞き取り調査を行ったのだ。以下、主な内容をざっと記そう。

（ちなみに、韓国ではチョングッチャンといえば、ふつう「汁になった料理＝納豆汁」を指す。汁になる前の日本の納豆と同じネバネバ納豆だと強調するときは「生《セン》チョングッチャン」と呼ぶ）
◎テオ・ソーさん（三十六歳、男性）南東部の港町・釜山《プサン》出身。子供のとき、よくお祖母さんが作っていた。臭くて食べられなかったが、大人になってから少しずつ慣れてきて、今では年に三回ぐらい食べる。でも日本の納豆の方が好き。アメリカに留学していたとき、日本人の友だちがいて、彼と一緒に酒のつまみとして食べていた。
◎アン・イーさん（四十四歳、女性）ソウル出身。子供のときは好きじゃなかった。全羅道出身の母が作っていた。日本の納豆は好き。日本へ旅行に行くとホテルの朝ご飯で食べる。チョングッチャンと納豆は味がちがうけど、基本的に同じものだと思う。
◎キム・ヨウウンさん（五十三歳、男性）国際空港のある仁川《インチョン》の生まれ。チョングッチャンは「韓国人なら誰でも好き。最近の若者は食べない人もいるが」。昔から家で母が作っていて、今もソウル郊外に住む叔母が作っている。
◎キム・ヨアンさん（四十歳、女性）全羅道の出身。月に一、二回食べる。

◎キム・ウヨンさん（三十三歳、女性）通訳。全羅道・霊光《ヨングァン》郡の出身。前述したように大好き。実家では母が作っていた。

◎チョ・ジフンさん（三十三歳、男性）発酵食品が食べられない青年。全羅道・木浦《モクポ》の出身。家では作っていた。

心底驚いてしまった。

まず、三十代という若い世代が、当たり前のように、実家で母や祖母が生チョングッチャンを手造りで仕込むのを見ていたとは想像を超えていた。日本では手造りの納豆は一九五〇年代（昭和二十〜三十年代）に急速に廃れ、現在の八十代でも見知っている人は稀なのだ。

ところが、韓国では一九九〇年頃まではどこの家庭でも普通に作っていたという。大都会であるソウルをはじめ、町の人も大豆を買って家の中で仕込んでいたらしい。「どうして、自分で作っていたんですか？」と私が訝しげに訊くと、向こうもどうしてそんなことを訊くのかという表情で答えた。

「だって、売ってなかったから」

これもびっくり。日本では明治四十年前後に水戸や秋田県南部など各地で納豆の生産販売が始まっている。韓国ではそれより遅れること八十年、日本が平成になってから生チョングッチャンの流通が始まり、店でビニールにパックされた商品を買うようになったという。

「韓国の近代化は最近のことなんですよ」と通訳のウヨンさんは言うが、それにしてもである。そして市販の生チョングッチャンが流通しはじめるのと時を同じくして、家庭での手造り生チョングッチャンは急速に廃れていったという。

理由は「ワラが手に入らなくなった」のと「オンドルがなくなった」こと。生チョングッチャンを仕込むには日本の納豆と同じようにワラを使う。煮た大豆とワラを桶やたらいなどの容器に入れ、オンドルの上に置く。ふつうはお客さんが来たときに座ってもらう、いちばん暖かいところ（「熱くて火傷することもある」とか）に置いて発酵させる。その匂いはすさまじく、「自分の家でもイヤ。他人の家なら耐えられない」という人もいたほどだ。

ところが、九〇年代になると、石炭のオンドルに代わり石油のボイラーが登場。家も新しくなった。ボイラーでも床暖房であるのは変わらないが、オンドルのように特に熱い場所があるわけでもなく、またモダンな家屋に臭い生チョングッチャン作りはふさわしくなかったようだ。また、「大家族から核家族になって作らなくなったのかも」という意見を述べる人もいた。チョングッチャンは「みんなで囲んで食べるもの」という認識があるらしい。

私にとってもっと衝撃だったのは、彼らの出身地が海岸部を含んでいたことである。全羅道の木浦と慶尚道《キョンサンド》の釜山は昔から世界に開けた港町だし、仁川と霊光郡も海に面した平野部である。彼らが口を揃えて言うに、「チョングッチャンは山でも海でもどこでも食べます」。

なんとしたことか。「納豆はアジアの辺境食」という私の仮説に反している。

日本では納豆が嫌いだという人が全人口の三割程度はいると思う。特に関西を中心とした西日本ではいまだに抵抗感が強い。ところが韓国人は子供のときはあまり好きではなくても、大人になるとほとんどの人が食べるという。先ほどの店で見たように若い男女にも人気だ。

さらに、現代のチョングッチャンは日本人から見ても恐ろしく進化している。韓国の女性の間では生チョングッチャンを乾燥させた粉が大人気なのだという。実際、ネットで検索すると、通販で何十もの商品がヒットする。しかもパッケージがお洒落。

レビューを読んでもらうと、「すぐに出ました！」「快便！」といった感動の言葉が並んでいた。女性の美容の大敵は便秘。それを解消する特効薬としてチョングッチャンは熱い人気を獲得しているのだ。サラダやヨーグルトに混ぜて食べるという。

さらにこの生チョングッチャン粉を顔に塗る〝納豆パック〟も少なからぬ人が試しているとか。二十数年前までワラとオンドルで手造りしていたのに、今はもう美容グッズとは。日本を追い越している。

それでいて面妖なのは、アジアの納豆民族や日本のように、チョングッチャンを「ソウルフード」とか「我が国固有の伝統食品」と誇っているわけではないらしいことだ。私が取材した在日コリアンや日本在住韓国人の中には「チョングッチャンは先祖の味」「オモニ（母）の味って感じがする」という人もいたが、ここで聞いたかぎりでは、そうでもない。通訳のウヨンさんは「韓国のソウルフードはテンジャン（味噌）です。チョングッチャンではないです」と明言していた。

納豆を食べる人たちはアジアのどの国でも、必ずそこに何か特別な思いをこめていた。大したもんじゃないと謙遜しつつ、あたかも「身内」であるかのように、実はすごく誇りを持っている。韓国の人たちにはそういう感情が見受けられない。ここでも私のセオリーが打ち破れている。

なのに、日本の納豆よりずっと広範囲に、そして多くの人に親しまれている。健康美容にもっと積極的に利用されていたりもして、頭が混沌としてくる。

ジフン青年が韓国を評した言葉を借りれば、チョングッチャンは〝伝統と現代がぶつかりあっているカオス納豆〟だ。

――なんなんだろう、チョングッチャンとは……。

私は深く考えこまざるを得なかった。

その後、ナイジェリアとセネガルで納豆の取材を行うとチョングッチャンの謎はいっそう深まった。アフリカでも納豆を食べている人たちは深い思い入れを持っていたし、沿岸部の豊かな地域ではなく内陸の比較的貧しい地域で好まれているようだった。

私の仮説は日本、アジア大陸、そしてアフリカ大陸までカバーできそうなのだ。もはや「万物納豆統一理論」と名づけたくなる。ノーベル納豆賞受賞が間近なような錯覚に陥るほどだ。なのに、なぜ隣の韓国の納豆がそれを阻むのか。

ひどく困惑すると同時に、とてつもなく興味が湧いてくる。矛盾があるということは何か自分の予想を超える可能性を秘めているということでもある。まだ解明されていない大きな謎がとけるかもしれない。

例えば、アジア納豆とアフリカ納豆は基本的に調味料やダシの素として使われているのに、日本の納豆は昔は納豆汁、今はご飯にかける副食であり、独立した食品となっている。このちがいが何なのか、まだ説明できていない。単なる直感なのだが、チョングッチャンはそのギャップを埋める「ミッシングリンク」じゃないかという気もするのだ。

韓国納豆の謎をぜひ解いてみたい。そして、万物納豆統一理論を完成させたい——。

この決意が韓流の迷宮にさまよい込む第一歩とは全く知る由がなかったのだが。

2. 納豆の日韓歴史問題

チョングッチャンのリサーチは難航した。正直言って、納豆でこんなに悪戦苦闘したのは初めてだった。なにしろ、最初に取り組んだのが歴史問題なのだ。

日韓の歴史問題など、相当に賢い人ですら泥沼に陥るか炎上にさらされるのがオチで、ほんとうに賢い人間は避けて通る地雷原である。韓国人が伝統的に信奉する儒教でも「君子危うきに近寄らず」と言うではないか。そこに私が挑むのは完全に間違っているが、万物納豆統一理論のためならやむをえない。

なぜ歴史問題なのかというと、もしかしたらチョングッチャンは日本の植民地時代に日本の納豆が伝わったものじゃないかという疑問を抱いてしまったからだ。

日本の納豆はネバネバした豆をご飯にかけるスタイルだが、韓国（朝鮮）に伝わってからは、朝鮮の人たちがなんでもチゲ（汁物）にするので、そういう食べ方に変わったという可能性もある。また、日本統治が始まった一九一〇年（明治四十三年）にはまだ日本各地に納豆汁を食べる習慣が残っており、それがダイレクトに伝わったという想像も働く。

実際に、韓国にはいまでも「うどん（韓国語でもウドン）」や「海苔巻き」といった日本時代の名残ともいえる食べ物がある。そしてもしこの説が正しければ、私を悩ませる三つの謎がわりとすんなり説明できてしまうのである。

くり返しになるが、三つの謎は整理すると次のようになる。

謎①チョングッチャンがあるのに、日本人はそれを無視して「納豆は日本独自の伝統食品」と言い続け、韓国人も特に反論を行っていない。

謎②基本的に納豆は内陸部の「辺境食」なのに、チョングッチャンは内陸部でも海辺でも同じように食べられている。

謎③納豆民族はみな納豆に強い思い入れがあるのに、韓国人はチョングッチャンをよく食べるわりに深い思い入れがない。


もし、日本植民地時代に広まったのなら、納豆とチョングッチャンは同じものだから、日本人も韓国人もちがいを気にしなくて当然である。また、もしそうなら、「発展している中央部の食べ物」と認識されたはずだから「辺境食」ではなかったろう。むしろ、日本人と接触の多い海辺や港町でも食べられて当然である。強い思い入れがないのももともと日本発の食べ物なら納得がいく。

ほら、どうだろう。妙に辻褄が合ってしまうのだ。

私がソウルで知り合った人たちやネットの情報を見ているかぎり、「チョングッチャンは韓国に昔からあった」ということになっている。だが、その歴史認識を信じていいかどうかはわからない。

例えば、(食べ物じゃないが) テコンドーがいい例だ。文献をよむかぎり、テコンドーは明らかに日本の空手 (正確には沖縄の空手) をもとに第二次世界大戦後、韓国人がアレンジして作り上げた格闘技だが、「朝鮮半島に古くから伝わる格闘技に空手や中国拳法の要素を加えて完成させたもの」という認識が多くの韓国人に共有されているらしい。

歴史の記憶は意図的にすぐ作り替えられるし、あるいは誤解されて伝わったり、単純に忘れられたりしてしまうから、そういうことが起きるのである。日本の納豆だって、たかだか百数十年前の幕末あたりまではご飯にかけるものじゃなく納豆汁すなわちチョングッチャン・スタイルだったらしいのに、今となっては忘却の彼方だ。

もし、チョングッチャン＝日本から伝わったものなら、チョングッチャンが納豆世界におけるミッシングリンクだという可能性もなくなる。だから、これはすごく重要な問題なのだ。

実際に調べていくと、韓国の食文化史全体において信頼できそうな日本語情報がとても少ないうえ、チョングッチャンについては極めて限られることがわかってきた。その数少ないうちの一つに韓国の有力紙「中央日報・日本語版」（二〇〇八年四月十五日）に掲載されたコラムがある。納豆とチョングッチャンを比較して論じる中で、記者は次のように述べている。

「先祖がいつから清麹醬を食べ始めたのかは明らかでない。高句麗の領土だった満州地方の騎馬民族が鞍の下にゆでた豆を入れていたのが〝元祖〟清麹醬という話が伝えられている。馬の体温でゆでた豆が自然発酵し、清麹醬になったということだ。また、清の国から伝わったため清国醬だという説と、戦国醬（戦時中に簡単に作って食べる醬）に由来するという説がある」

〝チョングッチャン〟は本来、漢字なのだが、どの漢字で書かれたのか、三つの説がある。「清麹醬」「清国醬」「戦国醬」。どれも発音は同じだ。そこまでは知っていたが、この伝説は初めて知った。なかなか興味深い。なぜなら日本にもよく似た納豆伝説が存在するからだ。

日本で最も有名な納豆の起源伝承は、八幡太郎こと源義家が出羽の清原氏との戦のときに発見したというものだ。煮た大豆を馬にのせて長いこと運んでいたら腐ってしまった。だが食料がすでに乏しかったこともあり、捨てるのは惜しい。義家が味見すると美味しかった。そこで家来たちがみんな食べ始めた——というものである。

このバリエーションとして征夷大将軍・坂上田村麻呂が蝦夷征伐のとき、あるいは加藤清正が朝鮮の役のときに発見したという説もあるらしい。共通しているのは異民族を制圧しに行き、大苦戦したときだということ、それに馬の体温で発酵が進んだということである。

中央日報コラムで紹介された三つの説もこれらの別バージョンに思える。

もちろん、本当に中国東北部かモンゴルの騎馬民族や清朝から伝わったという可能性もゼロではないだろうが、私はむしろ、「日本の伝説に似すぎている」と思った。伝説ごと納豆が朝鮮半島に持ち込まれたんじゃないかと疑ってしまう。

これらチョングッチャンの説を追及しなければならない。だが、面倒なのは私が韓国語を全く知らないことだった。ネット検索もできないのである。アフリカは英語か仏語で情報をたくさん見つけることができたから、韓国の方がずっと不便だ。

そこで、日本語の堪能な韓国人の友人に頼んで調べてもらったところ、「ネット上にある情報はすべて『中央日報』のそのコラムの引用で、チョングッチャンの起源に関して他の情報源は全くない」という返事だった。

なんと。他の情報が皆無とは。そこで、友人を通して、コラムを書いた中央日報の記者を探した。記者はすでに新聞社をやめ、大学の先生になっていたことを突き止め、その元記者に取材を申し込んだが、「体調がすぐれない」という理由で断られてしまった。

むうう。たった一つのネタ元に取材できないとなると、それ以上調べようがないが、総合的に考えて、このコラムの説はわりと最近、誰かが日本の納豆伝説をヒントに創作したものである可能性が高そうだ。

ネット情報には限界が来たようなので、今さらながら地味に書籍をあたっていたら、「超大物」を見つけてしまった。

尹瑞石《ユン・ソソク》著『韓国食生活文化の歴史』（明石書店）、七七三ページの大著である。訳者は佐々木道雄氏といい、朝鮮半島を中心とする東アジアの食文化史を研究している在野の研究者とのことだ。

訳者あとがきで佐々木氏は仰天するようなことを述べている。「日本では朝鮮半島の食文化史についての関心はきわめて低く、ほとんど知られていない」「日本の大学には朝鮮半島の食文化史を教える講座はなく、研究者もいない」というのだ。

研究者がいない！　道理でいくらリサーチしてもまともな情報が出てこないわけだ。

佐々木氏はその理由も説明する。もともと食べ物の話にはナショナリスティックな感情がつきまといがちであり、特に日韓の間ではそのような愛国的な感覚を互いにかんじとって強く反発したり無視しがちになるからだという。さらに「日本のこれまでの学問は、植民地支配の時代に強化された文化的・民族的な蔑視感が、無意識的ではあるが広く根を張って（いる）」とまで述べている。

またしても「むうう」である。

もし佐々木氏の意見を信じるならば、謎①の答えは、日韓が互いの納豆について「関心がない」あるいは「見下している」からだということになる。

でも考えてみれば、客観的な立場で事象を見る研究者がいなければ、当然だ。自分の納豆が一番美味くて、他の民族のものは「似て非なるもの」とか「まずい」と見なすのはアジアの全ての納豆民族に見られる傾向であり、私の万物納豆統一理論で論じた一項目である。アフリカでさえ私の取材した範囲ではそうだった。

訳者あとがきに戻ると、日本と比べて韓国では、先駆者の多くが日本の大学で学問を修めたことや、また韓国に古い文献があまり残っていない事情もあって朝鮮半島の古代の食文化の復元を中国や日本の資料に求める場合が多いという理由から、日本の研究者より広い視点を持って論考しているそうである。

そして佐々木氏によれば、「この本は韓国の料理史の本としても最高レベル」であり、「これだけ完成度の高い食文化史の本は、おそらく今後とも出現し得ないであろう」という。

朝鮮半島のありとあらゆる食べ物と食文化の歴史が網羅されたこの書物はさすがだった。チョングッチャンについてもちゃんと書かれていた。

それによると、現存する韓国（朝鮮）最古の書物『三国史記』（一一四五年編纂）に「豉」という食品の名前が登場する。豉とは何か？　そこからだいぶ時代は下り、一八五〇年頃に編纂された『五《ご》洲衍文長箋散稿《しゅうえんぶんちょうせんさんこう》』に「豉は今で言う戦国醤（高野註：チョングッチャン）である。戦国醤は一晩で造ることができる」と解説されているという。

もしこの『五洲〜』の解説が正しければ、チョングッチャンは遅くとも日本の平安時代末期には朝鮮半島で食べられていたことになる。もしそうでなかったとしても、少なくとも解説が書かれた一八五〇年よりずっと前からチョングッチャンが存在したことは間違いないだろう。

つまり、チョングッチャンは「日本統治時代に伝わった納豆」などではなく、韓国の伝統的な納豆だと考えて良いわけだ。

はあ、やっとこの単純な疑問の答えがわかった。

これで私も本腰を入れて現地取材に行けるというものだ。

出発地点に立てたと同時に、すごく有力なキーパーソンを発見したことに気づいた。本書の著者であるユン先生に聞けば、カオス納豆チョングッチャンの謎がするする解けるかもしれない。ユン先生は当時、九十四歳と高齢だが、まだお元気らしいので、明石書店と佐々木氏に紹介いただいてお手紙を書き、ソウルのご自宅に訪ねた。

ソウル講演旅行兼チョングッチャン下調べから十カ月後、アフリカ納豆取材から四カ月後の二〇一七年二月だった。

アフリカは気温四十度を超える猛暑だったが、こちらは厳寒。道路脇にも歩道にも雪がうっすらと積もっていた。

にこやかに出迎えてくれたユン先生はとても九十過ぎには見えない、驚くほどエレガントで若々しい女性だった。書斎のデスクには書類や書籍の山の横に大きなモニター付きのパソコンが据え付けられている。四、五十代の現役バリバリの研究者の仕事場のようだ。

ユン先生は一九二三年、日本統治下のソウルに生まれた。中学を卒業すると日本に渡り、東京女高師（現お茶の水女子大学）家事科で学び、さらに韓国の中央大学校で理学博士号を取得している。

ユン先生は折り目正しい完璧な日本語でチョングッチャンの歴史について丁寧に説明してくれた。

「豉は七世紀初め、新羅《しらぎ》の王の結納品の一覧に載っています。他の品はみな料理なので、これも味噌的な調味料ではなく、料理としてのチョングッチャンだと思われますね」とのことだった。

もしこれがチョングッチャンだとすると、日本における納豆の記録より古い。というより、世界最古の納豆の記録となる。その他、本に書かれていた十九世紀の記録についても、原文を参照しながら丁寧に教えてくれた。

いっぽう、昔の韓国におけるチョングッチャン事情も訊いてみた。今はすっかり発展してしまったが、戦前や戦争直後の韓国は相当貧しかったはずだ。私の仮説が正しければ、チョングッチャンは今よりずっと頻繁に食べられていたはずだ。当時どのように食べられていたかがわかると、「正体」がはっきりするかもしれない。

しかし。先生の返答は意外なものだった。

「私、チョングッチャンはあまり食べたことがないんです。子供の頃、家で働いていた女中さんが田舎から持ってきてくれて、それを二回食べたことがありますが、それだけです」

その後もチョングッチャンとは縁がなく、よく知らないという。日本の納豆と同じであるのは文献上で理解していたが、それ以上ではないらしい。私のために資料をいろいろ調べてくれていたが、基本的なチョングッチャンの作り方や食べ方など、私もすでに知っていることだった。

当然のように、チョングッチャンをめぐる謎②③、すなわち、韓国では海岸部でもチョングッチャンがよく食べられているがそれはなぜなのかとか、韓国人のチョングッチャンへの思いはどうなのかについても「わかりません。そういう論文を見た記憶もありませんね。誰も研究していないのではないかと思います」とのことだ。

さすが世界の食文化を牛耳りながらこれまで正体を隠し続けてきた納豆である。ユン先生ほどの人もわからないとは。

残念だがしかたない。

韓国食文化史の最高峰の先生が知らないということがわかっただけでも大きな前進であるし、誰もやっていないのなら、まさに私の出番ではないか。

かくしてチョングッチャンの本格現場取材に突入したのだった。

3. チョングッチャンの「中心地」は38度線にあり!?

ソウルでユン先生にお会いしたほか、数日、友人知人相手に聞き取り調査を行ったあと、私は友人のカン・ビョンヒュクさんの車でソウルから北へ向かった。一時間ほどすると、ハンドルを握るカンさんが案内板に目をやって、「ここからパジュ市ですね」と言う。

パジュ市はソウルの中心部から車で北へ約一時間。日本のイメージで言えば、さいたま市くらいか。

しかし、こちらのさいたま市は平和な場所ではない。市の北側は国境で遮られ、敵軍がいつ攻めてくるかわからない状態にある。つまり、38度線に隣接しているのだ。

「ああ、ここがパジュですか。名前はよく聞くけど、来たのは初めてですね」そう私が答えると、カンさんは「はあ……」と大げさにため息をついた。

「高野さんは何にも憶えてないんですね。前に出版団地に案内したことがあったでしょ？　あれ、パジュですよ」

出版団地？　最初は何のことやらだったが、やがてうっすらと思い出した。韓国では同業者が何社も集まってコミュニティを作ることがあるらしい。パジュも有力な文芸出版社が何社か集まっており、韓国における文芸出版の「一大中心地」となっていた。たしかにそこへカンさんに連れて行かれたんだっけ……。

カンさんは、「高野さんにいろいろしてあげても、何も憶えてないんじゃ意味がない」とかぶつぶつ言っていたが、私は聞き流していた。彼は何でも思いついたことを好き勝手に話すのでいちいち気にしていられない。もっとも、向こうも同じことを思っているにちがいないが。

カンさんは風変わりな人だ。八〇年代、大学生のときに民主化闘争に燃え、二度にわたって逮捕された挙げ句、国家反逆罪で投獄されてしまった。そのせいで大学卒業後も就職できず、しかたなく日本の早稲田大学大学院に留学、遅い青春を謳歌した。

その後は日韓の通訳やコーディネーター、貿易というようにさまざまな職を経て、十年ほど前に出版エージェントを立ち上げた。日本の書籍を韓国の出版社に紹介し、韓国語版を刊行するという仕事だ。彼が最初に手がけたのが私の本だった。

カンさんは初対面のとき私に「高野さんとはあまり気が合いませんね」などと平気な顔で言ったり、「韓国の武器を日本に売れませんかね？」といった意味不明な貿易の相談を私に持ちかけたりする破天荒な人であるが、その反面、藤原新也、内田樹、三浦しをん、松家仁之といった作家の作品をいち早く韓国に紹介するなど、「日本の書籍の目利き」として韓国の出版業界で一目置かれている。

明るい性格のカンさんとは気兼ねなく何でも話せて、たまにしか会わないのになんだか「旧友」みたいな気がするが、旧友の間によくあるように、あまりに気安く喋っているため、往々にして相手の話を聞いてないのが難点である。

そのカンさんが一度、本の宣伝をかねて私をソウルに呼んでくれたことがあり、それがパジュの出版団地訪問だったのだ。新聞社のインタビューを受けたり出版社の人たちと会食したりした。

まさかそれから六、七年後、今度はチョングッチャンを求めてカンさんと一緒にパジュ市に舞い戻ってくるとは思わなかった。パジュ市は文芸出版だけでなく、チョングッチャンの「一大中心地」になっているらしいのだ。

アジア各地でも日本国内でも、まず私が注目するのは「納豆の本場」である。その国や地域を代表する納豆を取材すべきというのは当然のセオリーだろう。本場のものは美味しく、作り方も凝っていて、情報も豊富であることが多い。外国人が日本へ納豆取材に来たら、まず水戸へ行くだろう。それと同じだ。

ところがである。チョングッチャンには「本場」がない。日本における水戸のように、チョングッチャンで有名な場所もない。誰に訊いてもそのような返事がかえってくる。ユン先生も「聞いたことがない」と言っていた。いくら韓国全土で同じように食べているとは言っても不思議だ。

では一体どこで取材したらいいのだ？　と初《しょ》っ端《ぱな》から躓《つまず》いてしまった。

ところが今回、ソウルでカンさんや前年に通訳をしてくれたキム・ウヨンさんに再会して改めて話をしていると、「本場」とまでは行かないが「一つの中心地」と呼べる地域が浮上した。それが「韓国のさいたま市」ことパジュ市なのだ。

今まで私はもっぱら手造りの生チョングッチャンや商品の生産に注目していたが、チョングッチャンにはもう一つ重要な観点があるのを見逃していた。それは「料理店」である。

チョングッチャンは料理である以上、副菜でしかない日本の納豆とちがい、ちゃんと食堂や料理店で提供されている。

メニューにチョングッチャンを載せている店は数ある中で、チョングッチャン好きのウヨンさんによれば、美味しい店がパジュ市に二軒ある。一軒はカンさんもよく行く店で、ウヨンさんによれば「二軒ともソウル周辺のチョングッチャンの店としてはベスト3に入る」とのこと。二軒では「集まっている」とは言えないが、ソウル周辺の全ての店の中からベスト3に二つが入っていればそれは偶然ではなさそうだ。

ウヨンさんとカンさんは「パジュ市でとれるチャンダンコンという大豆が有名」と口を揃える。どうやら米でいえばコシヒカリのようなブランドらしい。美味しい豆で作っているから納豆汁も美味しい――という論法なわけだが、なぜその豆がそんなに評価されるのか、今一つ腑に落ちなかった。日本でも「鶴の子」など名前が知られている大豆はなくはないが、コシヒカリみたいに、それが人々の評判を呼ぶほどではない。大豆の銘柄で納豆を選ぶ人がどのくらいいるだろうか。五パーセントに満たないだろう。

まずは二軒のうちの一軒「統一《トンイル》ドンサン」に行ってみた。ここの主なメニューは純豆腐《スンドゥブ》という温かい豆腐とチョングッチャン。カンさんは実はこの店に豆腐を食べに来るという。

豆腐もチョングッチャンも石焼きビビンバと同じ器に入って出てきた。豆腐は温かく、少量の汁に浸っている。これが絶品。熱々で作りたての豆腐ほど気持ちを和ませるものはないと思える。湯豆腐よりしっかりして香りも高く、ナイジェリアのハウサの村で食べた豆腐を思い出してしまう。そっくりと言っていい。

チョングッチャンも美味しかったが、意外とあっさりした味で、豆腐に比べるとインパクトは少なかった。もっともこの辺は好みの問題かもしれない。

むしろ、食後に店の女性に謎の豆チャンダンコンについて聞いたことの方が衝撃大だった。やはり大豆の一種であり、見た目も味も特別なものではないらしい。他の豆より美味しいだけである。なのに、価格は一般の大豆より三割か四割も高いという。なぜそんなにブランド化されているのか。女将さんは言う。

「ＤＭＺ（非武装地帯）で作られている豆なんですよ。ＤＭＺは人が住んでいなくて汚染されてないから、環境が抜群にいいと言われてるんです」

さすがにびっくりしてしまった。

ご存じの通り、朝鮮半島は北緯38度を「軍事境界線（韓国語では「軍事分界線」）」として停戦ラインに定めているが、韓国と北朝鮮の軍隊が直接顔をつきあわせるのは危険なので、38度線から南北にそれぞれ二キロずつを「Demilitarized Zone（略称ＤＭＺ＝非武装地帯）」としている。緩衝地帯である。文字通り、武器（重火器）の持ち込みを禁止しているだけでなく人間も住んでいない。

韓国では「38度線」や「軍事境界線（軍事分界線）」という言葉より、「ＤＭＺ」の方がよく使われるようだ。私は昔、釜山の現代美術館で「ＤＭＺ」をテーマにした展覧会を見たことがある。ＤＭＺは「南北分断」の象徴なのだ。

もちろんそこはもともと人が住んでいた場所だ。中でもパジュ市の長湍面《チャンダンミョン》は現在の南北朝鮮にまたがる形で存在している行政区域だ（註：ミョンは「郡」と「村」の間にある行政単位。本来の漢字では「面」だが、本書では以下、便宜上、「区」と訳すことにする）。そのチャンダン区の住人の中にはまだ非武装地帯に畑をもち、農業を行っている人がいるのだという。「パジュ市からDMZの畑に〝出勤〟する人もいる」なんて話も聞いた。

日本では38度線といえば、北朝鮮軍と韓国軍がにらみ合い、とくに私が取材に行っていた二〇一六～一八年ごろは北朝鮮の核開発やミサイル実験などから、一触即発の危険地帯のように思われていた。私もそう思っていたのだが、いま韓国ではDMZ内で自然観光ツアーが催され、野生のカワウソやワシが見られるとか、「星がきれい」などと若い女子の間でも人気だという。「大自然が残された韓国最後の楽園」的なイメージらしい。そして、その大豆を使っているからこそ、パジュに韓国納豆汁の有名店が存在する……。

なんという皮肉。なんという不可思議な現実。納豆を追っていくといつも不思議な場所にたどりついてしまうが、今回はまた特別である。

しかし、DMZで農作業なんかしていいのだろうか。それに38度線は半島を横断しているのだから長い。二百キロ以上ある。なのに、どうしてチャンダン区の大豆だけがブランド化、あるいは「神話化」されているのか。

新たな疑問を解決するため、翌日、再度パジュへ向かった。今度はパジュのもう一つの有名店「福《ポック》豆腐店《ドゥブチブ》」である。チョングッチャンは評判通りの美味さだった。豆腐は統一ドンサンの方が好きだが、チョングッチャンはここが今まで食べた中でいちばん美味かった。店のオーナーはチャンダンコンとチョングッチャンについて詳しいと聞いていたのでインタビューさせてもらおうと思ったのだが、あいにく地方出張中とのことで取材することはできなかった。

韓国は東南アジアやアフリカとちがい、先進国である。物価が高く、人が忙しい。予算の都合上こちらの日程も限られてしまうから、いつものような行き当たりばったりの取材がなかなかできない。そういう意味でも韓国の納豆取材は難しい。

4．謎の豆チャンダンコンの真実

捲土重来《けんどちょうらい》というのも大げさだが、九カ月後、私はまたしてもカンさんと一緒にパジュの福豆腐店にやってきた。二〇一七年十一月の晩秋だ。「どうして高野さんはこんな寒い時ばっかり韓国に来るんです？」とカンさんは文句を言う。韓国人にそんなことを言われたくないが、たしかに冷える。十一月末なのに雪がちらついていた。

まず、店でスンドゥブとチョングッチャンを食べる。体の芯から安堵が広がるような優しい味。この店が素晴らしいのはそれだけではない。韓国の料理店では料理を一品注文すると、漬物やナムル、煮物などのおかず（副菜）がいくつもついてくるが、そのおかずが抜群なのだ。

「韓国では料理が美味いだけじゃダメ。おかずも美味しくないと人気は出ないんです」とカンさんが言うとおりだ。エゴマの漬物やキュウリのゴマ和えなどは、他の店ではちょっと見ない。仕事が丁寧で手がかかっているものばかりで、これだけでもこの店に来る価値がある。

さて取材。社長のハム・チェサンさんと理事（韓国では「役員」に当たる）のイ・オクスンさんが応じてくれた。

大柄で人のよさそうなハムさんは一九五四年、北東部の江原道《カンウォンド》生まれ。対照的に小柄でキビキビした女性のイさんは一九五四年、中西部の忠清道《チュンチョンド》生まれ。

あれ、と思う。二人ともこの地元の出身ではない。

私の疑問に二人は笑顔で答える。「調査研究の結果、チャンダンコンが大豆としてベストという結論に達したからです」

もともと二人は「キムガネ」という海苔巻きの全国チェーンに勤務している同僚だったが、「これからは長生きと健康食の時代になる」と予感し、二〇〇五年に会社を辞めてこの店を始めた。ハム社長は無類の豆腐好きで、開店前は全国の有名な豆腐や豆腐店を食べ歩き豆の研究にいそしんだ。最終的に、「素材を生かすことに集中しよう」と思い、チャンダンコンのあるパジュに出店することを決めた。

イ理事はチョングッチャンの担当。子供の頃から冬は毎日のように食べていて大好きだったからだ。店でも基本的には実家と同じ方法で作っている。

チャンダンコンは本当にそんなに美味しいのか、もしそうなら理由はなぜかと訊くと、さすがにプロならではの答えがかえってきた。

「チャンダンコンは固くて豆の味が濃い」。全羅道の豆も美味しくないわけじゃないけど、南へ行くと豆が柔らかくなる。それに比べてチャンダンコンは固くしまっていて、豆の味が濃くて甘いと二人は言う。

もっとも全てのチャンダンコンが美味しいわけではない。イさんは「生の豆をかじって判断する」という。彼女は卓越した能力と経験があるようで、煮た大豆を手で触った感触でわかるそうだ。「つるつるした感じはダメ。汁気が少しあるような感じがいい」

チャンダンコンが美味しい理由として、イさんは「寒暖差」を挙げた。パジュ近辺は韓国でももっとも一年の寒暖差、そして一日の寒暖差が大きいところだという。大豆の美味さは寒暖差に強く関係する。「チャンダンコンは昔から有名で、朝鮮王朝時代に国王に献上されたという記録が残っています」という。

なるほど。説得力がある。日本でも米が美味しいところはたいてい内陸の盆地か山間である。新潟県の魚沼市がよい例だ。また、果物で有名な場所も同様。長野県のリンゴや柿、山形県のサクランボ、山梨県甲府盆地の梨や葡萄、桃などがすぐ思いつく。

大豆は瘦せた土地でも育つため内陸の辺境で好まれてきたと思っていたが、むしろ内陸の辺境地の方がひらけた沿岸部より栽培に適していたのだ。

では、DMZはどうなのかというと、新たな事実が二人の話から判明した。チャンダンコンは現在、パジュ市の農業技術センターが管理し、種を配布している。そしてDMZのチャンダン区だけでなく、パジュ市内でその種豆から栽培されていれば全て「チャンダンコン」なのだそうだ。要するに、美味しいのは昔からの自然環境及び農家や開発担当者の努力なのだ。「DMZで土壌が汚染されていないからチャンダンコンが美味しい」というのは半分以上、伝説の域に属すると言える。

しかし、この伝説は圧倒的な力を持っているようで、今現在、韓国の全大豆の四〇パーセントがチャンダンコンだという。大豆の値段は年によってかなりちがい、二〇一六年は一キロ＝六千ウォン（約六百円）、二〇一七年は約四千二百ウォン（約四百二十円）とのことだが、一般の大豆はチャンダンコンの収穫と値段によって左右されるというから、普通のブランド農産物とは桁違いの影響力である。

チャンダンコンについてはわかった。だが、いくら美味しい豆を使っていても、それだけで美味しい納豆はできない。

「生チョングッチャンは作るのがほんとうに難しい」とイさんは腹の底から絞り出すように言った。

イさんの故郷の作り方を採用しているとは言ったが、そのまま踏襲するわけにはいかない。土地がちがえば温度や湿度も変わるし、商売用に一度に大量に作る必要がある。しかも、冬だけでなく通年で作らなければならない。

「とくに夏はどうしても苦みが出るんですよね……」

まるで明治期の日本の納豆業者の苦労話を聞くようだ。納豆研究に尽力した農学博士は「納豆の製造は安全で美味しいものを得るのはひじょうに困難であり、それを試みる者は失敗を重ねるのが普通である」というようなことを述べている。「失敗すると相談する相手もいないから、ひたすら神仏にひれ伏し、室《むろ》を洗い清め、粘りの強い、良い納豆が、一日も早くできるように祈った」と古代人のように嘆く納豆業者もいた。

それを地で行っているわけだが、イさんの苦労はさらに上を行く。日本では明治期ですら納豆業者は純粋培養した納豆菌から納豆を作っていたのに、ここではワラで発酵させているのだ。日本では現在、ワラで納豆を作るプロはほとんど存在しない。一つには衛生上の観点から保健所が許さないためだが、もう一つはワラでは安定した質の納豆を作れないからだ。

日本の納豆製造メーカーが実現できないものをなぜ韓国の個人が実現できてしまうのか。

韓国での「良い生チョングッチャン」の基準が日本の納豆とはちがうから？　いや、そうではない。ハムさんが答える。「糸引きが基準ですね。風が吹くと糸が飛んでズボンがべとべとになることもありますよ」

そこは同じなのだ。むしろ、チゲにして食べるから出来上がりに多少ムラがあっても問題ないということらしい。実際、全ての豆が一〇〇パーセントよく発酵しているより、よく発酵した豆が七〇～八〇パーセントの方がチゲにしたときに美味しくなるという。どうしてかわからないが、「経験的にそうだ」という。

二人は苦労の末、発酵法を完成させた。私たちも、生チョングッチャンの仕込みを見せてもらった。それが面白い。煮豆を布を敷いたトレイに入れ、その中に埋め込むようにワラを入れる。日本とは逆だ。日本ではワラで豆を包むが、こちらは豆でワラを包むのだ。なるほど、このやり方を見ればわざわざ文献を調べなくても、日本と韓国の納豆は全く別個に進化してきたことがわかる。

その後の作業は見られなかったが（納豆の仕込み中なので）、施設だけは見せてもらった。店の二階に組み立て式の大きな棚を作り、ビニールで覆っている。棚の上には電気カーペットが置かれ、この上に豆のトレイを載せて、布団をかぶせるという。通気できるようにビニールに隙間を空けておくのがコツだそうだ。私と竹村さんが何度も行《おこな》った納豆製造法に似ている。これだけ原始的というか家庭的な方法で商売用納豆を通年で作ってしまうとは驚きだ。

それにしても、納豆作りは苦労ばかり多くて割に合わないとつくづく思う。作るだけなら簡単だが安定した質を保つのは技術的にひじょうに難しい。であるのに、それに価値を見出す人は少ない。

この店の名前「福豆腐店」を見ればわかる。あくまで「豆腐」が売り物なのだ。チョングッチャンを出す店は多くの場合、豆腐や他の料理とセットにする。そして、お客の大半は他のものがお目当てなのだ。

「チョングッチャンのために遠くから来てお金を払う人はあまりいないでしょうね」とカンさんも言う。まあ、日本だってそうだろう。納豆専門料理店はほとんどないし、できてもすぐ潰れてしまう。

納豆は世界中、どこへ行っても、「家庭的な食品」なのだ。

一つ、前から引っかかっていたことを訊いてみた。

どうして純粋な納豆菌（チョングッチャン菌？）を使わず、ワラで発酵させるのか？　なぜ、わざわざ難しい道を選ぶのか？

38度線近くの道路表示。「ピョンヤン208km」が目を引く。理論的にはここをまっすぐ行けばいいのだ。

韓国食文化史の大家であるユン先生。94歳とは思えぬ驚異の記憶力と情報収集能力だった。

福豆腐店では自前で生チョングッチャンを作っている。煮た大豆を布の上に敷き、中にワラを埋め込む。ワラで煮豆を包む日本とは逆の方法だ。

答えは「自然なものを作りたいから。純粋な菌を使うなんて考えたこともない」という意表を突いたものだった。

そもそも納豆菌が韓国でほとんど販売されていないらしい。ネット上ではそのような情報や広告がときおり見られるが、実態はわからないという。カンさんが付け加えるに、「たとえ菌が売っていても韓国人は使わないでしょう。なぜなら菌は化学的に取り出したもので、ワラについているように自然なものではないから」。

なんと。現在、韓国では、「生チョングッチャンが好き」とわざわざお金を出して食べたり、ネット情報などをもとに自作する人は「自然志向」。そのような人たちにとっては純粋培養の納豆菌は〝不自然〟で〝健康によくないもの〟に感じられるらしい。まるでアジノモトのような扱いだ。

逆にその強い自然志向の結果、生チョングッチャンは──手がかかって自然な菌が生きているから──神話的な色彩を帯びている。最近始まったことらしいが、生チョングッチャンをキムチと一緒に海苔で巻いて食べる人がけっこういるという。

「便がよく出る。便の色つやもちがう」とイさん。実は全く同じことを以前、カンさんの友だちが言っていた。その人も自分でワラから生チョングッチャンを作って、生のまま食べているそうだ。

日本では納豆自作にヨーグルト製造器が使われることが多いが、韓国では唐辛子乾燥機で代用されるそうだ。そんな機械が存在するとはさすが韓国である。

生チョングッチャンは健康や美容維持のレベルに留まらない。

「私の友だちはガンになってから毎日、生チョングッチャンを食べたんです。するとガンの進行が止まったんです」とイさんはいう。もはやアガリクスやメシマコブ並みの効能で、納豆が人間を操るにも度が過ぎている。

「毎朝毎晩、スプーン一杯ずつ生チョングッチャンを食べるといい。本当に体の調子がよくなる。やってみなさい」とイさんは私に勧めてくれる。

伝説の万能薬、生チョングッチャン。でもそれは普通の納豆であり、私もほぼ毎日食べているものだと思うのだが、イさんたちにとっては全然ちがうものらしい。

いくら私が「チョングッチャンは日本の納豆と同じでしょう」と言っても、〝豆腐とチョングッチャン命〟の二人はちっとも耳を貸そうとしないのだった。

5．北朝鮮国境のルイ・ヴィトン豆

翌日、私たちは38度線へ向かった。DMZを訪れるためだ。誰でも参加できる観光ツアーがあるという。今月、北朝鮮の兵士が板門店で全身を撃たれながら脱走したという珍しい事件が起きた。さらにこの日の未明、北朝鮮が大陸間弾道ミサイルを発射した。

しかし、現地では誰もそんなことを気にする風ではない。DMZの手前、ツアーの出発点である臨《イム》津閣《ジンガク》では修学旅行の高校生やら外国人観光客やらが大はしゃぎして写真を撮っていた。

「日本は騒ぎすぎなんですよ」とカンさんは言う。「韓国じゃミサイルなんて誰も気にしてない。北朝鮮の侵攻なんて日本の大地震と同じですよ」

なるほど。可能性としてはいつ起きても不思議はないし起きたら大惨事だが、それを気にしていては生活ができない。

カンさんは実は三日前にもここに来ていた。「チャンダンコン祭り」なるイベントが開催されていたので見学し、主催者の人にチャンダンコンの新しい情報を聞いたという。今回、カンさんは私が何も言わなくても自分で率先して取材してくれていた。誰とでもすぐ仲良くなり、話を聞き出すのも上手い。こういう相棒がいると本当に心強い。

カンさんが聞いたところによれば、チャンダン区は昔、朝鮮人参で有名な土地だった。朝鮮人参にもいろいろあるが、六年かけて育つ「六年根」というものが最も効き目が強く高価だという。チャンダン区はその「六年根」が取れる朝鮮半島でも数少ない場所だった。これまた朝鮮時代に国王へ献上した記録があるとのこと。「国王へ献上」は韓国人には殺し文句のように効くらしい。

スペシャルな朝鮮人参がとれる理由が何かはわからない。寒暖差なのか他の自然環境が適しているのか。少なくともDMZが無関係なことは間違いない。ともあれ、そこで問題なのは土壌の維持だったという。スペシャルな朝鮮人参は土地からスペシャルに養分を吸収するらしく、六年根収穫後は土地が痩せてしまい、どんな作物を植えても育たない。そこで大豆を植える。大豆だけはよく育ち、しかも大豆を収穫したあとには朝鮮人参を再度植えることもできるようになるという。

大豆の根には「窒素固定」という作用がある。窒素化合物を出して土壌を肥沃にするのだ。かつて日本でもアジア各地でも田んぼの畔《あぜ》には大豆が植えられていたのはそれが理由だ。だから、朝鮮人参畑の回復のために大豆栽培が行われたという話は信憑性がある。

それにしても、ここの大豆は国王に献上されたとか、スペシャルな朝鮮人参栽培のサポートをしていたとか、DMZのために自然に育っているとか、本当にいろいろな伝説に彩られ、華やかなことこのうえない。

まさに「伝統と現代がぶつかってカオス」だ。

大豆がそうなのか、土地がそういう宿命を背負っているのか。

臨津閣には、破壊され錆び付いた汽車が展示されていた。朝鮮戦争が勃発したとき、ちょうどチャンダン駅に到着したところを北朝鮮軍の攻撃を受けた、川崎重工業社製の車両だという。地図で見ると、チャンダン駅は38度線の真上にあった。現在は世界中の誰ひとりとして足を踏み入れられない場所。

チャンダン区はまさに南北分断の象徴なのだ。

私たちは専用バスに乗り、約二時間のツアーに出かけた。北朝鮮のミサイル実験以降、閉鎖されたままになっている工業団地行きの鉄道駅、七〇年代に北朝鮮が軍事境界線を越えてこっそり掘った軍事トンネル、展望台などを回った。

ツアーに参加してわかったのだが、実はDMZには誰も立ち入ることはできない。では私たちが今歩き回っている場所は何かというと、DMZに隣接する、「民間人出入統制区域」なのだ。DMZを幅四キロの川と考え、その南側に統制区域という河川敷が数キロにわたって広がっているとイメージするとわかりやすいかもしれない。

ここは朝鮮戦争の停戦条項にある立ち入り禁止地域ではないが、安全のため、もともと住んでいた住民と軍の許可を得た人以外は入ってはいけない。どうやら韓国人の大半はこの「民間人出入統制区域」をDMZと誤解しているか、「広義のDMZ」と解釈している模様だ。カンさんも「今回初めて知った」という。

これで腑に落ちた。いくらなんでも本物のDMZの中で農業を行っているなどありえないからだ。統制区域の中には集落があり、畑や水田、学校、教会も見えた。「統一村」という村にもツアーバスは停まった。チャンダン区の人たちの一部が住んでいる場所だ。

そこでは農産物がお土産として売られていた。袋に大きくDMZの文字と鉄条網が描かれた、米、ソルガム、ハチミツなど。どれもDMZ＝自然食品が売りなのだ。でも品揃えの多さではやはり大豆がいちばんである。黄豆、黒豆、赤豆、そして生チョングッチャン。

「商売が上手ですねえ」とカンさんが感心する。「まるで豆のルイ・ヴィトンみたい」

昔は王室御用達、今はルイ・ヴィトン豆か。言い得て妙だ。

だが、しかし。このツアーで最も印象に残ったのは小高い丘の上にある展望台に登ったときだった。世界中からやってきた大勢の観光客で賑わっていた。真北に望遠鏡が並び、みんながかぶりつくように見ているのは本物のDMZと目には見えない軍事境界線、そしてその向こうにある北朝鮮。低い建物が並ぶ町の他は、草木もほとんど見当たらない荒涼とした丘や山。そちらから猛烈に冷たい風が吹きつけてくる。

まさに「北からの風」。

これがヴィトン豆、いやチャンダンコンを生み出す寒暖差の原因なのだろうか。

いや、それより「北」の人々の生活はどうなのかと思わざるをえない。彼らにとってチョングッチャンは自然志向の食品などではなく、生命維持に不可欠な食べ物だろう。なにしろ農村部は常に食糧難に直面していると聞く。

想像するだけで心胆が冷え、縮む。

このときほど切実にチョングッチャンを食べたくなったことはなかった。温まりたい。ホッとしたい。

朝鮮半島の皮肉な現実を肌身で感じながら、またチョングッチャンを食べにパジュへ戻っていったのだった。

第4章　韓国のカオス納豆チョングッチャン
／隠れキリシタン篇

スンチャン郡～ワンジュ郡／韓国

1．日本の近未来

ソウル近郊から南西部の全羅道《チョルラド》へ行くとき、西海岸ルートと内陸ルートがある。通訳兼運転手を務めるカンさんはどちらのルートをとるか悩んでいた。韓国納豆取材第二回のときだ。途中で合流した撮影係の竹村先輩が後部座席に乗っているが、ひどい風邪を引いており口数が極端に少ない。それを補うかのようにカンさんが元気よく喋る。

「うちの高校生の娘がね、『お父さん、三人の女性の言うことは聞いた方がいいよ』って言うんですよ」

「三人？」

「うん。お母さん、奥さん、それにナビのお姉さんだって」

なかなかの名言だと感心した。カンさんや私のように親や妻の言うことをきかない人間は車のナビも信用しない。おかげでいつも後で痛い目に遭う。

実際今回もカンさんはナビに頼らず、自力でルートを開拓しようとしていた。私は彼を説得してナビのお姉さんに従うことにさせたが、想定外だったのは車に付いているナビとスマートフォンのナビの意見が食い違うことだ。片方が「ここは左折」と言うのにもう片方は「まっすぐ」と言う。到着予定時刻など一時間もちがう。まるで二人の女性がカンさんを取り合っているようで、「困るよ」と言いながらカンさんは妙に嬉しそうである。

結局、予定到着時刻が早い、つまり甘い言葉をささやくスマホナビ姉さんになびいた。ソウルから西海岸ルートをまっすぐ全羅道へ向かった。

でもどちらのナビに頼るかなど贅沢な悩みだ。ついこの間までは目的地がわからなかったからだ。

チャンダンコンにまつわる話では、チョングッチャンが現代の一部の韓国人にとって「ロハス」な食品と化していることがよくわかったが、その本質についてはますます謎が深まっていた。

ソウルフードではないし、カネにもならない。一方では、海でも山でもどこでも食べ、誰もが食べるという。日本やアジア諸国ではどこも、納豆は山や内陸部の食べ物であり、マイノリティのソウルフードだった。さして深い思い入れがないのに、誰もが食べるなんて韓国のチョングッチャンだけだ。一体なぜなのだろうか。

本来のチョングッチャンを知るためには、昔ながらの手造りチョングッチャンをしっかり見る必要がある。そう思ったのだが、これが想像をはるかに超えて難しかった。韓国在住の韓国人、韓国通の日本人、日本在住の韓国人、在日コリアンなど十名近い人に声をかけたのだが、いっこうに良い返事が来ない。九〇年代初めまで誰もが家庭で作っていたというのに、いまや絶滅の危機に瀕しているのだろうか。

三カ月を過ぎてからようやく私の「知り合いの知り合いのダンナさんの高校の後輩のお母さん」という未確認生物のような人が浮上した。全羅道の内陸部、スンチャン郡に住む八十歳くらいの女性だという。

やっぱり全羅道か。全羅道は金大中《キムデジュン》の出身地として知られる。韓国の中では、長らく経済発展が遅れていたが食べ物が美味しい地域として有名だ。どことなく、日本の東北地方とイメージが重なる。その全羅道のしかも内陸部といえば、日本でも屈指の納豆地帯である秋田県や山形県の内陸部を連想する。

「そこはチョングッチャンで有名だったりしないんですか？」と懲りもせずカンさんに訊くと、彼は「チョングッチャンは聞いたことないですね。コチュジャン（唐辛子味噌）で有名なところですけどね」と答えた。

そこは納豆が有名じゃないの？　と聞いたら「いや、味噌」という答えだったわけで、韓国の納豆は本当に姿が見えない存在である。

ともあれ、いよいよカンさんの車で南を目指したのだった。

ソウルを出るといたって単調。高速道路は直線でトンネルもない。見えるのはなだらかな山と収穫の終わった茶色い田畑ばかり、家や集落は日本に比して極端に少ない。たまに町が見えるとそこは新しい高層マンションが雨後の筍かキノコのように林立している。

カンさんによれば、韓国では集合住宅に住む人が人口の半分を超えたという。日本ではマンションやアパートに住む人は人口の二割程度だというから、いかに韓国では都市部への人口集中が急速に進んでいるか想像できる。日本の未来を先取りしているかのようだ。

二時間後、高速道路を下りると、突然車が途絶えた。道路だけは片側二車線でやけに立派だが、信号はない。家も集落も驚くほど少なく、日本の田舎にあるようなコンビニや雑貨屋、自販機の類いも見当たらない。みんな都市部へ移住してしまったのだろうか。目を引くのは、ときおり道路から離れた集落の中に見える、尖った屋根と十字架をのせた教会ぐらいだ。韓国は人口の三割程度がクリスチャンだという事実を思い出させる。いっぽう、仏教の寺はまったく見当たらない。

本来、儒教が強い韓国にキリスト教が普及した要因としては、日本植民地時代にキリスト教会が抵抗運動を行ったとか、韓国に伝統的なシャーマニズムとキリスト教の相性がよかったからだといった説があるようだが、カンさんは独自の見解を持っていた。

「もともとキリスト教は自分だけが正しくて、他は全部まちがってるという考えでしょ？　韓国人もそう。みんな、『俺が正しくて他のやつは全員間違ってる』と思ってる。だから、合うんじゃないかな」

　やがて、片側一車線の細い道に入ると、うねうねと山間を縫いながら進み出した。ところどころ雪が残っている。

「うちの田舎みたいだ」と長野県出身の竹村先輩が言う。彼はアジア納豆の取材ではいつもこのセリフを口にする。納豆が基本的に辺境食だからだ。

「すごい山奥ですね。チョングッチャンの匂いがしてきそう」とカンさんも驚いたように言う。おお、韓国人でもやっぱりそう思うのか。

「目的地に到着しました」とナビのお姉さんが告げたのは、ソウル出発から五時間後だった。全羅道スンチャン郡サンチ区《ミョン》ムクサン村。瓦屋根の家や塀、積み上げたワラ、庭に並んだ黒いハガリ（漬物用の壺）。ここで時代劇のロケがすぐにできそうなくらい韓国の伝統的な村である。これまで日本の近未来みたいな世界を旅してきたので、突然タイムスリップしたかのような驚きだ。

　一軒の家で腰が九十度近くに曲がったおばあさんが出迎えてくれた。私の知り合いの知り合いのダンナさんの高校の後輩のお母さんであるキム・ヒョンスックさんだ。よかった、実在してくれて。

　庭には大小、二十を超えるハガリ。町に住む孫が置いていったという、生後三カ月くらいの仔犬がじゃれついてきた。

　村には店が一軒もないため、食料品は二キロほど離れた区の中心部へ買い出しに行くしかない（そこも相当にさびれた町だが）。

山間の村は冬、すぐに日が暮れる。本日はここに泊めてもらうことにした。近隣には宿泊施設が皆無なのだ。間取りも雰囲気も、日本の昭和の一軒家そっくり。きゅるきゅると音のする引き戸や風に吹かれてガタガタ鳴る窓ガラスがなつかしい。

オモニ（「お母さん」と呼ぶことにした）は居間のちゃぶ台のようなテーブルに夕食を用意してくれた。

どんぐりの粉を寒天状に固めた「トトリムク」、ソウルでは今や高級品だというトラジ（桔梗）のキムチ、椎茸と鶏肉の煮物、ぜんまいのナムル、唐辛子の葉、カボチャ汁、鶏肉とジャガイモの煮物……。全てこの土地でとれた食材を使った「ザ・山の幸」だ。

いちばん美味しかったのは米だった。粒が実のようにぷっくりとして、弾力がある。寒暖差が大きいので美味しい米がとれるらしい。日本で言えば、四万十川上流の米に似ていた。ソウルでは高値で売れるという。

食後はオモニの昔話に耳を傾ける。丸っこい穏やかな顔立ちをしたこの女性は一九三八年生まれ。生家はここから七十キロ離れた村で、二十二歳（韓国では年齢は全て数え年）のときここへ嫁に来た。「道路は村の近くまであったから、トラックに乗ってきたんだけど、村に入る手前の川では橋がなくてね、みんな川の中をじゃぶじゃぶ歩いて渡ったよ。私は輿《こし》にかついでもらったけど」と言う。映画のようだ。

その川は生活の上でひじょうに大きな存在だったようだ。

子供たちが学校へ行くときもその川を歩いて渡った。「二人の子供が流され、慌てて追いかけて捕まえた」なんてこともあった。いっぽう、冬になると川が凍るので、氷を割って家に運んで飲み水にした。子供たち（四名）は一九六六年生まれの私と同世代らしいから、すごい話だ。

十年前に亡くなったダンナさんは昔気質の韓国男子だったようだ。

「朝からマッコリを飲んで、家の仕事は何もしない。でも、他人にはやさしくて、いつも懐に豆を入れて、子供たちにあげたり、道を訊かれたら目的地まで連れて行く。そんな人だった」

ダンナさんと息子四人は全員徴兵にとられた。長男が入隊したときは家の仕事が忙しく、またお金もなくてなかなか面会に行けず、次男も徴兵されたときやっとソウルに行って面会できたと話したときには「可哀想なことをした」と涙ぐんでいた。

いまや息子はみな家を離れ、町に住んでいる。「秋、稲穂の頭が垂れ、風に揺られるのを見ると、耐えられないほど淋しくなる」という。

偶然なのか必然なのかわからないが、またしても納豆を追いかけて辺境地帯に来てしまったのを実感した。

2．超過疎の村で韓国納豆をつくる

翌朝はマイナス十度。私たちの長い納豆取材の中でもダントツの最低気温だ。近くの山の林が朝日を受けてキラキラ光っている。「霧氷《むひょう》だ」と竹村先輩。長野県でも見られるという。もっとも先輩は風邪がさらに悪化したようで、「寒い……」と震えている。

家の庭はみな凍りついている。外飼いの仔犬など凍死してるんじゃないかと心配したが、意外にも元気いっぱいだった。

庭の隅に黒っぽい棒きれのようなゴマ藁《わら》（ゴマを収穫したあとの乾燥させた茎や葉）が束ねてあるのに気づいた。最近、どこかでこれを見たことがあると思ったら、ナイジェリアの納豆村だった。あそこは最高気温四十度ぐらいだったのに。ゴマはおそろしく強靱な植物だ。

八時半頃、朝食が済むと、オモニはスッと仕事をはじめた。いよいよ混じりけのない正真正銘の昔ながらのチョングッチャン作りが見られる。

まず、水道に熱湯をかけて凍った部分を溶かしてから、大きくて黒い鉄の釜をよく洗う。次にお玉一杯分の味噌を入れた。「こうすると吹きこぼれない」とのこと。続いて自分でつくったという大豆四キロを洗って釜へ。

カメラを手にした竹村先輩が「あっ、早い！　ポジション取りが間に合わない！」と悲鳴をあげる。オモニは腰が曲がって動き自体はゆったりしているが、無駄がないので作業がものすごく速いのだ。

釜の下に新聞紙、稲わらのクズ、ゴマ藁、そして薪を突っ込んで火をつける。

煮始めると、もうすることもなくお喋り。「この辺の山は深くて、一日歩いてもまだ山。昔はよく薬草をとって売ったりしてたよ」などと言うので、肝心なことを思い出した。

「オモニが若い頃、この辺では肉や魚をよく食べましたか？」

オモニが淡々と答える。「肉は年に二回だけ、正月と秋夕（お盆）に豚肉六百グラムを買って家族全員で分けたよ。魚はもう少しよく食べたけど、海の魚じゃなくて、お父さんが釣ってきたものだったね」

子供たちが大きくなるまで、そんな生活だったという。

やはり、そうか。肉も魚も全然食べられなかったわけだ。そして「チョングッチャンは今よりずっとしょっちゅう食べていた。今はときどき思い出して食べる程度」と言う。まさにここでも「納豆」は辺境食として活躍していた。山でも海でもチョングッチャンは食べられるが、おそらく山の方が桁違いに重要度が高かったのだろう。

一つ残念だったのは、昨日まで軒先に「メジュ」を吊していたのに、今はもうハガリ（壺）に入れてしまったということ。

メジュはこれまでの取材で、何度か話題に出てきた。辞書や専門の本を読むと「味噌玉」と書かれている。カビの一種であるコウジカビ（麹菌、学名 *Aspergillus*）で発酵させるともある。日本の味噌も大豆をコウジカビで発酵させたものだ。日本の北陸や中部地方では豆味噌を造り、そのとき軒先に味噌を吊して寒風にさらすが、韓国でも同じことをするらしい。

日本ではそのまま味噌にするが、韓国ではハガリに入れて発酵させる。すると、上は液体、下は固体に分離する。液体はカンジャン（醤油）、固体はテンジャン（味噌）になるという。また、メジュからコチュジャン（唐辛子味噌）もつくられる。

つまり、メジュとは韓国のコウジカビ系大豆発酵食品の「素《もと》」なのだ。朝鮮籍の在日コリアンの人によれば、北朝鮮のミゴという場所では、女性が妊娠したらお腹の胎児のことを「メジュ」と呼ぶという。「まだ男になるか女になるかわからないから」

不思議なことに、この在日コリアンの人も、それからカンさんも「お祖母さんが生チョングッチャンからメジュをつくっていたような気がする……」と言っていた。カンさんの記憶は当てにならないとしても、まだ三十代でひじょうにきちんとした在日コリアンの人までそういう記憶ちがいをしているのは妙だった。片やコウジカビ、片や納豆菌と、働く菌が異なる全く別系統の発酵食品なのに。どちらにしても、コリアン大豆発酵食の素なのだから、一度見てみたかったのだ。

そうこうしているうちに、近所のおばあさんがやってきた。カンさんが「やあやあどうも！」というふうに大声で愛想良く迎え、すばやく紙コップにマッコリを注いで差し出した。

えっと思うが、おばあさんは顔色も変えずコップを受け取ると、くいっと一息で飲み干した。昼酒いや朝酒である。

すかさず私たちも一杯ずついただいた。なんて素晴らしい村だろう。「こんな朝から飲んでもいいのか。いいとこじゃん」竹村先輩も一杯入ると、とたんに息を吹き返したかのように、明るい表情になった。

二人のおばあさんはカンさんをまじえてガヤガヤ話し始めた。何を話しているのかと聞くと、「二人ともダンナが酒ばっかり飲んでいて酒癖も悪いから、二人で一緒に逃げようって何度も相談したことがある。子供がいるから無理だったけど」などという話だとのこと。

これまた昔の韓国らしい逸話だ。

「今はダンナがいないから飲めるけどね」と近所のおばあさんが笑う。「いやあ、韓国の女性はたくましいねえ」竹村先輩が感心する。和やかな空気が流れている。

このおばあさんも当然、生チョングッチャンを仕込み、汁を作る。入れるのは豆腐とキムチ。「でも、昔、豆腐はたまにみんなで一緒につくるだけで、他のときは手に入らなかった。だからキムチだけだった」

豆腐すら貴重品だったとは驚きだが、よくよく思い返せば、秋田県大仙市に住む人も「昔、納豆汁に豆腐を入れるのは贅沢だった」と言っていた。豆腐は作るのに手間がかかるわりには栄養にならない。自給自足に近い生活をしているところでは豆腐は高級品なのだ。

続いて背筋がピンと伸びて妙に威厳のあるおばあさんがやってきた。どうやら、「日本人が来た」という噂が村に広まり、ぞくぞくと見物にやってきているらしい。このおばあさんは「マッコリじゃなくてソジュ（焼酎）がいい」と言う。意外に用意周到なカンさんはちゃんとソジュも用意してあった。私たちが差し出すとやはりそのおばあさんは一気飲み。

韓国では「鶏群の一鶴（一人だけ際だって優れた人がいる）」という表現をよく使うとカンさんは言い、私たちはその威厳のあるおばあさんを「鶴子さん」と勝手に呼ぶことにした。

実際に鶴子さんはこの村を仕切っているようだった。彼女に招かれ、私たちは村民会館へ行った。一人だけ若い（といっても四十歳くらいの）女性がいたが、あとは十人くらい、全員七十代後半以上のおばあさん。やがて、他にも高齢の人々がやってきた。中には男性（おじいさん）も三人ほどいた。

私たちが挨拶してもみんなはぺちゃくちゃお喋りしていたが、鶴子さんの一喝で静かになった。

鶴子さんによれば、この村の人口は約三十人。ほぼ全員が日本で言う後期高齢者らしい。そのうち三分の二にあたる二十名ほどが集まっていた。何をするのかというと、一緒にご飯を食べる。驚いたことに、毎日、お昼と夕飯はこの会館で村の人たちが一緒に食事を作って食べるという。食費と光熱費は行政が負担している（食料や灯油は移動食料品店みたいなトラックが売りに来る）。

これはある意味、画期的な方法である。全員が歩いて五分もかからない場所に住んでいるから可能なことだが、これなら一人淋しくご飯を食べなくていいし、当番制なので料理の手間もかなり省ける。ほとんど大家族のようだ。もっともプライバシーは皆無だが……。

料理はキムチ、ナムル、野菜の煮付け、味噌汁、海苔といった質素なものだが、素材がおいしいせいか、するする胃袋に入り、満足感がある。

みなさんには日本酒を配った。黙々と飲んでいて反応はないようだったが、あとでカンさんに訊くと「みんな喜んでいた」。カンさんは以前から主張しているが、日本のお菓子は甘さが足りないので韓国では人気がない。お土産は絶対に日本酒がいちばんいいという。

ちなみに、私たちは韓国の田舎の年配の人たちは日本人に対して反感を抱いているのではないかと気がかりだったが、全くの杞憂だった。韓国は町でも村でも日本人に対して本当に親切だし、屈託がない。歴史問題になると目つきが変わるが、それらの政治的な問題と目の前の日本人を結びつけようという発想自体がないように見受けられる。私が体験したかぎり、台湾並みの「親日国」だ。

昔のチョングッチャンの作り方や食べ方とか暮らしぶりなどについて訊いたが、話はさっぱり弾まなかった。「昔も今も変わらない。チョングッチャンも食べる人は食べるし、食べない人はあまり食べない」という程度でお茶を濁されてしまう。公の場でよそもの相手に昔の話はしたくないようだ。

オモニの家に戻って生チョングッチャン仕込みのつづき。一時半頃、つまり豆を煮始めて四時間半ほどで火を止めた。豆はほんのり茶色がかった黄金色で見るからに美味そう。少し固めだが、これでいいという。「すごく固いのが好きな人もいれば、柔らかいのが好きな人もいる。私は中間。ちょっと歯ごたえがあるくらいがいい」とオモニ。

豆をザルにあけると、三十分以上「冷ます」。日本や他のアジアの国では冷めないうちに素早くワラなり葉っぱなりに包むのだが、逆だ。もっともナイジェリアでも同じようにしばらく敷物の上に広げて冷ましていた。オモニと近所のおばあさんは「熱いうちに入れると腐ることもある」とも。蒸気を逃がしているのかもしれない。

さて、煮豆を入れる容器であるが、今はプラスチックの大きなザルを使っている。以前は竹籠、そしてもっと昔は「甑《こしき》」（素焼きの土器）だったそうだ。

ここに豆を入れ、真ん中に稲わらの束を立てるように突っ込む。そして、豆の入ったザルを家の中へ運び込むと、紙で蓋をし、オンドルの部屋の床に置いた。布団でくるむ。通気性をよくするためだろう、上だけは少しあけておく。これで終了。あとは三日後まで開けない。

うーん。とても初めて見たとは思えない、慣れ親しんだ手順だ。日本納豆、アジア納豆、そしてアフリカ納豆とも変わらない。

水洗いした大豆を釜にあける。

発酵を促進させるためのワラ(稲わら)。

煮豆の中にワラの束を立てる。

煮豆のザルを家の中に運び、
オンドルの部屋に置いて、
蓋をしてから布団で包む。

極寒の地でも灼熱の地でも同じプロセスで納豆は作れる。あらためて、すごい食品である。

3. 隠れキリシタンの里

生チョングッチャンを発酵させるまで時間があるので、別のワンジュという場所を訪れた。「松の葉で作るチョングッチャン」なるものがあると聞いたからだ。

ワンジュはオモニの住むムクサン村から北へ約一時間走ったところにある。チェさんという三十代ぐらいの人が迎えに来てくれた。こちらは私の「知り合いの知り合いのダンナさんの高校の別の後輩の人」である。

旅館が一軒しか見当たらない小さな町に荷を下ろし、そこからさらになだらかな山を縫って走る細くうねうねとした一本道を行く。工場とも農家の作業場ともつかないトタン屋根の建物、「カーブに注意」のピカピカした黄色い矢印、畑の周りにめぐらされた獣害（イノシシ）除けの緑色のネットなど、あまりに日本の田舎の景色に似ている。東北の小規模な納豆会社の取材に来ているような錯覚に陥る。

着いた先はまたしても村民会館だった。ワンジュ郡ファサン区ウォンウ村という。生チョングッチャンの製造会社かと思ったら、村が運営する「営農法人」、いわば日本の農協みたいなものだった。代表であるパク・ミョンキさん、村長のチャン・チャンソプさん、パク代表の奥さんであるユ・ピョウンさんに話を聞いた。

パク代表によれば、この村は二十年前には五十世帯、二百五十人くらいが住んでいたが、今では十七世帯でざっと三十数人だという。当然高齢者ばかりだ。二十年で人口が八分の一くらいに縮小してしまったわけだ。オモニのムクサン村も同じ規模だからほぼ同じ道筋をたどったのだろう。

あらためて韓国の超過疎化（超近代化）にため息がでる。韓国にはもはや「地方の活性化」や「限界集落の維持」なんて課題はないのではないか。そんな段階はすでに通り過ぎ、あとはできるだけ穏やかに地方集落を終わらせるための「村・町じまい」あるいは「終活」を行っているんじゃないか。そんな気すらする。

このチョングッチャン作りも別に「村おこし」ではない。

「五年前、村人が週に一回、会館に集まることにしたが、せっかく集まるなら何かやろうということで、昔から各家庭で作っていたチョングッチャンを作ることにした」という。老人会の活動に近い。

しかし、思いがけず商売はうまく行った。巨大なコンピュータ制御の温度管理機を導入し、月に一千万ウォン（約百万円）を売り上げているという。村の老人会の活動としては大したものだ。

このチョングッチャンは前述したように松の葉を入れるという。松は韓国全土至る所で目にする最も一般的な樹木だ。松を使った食品もたくさんある。例えばロッテでは「松の芽ドリンク」なんてものも販売している。もともと韓国では松は救荒食だった。作物がとれず飢饉のときには松の葉を口にしていたという。辺境食の納豆とは良い組み合わせだ。

「じゃ、その松の葉の納豆作りを見せていただけますか」と私は言ってしまった。ここに来てから、日本の東北地方の納豆製造現場に来ているという錯覚がどうしても抜けず、チョングッチャンじゃなくて「納豆」とつい口から出てしまうのだ。

面白いのは、たった八名の高齢者で行っているのに個人技が発達していること。適した松の若葉をとるのは××さんしかできない、大豆を煮るのは××さんしかできないというふうなのだ。その人たちも高齢なのだから、もし誰か体調を崩したりソウルの子供たちのところに出かけたりしたら作業が滞ってしまうだろうに、頓着していない模様だ。韓国らしいといえば韓国らしい。

しかも豆を煮るのは薪である。「最初はガスでやったけど、火の調節が難しくて薪にした」とふつうとは逆のことを言う。まあ、個人技なので担当者に任せるしかない。

豆が茹で上がると温度管理機に入れて発酵させる。

「チョングッチャンの発酵は難しい。初めはなかなか安定しなかった」と代表。やっぱりなあと思ったら、「機械の殺菌機能に気づいたら問題は解消した」。機械の使い方がわからなかったのだ。

この機械だけ見ていると、現代的な納豆工場にいるようなのだが、銀色の扉を開けてトレイを引き出すと、松の葉とワラをのせた納豆が顔を出し、驚いてしまう。この部分は昔と全く同じやり方なのだ。

まさに伝統と現代がクラッシュしている。豆の表面は白く納豆菌が発達している。納豆業界用語では「かぶっている」という状態だ。ちょっと味見させていただくと、糸引きは弱いし、松を入れているせいか納豆の匂いは薄く、味も同様である。まるで「におわなっとう」のようだ。といっても、納豆は納豆である。

納豆を一粒でも手でつまむと始末に困る。水で洗わないと粘り気が絶対に落ちないからだ。ペンやメモ帳、カメラもべとべとになり、何もかもが納豆くさくなってしまった。

「生のチョングッチャンって、やっぱり納豆と同じなんですねえ！」とカンさんが今頃になって感嘆した。「そうか！」と私は思った。

韓国人はふつう、チョングッチャンといえば、チゲ（汁）になったものしか見ない。家で仕込んでいたとしても、この「納豆状態」を目にするチャンスはひじょうに少ない。時間にして五分もない。実際にこの直後、私も作業に加わったのだが、発酵が終わるとすぐに塩や唐辛子粉をかけて臼で搗《つ》いてしまうのだ。

だから、チョングッチャンが納豆と同じだということに気づかない。それは韓国をよく知っている日本人にしても同じだろう。この現場を見る人はめったにないはずだ。

かくして、日韓の人々は自分たちが全く同じもの（納豆／チョングッチャン）を食べていることに延々と気づかず現在まで来てしまった。互いのライバル心や蔑視の感情だけでなく、もっと根本的な理由があったのだ。

スタッフの人たちがすでに潰した納豆、いや生チョングッチャンをビニールにパッケージしていたので、作業を見ながら話を聞いた。

案の定というべきか、ここもムクサン村に匹敵する、あるいはそれ以上の辺境だった。昔は肉や魚は正月、盆、誕生日ぐらいだったそうで、中には「肉は食べ付けないから今も好きじゃない」という人までいた。現在、ワンジュでは肉牛が主要な産業になっているのにもかかわらずだ。

ところで、私は「誕生日」という発言が引っかかった。韓国では今でも数え年である。誰もが正月に一歳、年をとる。日本もかつてはそうだった。だから誕生日祝いなどなかった。

私がそう言うと、カンさんは「韓国では昔から誕生日祝いをしますよ」と答えた。「韓国はクリスチャンが多いからその影響でしょう。特にこの辺はカトリックが多いと思いますよ」という。村の人たちがうなずく。

韓国のクリスチャンは前述したように三割程度だが、プロテスタントとカトリックに二分される。カトリックは韓国全体では約一一パーセントだが、ワンジュ郡全体では二〇パーセント、この村を含む六つの区では三〇パーセントにも達するという。

途中から同席していた案内人の若者チェさんが初めて口を開き、「昔、この近くの山にカトリックの人たちが隠れて住んでいました」と唐突に言った。

カトリック？　隠れていた？　何の話だ？

「十九世紀に韓国でもキリスト教が広まったんだけど、弾圧されたんですよ」とカンさんが説明する。

「僕は日本に留学していたとき、長崎に行ってびっくりしましたよ。日本にも同じようなクリスチャンがいたんだって」

こっちもびっくりだ。韓国にも隠れキリシタンがいたとは。もっとも日本の方は表向きは棄教して仏教や神道に戻ったことになっている。信仰心を隠したわけだ（だから、遠藤周作など日本のカトリック信者は隠れキリシタンのことを「背教徒」扱いする人が多い）。いっぽう、韓国の方は本当に山に逃げて身を隠していた。

カンさんによれば、この辺りは地理的に山が険しいだけでなく、全羅道と忠清道《チュンチョンド》の道境付近にある。今も昔も官憲というのは自分の担当地域しか取り締まらない。というか取り締まれない。全羅道の警察は全羅道だけ、忠清道の警察は忠清道だけ。だから道境付近の山にいれば、どちらから追われたときも境をちょっと越えてしまえばもう追ってこない。

そのようなわけで、ここでは朝鮮戦争後に共産ゲリラが三年間も潜伏したこともあるし（夜になると村に下りてきて食べ物を強奪したという）、カンさんが身を投じていた八〇年代の民主化運動のときも、警察に追われてこの周辺に逃げた仲間がいたという。同じ理由で十九世紀にここは隠れキリシタンのアジール（避難所）となっていた。全国から当局に追われたカトリックの人々がこの辺りの山に集まり、共同生活をしていたという。

今ここでも、生のチョングッチャンをビニールに包む作業をしながら、「私の七代前の先祖が殉教しました」と話すカトリックの女性がいた。殉教！　韓国語でも同じ言葉を使うそうだが、自分の一族が殉教したと誰かが語るのを初めて聞いた。

「そういうカトリックの人たちがチョングッチャンを食べていたらしいです。私の村にはそういう話が伝わっています」とチェさん。

チョングッチャン？

「カトリックの人たちは警察に追われていつも移動してるでしょ？　テンジャン（味噌）やカンジャン（醬油）なんか作れないんです。だから、すぐにできるチョングッチャンだけ作って、山の中を転々としていたんです」

「すごいな！　面白すぎる！」と風邪でダウン寸前の竹村先輩がカメラを回しながら、珍しく声を弾ませた。

私も唸ってしまった。たしかに味噌や醬油はつくるのに半年から一年かかる。壺を抱えて移動することも困難だ。だからタンパク源と調味料をかねる、原始的なチョングッチャンを食べるしかなかった。隠れキリシタンの生活を支えていたのは「納豆」だったのだ。

食べ物の話は歴史に残らないとよく言われる。とくに日頃から食べているものはそうである。だからこそ納豆の記録や言い伝えはひじょうに少ない。ところがここではチョングッチャンが鮮やかに記憶されている。

チョングッチャンの逸話は隠れキリシタンの「受難」を象徴するエピソードなのだ。と同時にそれは「納豆＝辺境食」と考える私の説を大いに裏付けてくれる。

さらにチョングッチャンが「戦国醬」と書かれた理由とも合致する。日本で源義家や加藤清正が戦のときに納豆を見出したという伝承にも新しい光があてられるだろう。

戦争中には味噌や醬油を作る余裕がない。源義家だろうが加藤清正だろうが、タンパク質や調味料は納豆で補うしかなかっただろう。長期に及ぶ戦争には納豆がつきものだったのかもしれない。とすれば、秀吉の朝鮮出兵の際は日本軍も朝鮮軍も双方で納豆汁＝チョングッチャンを盛んに食べていた可能性が高い。日本は当時、千利休による茶の湯の席で納豆汁が愛され、武士階級の間で大流行していた料理だったと記録に残されている。

近くに古いカトリックの教会があるというので、チェさんに案内してもらった。

チェさんはまだ三十代半ばなのに、チョングッチャンに対する愛情が並外れて強い。「冬場はものすごくよく食べた」「松だけじゃなくコノテガシワも入れた」「高麗人参を九回蒸して干した『紅参』をチョングッチャンに入れて、病人に食べさせると治った」「人が集まるとチョングッチャン」「僕はチョングッチャンとともに人生を歩んできた」と讃辞が止まらない。隠れキリシタンの子孫だからだろうか。受難の記憶が愛着につながっているのだろうか。

教会は見事な木造建築だった。黒っぽい瓦屋根と白い壁、太い木の柱、それに鐘撞き堂まであり、日本のお寺によく似ている。一八九五年、キリシタン弾圧が終わった直後に建てられたとのことで、カトリック教会として韓国全土でも二番目に古く、韓国式の木造教会としては最古だという。建てた人たちもさぞかしたくさんチョングッチャンを食べたことだろう。

教会の中は冷凍庫のように冷え込んでいた。人は誰もいない。まっすぐな木の柱や梁が美しさよりも厳しさを感じさせる。壁に掲げられた聖者の絵を拝む人はもう死に絶えたような錯覚を憶える。当時の緊迫した空気が冷凍保存されているようだ。

韓国のこんな山深いところで、キリスト教と納豆が結びつくとは夢にも思わなかった。十字架にかけられたイエスの像を見ながら、私は真っ白な吐息をはいたのだった。

4．韓国式「善意の荒波」

これまで比較的淡々と韓国取材は進んできたように見える。読者の方には韓国の人たちはまじめでひたむきな印象を与えていることだろう。しかし、現実はちがう。韓国人はそんなに一筋縄でいく人々ではない。

まず、私が面食らったのは韓国人のジョーク。これが猛烈にきつい。例えば、ソウルで取材に協力してくれた女性とそのダンナさんと会食したときである。日本からの手みやげを彼女に渡したところ、ダンナさんが真面目な顔で言った。「あれ、私のお土産はないんですか？」

一瞬、冷や汗が流れたが冗談なのである。

別のとき、カンさんの友だちの女性に自家製のお酒をいただいて飲んだ。それがとても美味しかったので、次に会ったときそう伝えたら、彼女は眉間にしわをよせて「え、またプレゼントがほしいんですか？」。そんな親しい間柄でないにもかかわらずだ。にこりともしないポーカーフェイスで言うから怖い。

日本人は絶対口にしない（他の国の人もまず言わない）こういうジョークに毎回ぎょっとするが、これは「早く相手と打ち解けよう」という韓国人特有の気遣いなのである。

そして、松の葉チョングッチャンの取材を終えたあとは、「善意の荒波」という別の試練にさらされた。

私は胃腸の不調に襲われていた。たぶん、飲み過ぎ食べ過ぎだろう。いっぽう、竹村さんは前に書いたようにひどい風邪（あとでインフルエンザとわかった）に襲われ、同じように胃腸をやられていた。

カンさんは「薬を飲んでください」と熱心に言うのだが、私は胃腸の薬など効いたためしがなかったから、「部屋で安静にしているのがいちばんだ」と言って断っていた。

町外れにある小さなホテルにチェックインして部屋で横になっていると、突然、カンさんがフロントのスタッフを伴ってやってきた。四十歳ぐらいのかわいらしい女性だ。

彼女はカンさんの通訳をとおして「胃腸がよくないのに薬を飲まないとこの人（カンさん）に聞きました。でもあなたは飲むべきです」とまっすぐな眼差しでこちらを見つめて言う。

私はここでも「いらないです」と繰り返したのだが、彼女はなんと右手にコップを左手に錠剤をもって「はい」と差し出すではないか。そこまでされたら断れない。

しかたなく薬を飲んだら、その女性は「本当に飲みましたか？　口、開けてみて」と疑わしそうに言う。えっと思ったら、「冗談ですよ」と笑って、行ってしまった。

まるで韓流ドラマの一場面のようだ——なんて思っていると、本当に韓国人はここからドラマを作っていく。

日が暮れると、カンさんが部屋に現れて「さあ、みんなでご飯を食べに行きましょう！」と高らかに宣言する。「いや、ぼくらは遠慮しときますよ」と答えると、「いや、さっきのフロントの女性をもう誘っちゃったから今さら断れませんよ」

どうして、そうなる!?　具合が悪ければそっとしておくのが日本の（そして世界の多くの国の）常識だと思うが、韓国人は無理に元気づけようとするらしい。

私たちは二人とも胃がむかつき体もだるいのに溜息をつきながら出かけた。フロントの女性（ユンさんという）と二台の車で、しかも三十キロも離れたユンさんが暮らす町まで行き、市場の隣にある食堂に入った。

その町の名物だという「豆もやしのクッパプ（スープにご飯を入れた料理）」をカンさんが四人分注文。え、とても一人前食べられないよ！　と言う暇もない。

食欲皆無だが、形だけでもと口をつけると、この豆もやしがやけに美味しい。この辺も内陸部の盆地だから大豆が甘いし、もやし部分もびっくりするほどシャキシャキしている。スープも胃にやさしい。手が止まらず、結局全部食べてしまった。少し元気も出たような気がする。

困難な任務を果たしたような気持ちになり、「じゃあ、帰りましょう」とぐったりしつつも晴れやかな顔で言いかけると、その前にカンさんが「コーヒー飲んで行きましょう」。

「いや、もう無理だって」と私たちが言うがカンさんは耳を貸さない。

行った先は小洒落たパブ。今度こそ「もうこれ以上何一つ食べられないですよ」とカンさんに念を押したのに、運ばれてきたのは大皿のピザ。どうして食後にこんなものを頼むんだ？　こっちは病人なのに……。

ムッとして、ビールをちびちびすすっていると、カンさんが「ほら、もっと食べて」とせっつく。

「いや、無理」と断ると、「作った人に失礼ですよ。誠意がない」とカンさん。例によってきつい冗談なのだが、温厚な竹村さんがぶち切れた。

「これは誠意とかそういう問題じゃないですよ！　俺たちは腹具合がおかしくて本当に食べられないんだ！」

しかし竹村さんの激怒ものれんに腕押し。カンさんは特に気にした様子もなく、ユンさんとしばらく韓国語で談笑したあと突然、「僕、もう通訳に疲れた」と言い出した。

通訳はすごくエネルギーを使うので一日八時間が限界で、今限界に達した、あとはみなさんで直接話してほしい――。そう言うと、自分はＬＩＮＥで誰かとチャットを始めた。

みなさんで直接話せと言われても、こちらは韓国語ができず、ユンさんは日本語も英語もできない。だいたい私たちは具合が悪いのだ。

気まずい沈黙が流れる最悪の展開になったが、さすがにずっと黙っているわけにはいかない。やむをえず、いつもの語学テクを引っ張り出し、Google 翻訳や指さし会話帳を使いながら片言会話をはじめた。

すると、三人とも大の犬好きであるという意外な共通点が判明し、互いに自分の愛犬の写真を見せ合って「男の子、女の子？」「何歳？」「かわいい！」などと俄然盛り上がってしまった。私の犬と竹村さんの犬は納豆好きで、私たちがアジア・アフリカの国から持ち帰った風変わりな納豆も片っ端から食べているなんて話もした。

「国際納豆犬と呼んでるんですよ。きっとチョングッチャンも好きですよ」

「え、ほんと!?　すごーい！」……。

いやあ、楽しい！　気分がすごくよくなってきた。カンさん、ありがとう!!　と感謝しかけたとき、彼の携帯が鳴った。カンさんは複雑な顔で誰かと何か話している。

何かと思えば、ムクサン村でチョングッチャンを作ってくれているオモニの息子さんからで、「お二人とも胃腸の具合がよくないと母に聞きました。飲み薬を作ったのでこれからそちらのホテルへ持っていきます」と言っているという。私たちはこの人ともちろん面識はない。

「今すぐ帰るしかないですね」とカンさん。

えーっ、頑張ってやっとユンさんと仲良くなったのに……。しかも時刻は夜の十時半。ホテルに帰ったら十一時過ぎだ。

でも、その息子さんは塾の先生で、仕事を終えてから自分で薬を調合し、ホテルから五十キロも離れた町の自宅から私たちのホテルまでそのドリンクを届けてくれるというのだ。

私たち三人はひどくがっかりしたが、カンさんにせき立てられ、ただちに解散。われわれは車を走らせてホテルへ戻った。

まもなく、息子さんが黄色い液体の入った大きなガラス瓶を抱えて現れた。部屋にあがると、「母がお世話になっています。ご挨拶もせずに失礼しました」とえらくあらたまった挨拶をしてから薬の説明。「今、コップに二杯ずつ飲んで、明日の朝、残りを全部飲み干して下さい」と言う。

私と竹村さんは夕飯を食う前からずーっと胃が限界である。豆もやしクッパプを食べ、ビールを飲み、ピザも食べ、人類の限界に挑戦しているようだった。そのうえ、この得体のしれない液体をコップ二杯も飲めというのか。だが、彼がじっと息をひそめて見守っている。

「ありがた迷惑もここに極まれり」とぐったりしながら、必死の思いで自家製養命酒のようなドリンクを飲んだ。何が入っているのか全くわからないが、思ったような薬くささはなく、というよりむしろ爽やかな口当たりで、すーっと胃に溶け込んでいく。なんとか二杯飲むことができた。

そして、これがびっくりするほどよく効いたのである。息子さんが帰ってしばらくすると、胃腸がラクになり、夜もぐっすり眠れた。「俺もだよ。あの薬、効いたな！」と竹村さんも驚き顔だ。

翌日は息子さんが見守ってなくても私たちは二人でぐいぐい飲んだほどだ。

「参りました！」と言うほかない。「ありがた迷惑」ではなく、「ありがた迷惑ありがた」である。

韓国人の生活というのはこのような善意の荒波が間断なく襲ってくる毎日なんだろうか。うまく波を乗りこなせれば楽しくなるのかもしれない。善意の波サーファーとして、一度韓国に住んでみたいという衝動にかられながら、私たちはチョングッチャン探索の旅を続けたのだった。

5. チョングッチャンは再び混沌へ

気を取り直した私たちは、隠れキリシタンの里ワンジュから同じ全羅道の港町・木浦《モクポ》を訪れた。

空の広さ、海風の強さ、魚市場の品揃えに圧倒された。海世界はなんと豊かなのだろう。

タコのスープなど目が眩むほど華やかな味がした。魚介の発するうま味は納豆の比ではない。こんな場所でチョングッチャンなど食べる必要があるのかと思うのだが、地元の人に聞くと、「昔から冬場はよく食べる」という。木浦に近い島でさえ食べるそうだ。

チョングッチャンが山間部（内陸部）でよく食べられるのは私の仮説通りなのだが、海辺でもかなり熱心に食べられるというのが他のアジア諸国や日本とちがう。

韓国（朝鮮）は歴史的にずっと中央集権国家だった。「国王に献上」という話をよく聞くとおり、地方の特産物は都に届き、さらに他の地方にも広まる。このような集散の仕組みから、韓国では全国どこでも同じような料理があり、あまりその土地独特の食べ物がないと聞く。江戸時代に三百あまりの「藩」に分かれ、食べ物や祭りや方言に著しい地域差が生まれた日本とはちがう。だから、チョングッチャンもどこでも食べるのだろうと想像して納得するしかなかった。

ムクサン村のオモニのところへ戻ったのは約束通り三日後のことだった。

朝早く木浦を出て、内陸の村に帰る。川をわたり、教会が見えると、「ああ、帰ってきた……」と思う。オモニの家に到着すると、仔犬が大喜びで出迎えてくれた。オモニも前よりずっとリラックスした自然な笑顔だ。

部屋に入ると、納豆の匂いがした。何人もの人が「生チョングッチャンを作っていると部屋がものすごく臭くなる」と話していたが、そんなに臭くはない。

蓋を開けてみた。豆は濃い茶色で、表面の粒は乾いており粘り気はなかったが、中までスプーンを突っ込んでかき回すとゴーッと音がしそうなほど糸を引いている。

「おお！」と声がもれる。ワンジュの松の葉納豆より香りも味も粘り気もずっと強い。

華やかだけどアウェイな海世界から、地味でもホッとするホームへ帰ってきた気分だ。

仔犬にあげると、夢中で食べる。この仔も「納豆犬」だ。

その間にも働き者のオモニは次の段階に移っていた。チョングッチャンに粗塩を入れて杵で搗く。ここでは唐辛子は入れないそうだ。片手で丁寧に搗く様子はナイジェリアを彷彿させる。「豆の粒がちょっと残るくらい」とオモニは説明する。

搗き終わると、そのうち四百グラムぐらいを水を張った鍋に入れ、大根、ニラ、唐辛子粉、そして少量のキムチを加えて煮る。

鍋を火にかけたままネギを乱切りにし、豆腐も大きめに切って入れる。材料を全部投入してからかなり長い間ぐつぐつ煮る。最後に市販の「牛肉エキス」を入れた。

カンさんによれば、韓国では現在、「アジノモトは体によくないから」と言われ、ほとんど使われていないという。その代わり、うま味調味料としてこの牛肉エキスが大量に使われているらしい。

オモニはちゃぶ台におかずを並べる。どんぐりの煮こごりであるトトリムク、小魚の佃煮、キムチ、豆のナムル、鰺のような魚の煮付け。それにご飯とチョングッチャン。

チョングッチャンは絶品だった。パジュ市の名店「統一《トンイル》ドンサン」のものによく似ている気がする。納豆の味がしっかり舌に伝わり、でもまろやかに口に広がる。なにより豆本来の味が濃い。甘い。

「チョングッチャンは豆を噛むのがいい」とオモニ。

私は一気食いしてしまい、すかさずお代わり。「おいしい、おいしい」と私たちが言うと、オモニは「年寄りの作ったものを美味しいと言ってくれて嬉しい」と顔をほころばせた。

オンドルで尻からポカポカと温まり、なんとも言えない安堵感とやさしい幸せを感じる。知っているわずかな韓国語の単語をつなぎ合わせ、「オモニ・マシ、イッソヨ（お母さんの味がある）」と言ったら、お母さんは「息子と同じこと言うね」と笑った。

山の村の生活は厳しく淋しい。だから納豆汁は人の心を温めるのだろう――。

……と美しく終わった韓国チョングッチャン取材のはずだが、東京に戻ってから、やっぱり納得がいかなかった。

どうして韓国では海辺でも納豆を食べるのか？

その疑問が脳裏に粘り着いて離れないのだ。手にくっついた納豆のネバネバのようで、すごく気持ち悪い。

他の人に話しても、「何がそんなに疑問なのかよくわからない」というふうに首を傾げられてしまう。

いや、私にしても海辺云々だけが問題だと思っているわけじゃない。日本でも海辺なのに納豆を昔から食べている地域はある。それに韓国でもやはり内陸部の方がチョングッチャンをよく食べている。大豆の本場はどこも内陸部だったし、チョングッチャンが「辺境食」なのは確かだ。

でも、やっぱり腑に落ちない。何か大きな「違和感」につきまとわれているのだ。まるで実行犯は捕まえたが真の黒幕が誰かわかってないような気分だ。韓国のチョングッチャンの本質は何なのか。

韓国人にとってチョングッチャンとは何か？　それがわかってないんじゃないか。どうしてそう思うのか、何が問題なのか、言語化できないことが自分でも情けない。

かくして、またもやチョングッチャン調査を始めた。今度は「全体像」から捉えようとした。例えば、日本なら総務省という官庁や納豆連《なっとうれん》という業界団体があり、都道府県別の納豆消費量が毎年割り出されている。それを見れば、東北六県と北関東が圧倒的に優勢であることがわかる。

韓国でもそういう地域別のデータはないものか。

「高野さんが何を知りたいのかわからない」と困惑するカンさんを拝み倒して、調べてもらった。

ところがである。カンさんがいくらネットで検索しても電話であちこち訊いても「チョングッチャン産業組合」みたいな業界団体は出てこないという。存在しないらしい。

不思議だ。なぜ業界がないのだろう。スーパーには生のチョングッチャンも、レトルトのチョングッチャンも普通に販売されている。なのに、誰がそれをどのくらい作り、売っているのかを国も民間も把握していない。首をいくらひねってもわからない。

ではチョングッチャン製造販売の大手企業はどうなのか。それを調べてもらうと、食品大手で取り扱っているが、そこも自前で作っているわけでなく、製造する会社から買い上げて自分の流通網にのせているだけらしいということが判明した。

チョングッチャンには「業界」だけでなく「大手」もないのだ。

家庭では山でも海でも食べられているのに、産業的には一体誰がどこで作っているのかも明らかでないとは一体どういうことなのか。

つい、隠れキリシタンを思い出してしまう。どこか山の中で世を憚《はばか》る人々がひっそり作って売っているのではないか、などという妄想が浮かんでしまう。

カンさんがここで頑張ってくれた。チョングッチャンの全体像について説明できる人をあらゆる方向から探してくれた。

結果的に道筋をつけてくれたのは、韓国食品研究院という国の機関だった。電話して訊くと、「チョングッチャンの統計などわからない」とあっさり言われた。そして伝統食品研究センターという別の機関を紹介された。だが、そこは企業から依頼を受けて調査研究を行う機関だった。「チョングッチャンの分析なら二百万ウォン（約二十万円）ぐらいかかる」と言われたそうだ。

「そういうことでなくて……」とカンさんが説明すると、今度は「発酵微生物産業研究院（ＭＩＦＩ）」という機関を紹介された。そこへ電話して訊いてみたら、初めて手がかりになる答えがかえってきた。すなわち、大手の食品メーカーに卸している生チョングッチャンの会社を教えてくれたのだ。会社の名前は「スンチャン醬類《ジャンリュ》」。なんと全羅道スンチャン郡、すなわちオモニの住む村と同じ郡だった。

——結局そこに戻るのか!!

私はうめいた。

そして実際に戻ったのである。十一月にカンさんと二人で。三回目の取材だ。

またしても雪がちらつく季節だった。ナビのお姉さんの優しい声に導かれ、二人してまた巨大マンション群を横目に見ながら巨大道路を走り、スンチャン醬類に着いた。

ちなみに「醬類」とは聞き慣れない名称だが、韓国ではテンジャン（味噌）、カンジャン（醬油）、コチュジャン（唐辛子味噌）、チョングッチャンなど大豆の発酵食品をひっくるめてこう呼ぶらしい。

——不思議な分類だな……。

と思った。たしかにどれも大豆の発酵食品だし、全てに「醬（チャン／ジャン）」が付いているが、前にも書いたように納豆と味噌・醬油はまるで別の発酵食品だ。納豆は納豆菌であり、味噌と醬油はコウジカビ（麴菌）がはたらいている。

日本では企業も業界もはっきり分かれている。マルコメで醬油や納豆は作らないし、キッコーマンでも味噌や納豆を作らない。おかめ納豆のタカノフーズでも味噌や醬油を作らない。

だいたい、味噌や醬油作りに納豆は大敵なのだ。味噌蔵や醬油工場を見学するときの注意事項として、「納豆を食べてこないでください」とHPにも書かれている。納豆菌は強すぎて、麴やもろみの発酵に悪影響を及ぼすからという。もっと具体的にいえば、納豆菌が入り込むことはコンタミネーション（発酵学的な汚染）なのだ。

相容れないはずの二種類の大豆発酵食品を「醬」としてひっくるめるなんて、やっぱり韓国人は大らかだなと思ったが、やはり何か腑に落ちなかった。一体どういうことなんだろう？

目的地は町ではなく、山の中だった。会社や工場が並ぶ、小規模な工業団地のような場所である。車から降りると、カンさんが「あっ！」と叫んだ。目線の先には「発酵微生物産業研究院（ＭＩＦＩ）」と記された建物があった。紹介してもらった会社はその隣りだ。

事情がよく飲み込めないまま、スンチャン醬類を訪ねた。応対してくれたのは同社の研究所長であるイ・ジョンミさん。四十代とおぼしき女性だ。イさんは本来研究者だが、長くこの醬類業界で仕事をしているため、ビジネスと研究開発の両面を熟知しているようだ。やっと、こういう人に巡り会えた。

イさんは全羅道の光州《クァンジュ》出身。ソウルの大学で食品工学を学び、卒業後は食品大手の「デサン」に就職、二年前にこの会社に移った。といっても単純な転職ではないらしい。なぜなら、ここで作る生チョングッチャンは全てデサンのＯＥＭ（相手先ブランド製造）商品だからだ。関連企業に出向とい

ワンジュのホテルのフロント係であるユンさんの案内で豆もやしクッパプを食べる。隣はカンさん。

ニンニクを切るオモニ。俎板を床の上に置いて使っていた。

オモニが作ってくれたチョングッチャン。

近代的な設備が揃う、スンチャン醤類本社。

う形なのかもしれない。

さて、私が渇望している生チョングッチャンの全体像はどうなのか。業界や大手はないのか？

「大手はありません」というのがイさんの答えだった。「なぜなら生チョングッチャン製造は中小企業重点産業として大手企業の参入が禁止されていますから」

カンさんが前に話してくれていたのだが、韓国では朝鮮戦争後、長らく企業を〝国策〟として育成していた。大きな企業を育てて、外国の企業に負けないようにしようということだ。

それゆえ韓国では財閥やそれに準じる独占的な巨大企業グループがいくつも形成された。エレクトロニクスやＩＴ、韓流映画・ドラマなど、今の韓国勢の海外での隆盛もこの「国策ビジネス」に負うところが大きい。豆腐にしても売上げ世界一は日本でも中国でもなく、韓国の企業だ。

醬類も同様だという。生チョングッチャン以外の醬類はデサンともう一つの「ＣＪ」という食品大手がそれぞれ市場の四〇～四五パーセントを占めているという。「二社を合わせると九割近い」というからたまげてしまった。

想像してほしい。日本で醬油や味噌をたった二つの大企業が独占販売していたらどう思うか。ありえないだろう（醬油は味噌や納豆に比べ大手が独占気味で、特にキッコーマンが圧倒的に強いように見えるが、実際にはシェア三割程度だ）。

ところが近年になり、財閥や巨大企業の寡占という弊害に政府も国民も気づいた。そこで遅まきながら中小企業を守るために法律が作られた。生チョングッチャンは商品化されたのがきわめて遅かったので大手に独占されず、この法律により中小の作り手は保護されているのだが、その結果、逆に全貌は見えにくくなっている。

イさんによれば、二、三年前の時点では生チョングッチャンの市場はざっと二百億ウォン（約二十億円）だが、この数字には個人や小さな会社が作って売っている分は含まれていないという。例えば、私たちが取材した「松の葉チョングッチャン」もそうだろう。

そして、イさんですら、生チョングッチャン製造企業のうち、どこが大きいのかわからないという。例えば、このスンチャン醬類は生チョングッチャンの売上げが年間五億〜六億ウォン（五千万〜六千万円）で、「小さくないはず」程度のことしか言えない。

やっぱり業界もない。大手もない。データもない。

いったん浮かびかけた納豆の全貌が再び霧の中に消えていくようだ。

6. 全ての「素《もと》」は納豆だった！

しかし、気を取り直し、別の角度から質問を投げてみた。この会社は生チョングッチャン専門ではないという。ならば、何が売上げの中心なのか？

イさんは万事に行き届いていた。「まず、会社設立の背景を説明します」

それによれば、この会社はスンチャン郡が五〇パーセントを出資して作られた半官半民企業だという。だから地元の他の企業と競合しないようにしている。テンジャン（味噌）やコチュジャン（唐辛子味噌）はあえて作っていない。

ここでの売上げの柱は大豆を麴菌で発酵させた「メジュ」。味噌、醬油、コチュジャンなどチョングッチャン以外のあらゆる麴菌系・醬類の「素」だ。

最近の自然志向、手作り志向で、韓国の人たちの間では自分でメジュから味噌や醬油を作ろうという人が多い。そこに訴えているわけだ。テレビ・ショッピングも行っているというからなかなか人気らしい。

メジュが一番なら、二番目は醤油、三番目がチョングッチャンである。

チョングッチャンはここでも主力ではない。パジュの店と同じだ。それでもチョングッチャン製造の「大きい方」なのは間違いない。作り方を訊いたら、さすがにワラは使っていなかった。

「ワラにはたくさんの微生物がいて、中には毒性を持つものもある。それらを排除する必要があります」

おお！　日本の納豆業者や研究者と同じ意見だ。バチルス菌（ここでは納豆菌を指す）は隣の発酵微生物産業研究院が培養しており、そこから「分譲」されるという。韓国語では菌の株分けをマンションやアパートのように表現するのだ。

「日本は菌の標準化が進んでいます。早くそれに追いつきたい」とイ所長はにこやかに言う。

聞けば、発酵微生物産業研究院もスンチャン郡の研究施設だという。要するに、この一角は行政主導の醤類の研究開発と産業振興を行う工業団地なのだ。

――もしや……。

と思って訊いた。

「スンチャン郡は醤類では有名な場所なんですか？」

答えは明確。「はい、韓国でいちばん有名だと思います」

やっぱりそうか。

「朝鮮王朝時代に国王に醤類を献上したという記録が残っています」とのこと。

出た、国王献上！

ＤＭＺ（非武装地帯）のチャンダン区は大豆そのものを、こちらでは発酵させた醤類をそれぞれ献上していたわけだ。

ここが醤類の「本場」になった理由はイさんにもはっきりわからない。大豆がおいしいほかに、もともと発酵に適した菌がいたのかもしれないし、水がいいせいかもしれないし、温度や湿度が適していたのかもしれない。

一つ言えることは、いったん名声が確立されると腕のよい料理人や職人が集まり、さらに研究開発が進んだだろうということだ。これは現在でも同じである。

そして、今頃になってやっとわかってきた。私はずっとチョングッチャンのことばかり考えてきた。味噌や醤油と切り離して取材してきた。

でも、ちがうのだ。韓国では「醤類」というジャンルがはっきり存在する。業界も大手企業も醤類で一括りにされている。チョングッチャンだけを分けて考えられないのではないか。

そう言うと、「当たり前でしょう。みんな醤ですから」とカンさんは何を今頃、という口調で言った。「僕からすると日本人がどうして味噌と醤油と納豆を区別するかわからない」

いやあ、参った。私は日本的な分類にとらわれていたのだ。だから「チョングッチャンの本質が見えない」とか「なぜチョングッチャンは海辺でも食べるのか？」といった見当違いの問題に悩んでいた。チョングッチャンの本質は醤類なのである。そして、チョングッチャンは味噌や醤油など他の大豆発酵食品と常に連動している。

日本と韓国はちがうようで似ている。似ているようでちがう。だからこそ、日韓のすれ違いや誤解が頻繁に起きるわけだが、まさに私もそのトラップにひっかかっていた。

日本にも韓国にも味噌、醤油、納豆がある。でも、前に書いたように（そして誰でも知っているように）それらは全く別物だ。そう説明すると今度はカンさんが驚いていた。「え、同じ醤類なのに!?」

と。

しかし、どうしてもわからないことがある。

なぜ韓国ではチョングッチャンと他の醬類が同居できるのか？

その謎もイさんの説明であっさり解けた。

「メジュはカビとバチルス（納豆菌）の二つが作用して発酵します」

メジュはワラで外に吊す。ワラについた納豆菌が中から発酵し、表面はカビ（黄麴カビ）が発酵する。両者の発酵でメジュができる……。

なんと！　チョングッチャン以外のあらゆる麴菌系・醬類の素だと思っていたメジュは「ある程度は納豆」だったのだ。ということは、メジュから作られるカンジャン（醬油）やテンジャン（味噌）、コチュジャン（唐辛子味噌）も「ある程度は納豆」と言える。隠れキリシタンならぬ「隠れ納豆食品」なのだ。

チョングッチャンと他の醬類が相容れるわけだ。どちらも納豆のバリエーションなのだから。

絶句してしまった。

すべての黒幕は納豆だったのか。

私だってまるっきりの馬鹿ではないから、日本で、韓国の味噌や醬油、メジュに関する専門家の記述にも一通り目を通してきている。残念なことにメジュは一般には「味噌玉」と訳されているし、日韓の専門家によって書かれた文献にも「メジュは麴菌（もしくは黄麴菌）による発酵」としか書かれていなかった。

でも、やっぱり馬鹿だった。カンさんと朝鮮籍の在日コリアンの人は、二人とも「メジュは生チョングッチャンからできるんじゃなかったっけ？」とぼんやりした記憶ながら語っていたじゃないか。

その不思議な「勘違い」を真剣に追求すべきだった。カンさんの言うことを聞き流していたバチが当たった。

だいたい、あとでネット検索したら情報はいくつも出てきた。ウィキペディアでも「メジュはオンドルパン（オンドル部屋）のような暖かい部屋に置いてカビが生えるまで待ち、藁でくくって冬の間部屋に吊り下げ、枯草菌《こそうきん》（*Bacillus subtilis* 納豆菌などの仲間）による発酵が進むようにする」と書かれていた。今さら衝撃である。

半ば呆然としながらスンチャン醬類を後にした。

移動する車の中で、カンさんに、「メジュは納豆みたいな匂いがします？」と聞くと、「ああ、しますよ。表面はネバネバしてますしね」とあっさり返された。

もう一つ、思い出した。数年前、「キムチチゲを作るとき、ひき割り納豆を入れると本場の味っぽくなるってテレビの料理番組で見た」と友人に聞き、実際にやってみたことがあったのだ。すると本当に本場っぽい味になった。そのときも、なぜ納豆なのか理由を深く考えることはなかった。

今ならわかる。日本の味噌には韓国味噌に必須の「隠れ納豆」成分が欠けている。だから、納豆を加えると近い味になるのだ。日本の味噌はぐつぐつ煮立てると風味が飛んでしまうが、韓国味噌は煮立てると味が出てくるというのも同じく納豆成分のせいだろう。

今ようやくチョングッチャンの全貌が見えた。そして納豆についても新たな見方ができた。

韓国人がこだわっているのはチョングッチャンではなく「隠れ納豆食品としての醬類」なのだ。韓国人は醬類民族なのだ。スンチャンが醬類の本場ということは自動的にチョングッチャンの本場でもあるのだ。

日本では内陸部の豊かでない地域でも納豆の存在感が希薄な場所が少なくない。身近なところでは、東京都八王子市にある私の父の実家では味噌をうちで作っていたのに納豆は作っていなかったという。山梨県甲州市塩山にある母の実家も、長野県飯田市の竹村さんの実家も同様に、味噌は作っていたが納豆は作っていなかったという。

かつて味噌は誰にとっても圧倒的に重要な調味料だった。そして、味噌も納豆も同じ時期（冬）に仕込む。保存するのも同じ場所だったろう。大事な味噌の発酵にリスクのある納豆を避けていたのかもしれない。

海産物の豊富な海辺ではリスキーな納豆に執着する必要がないし、西日本の人たちが一昔前まで納豆を嫌っていたのも同じ理由かもしれない。特に薄味好みの京阪神の人たちは味噌の納豆菌汚染にセンシティブだった可能性がある。

ところが、韓国では納豆が味噌・醬油と同居できてしまう。納豆リスク・ゼロなのだ。なにしろ味噌も醬油も納豆なんだから。大豆が手に入ればチョングッチャンを作って食べるのは自然な行為なのだ。そして、納豆が醬類の中で最も原始的な食品なのだ。すべての「素」「源」といってもいい。「最も自然に近い醬類」として、生チョングッチャンが異常なほどの脚光を浴びているのもこれで説明がつく。

納豆はすべての大豆発酵食品の黒幕だった可能性が出てきてしまった。

納豆が複雑化したものが最初期の味噌や醬油なのかもしれない。少なくとも韓国の醬類を見れば、そういう道筋がはっきり見て取れる。その後、麦や米を利用して納豆菌を使わない味噌が誕生し、中国で広まり、日本にはそちらの味噌だけが入ってきたのかもしれない。いや、もしかすると昔は日本にもメジュがあったという可能性も否定できない。やがて他の味噌に淘汰されてしまったのかもしれない。

今となっては「納豆菌」という呼称すら適切かどうか自信がなくなってきた。西欧人は納豆菌 *Bacillus subtilis* (*natto*) という分類を拒否している。彼らには納豆がないからだ。これは明らかに文化的偏見だと思っていたが、私も彼らと同じ罠に陥っていたのかもしれない。韓国人から見れば、それは納豆菌ではないかもしれない。しいて言えば「醬類菌」だろう。

私の「納豆観」がぐらぐらと揺れた。

三十分後、私たちはムクサン村に着いた。オモニの家を訪ねると、軒先にはワラで縛ったメジュがぶら下がっていた。いくつかはなぜかネットに入れられていた。オモニによれば、「柔らかすぎてワラで縛ると形が崩れてしまうから」とのことだ。そのネットにはワラが一緒に入れられていた。「ワラを入れないとちゃんと発酵しないのよ」

ワラには納豆菌がたっぷり付いているのだから。

日本人である私にはそれがよくわかる。たとえその菌の呼び名が何であったとしても。

第5章

アフリカ納豆炊き込み飯

ワガドゥグ～コムシルガ／ブルキナファソ

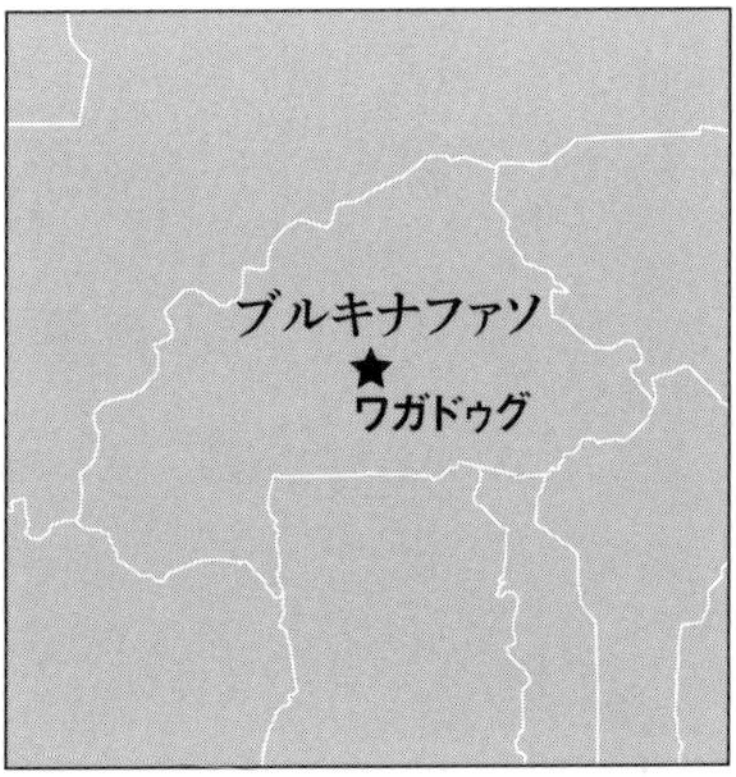

1．奇縁が導いた〝納豆ガンダーラ〟への道

難敵であった韓国の納豆チョングッチャンとの死闘（？）を制した私は、いよいよ最後の敵に挑むことになった。言わずと知れたアフリカ納豆である。

前回、ナイジェリアとセネガルでの探索でそれらは確実に納豆であるとわかったものの、アフリカ納豆の全貌を把握するには程遠かった。見てきたものが納豆だったというだけでは足りない。それが地元の人にとって何であるのかと同時に、世界の納豆の本質に迫る真実を摑まねばならない。

失敗の連続だったチョングッチャン調査がよい教訓である。自分の常識を現地に当てはめようとしてはいけない。チョングッチャンが醬類《ジャンリュ》だったように、アフリカ納豆も私の考える「納豆」とはちがうものかもしれない。しかし韓国納豆同様、そこに未知の可能性がある。アフリカ納豆の真実がわかれば、そこで私の万物納豆統一理論も完成するはずだ。

とはいうものの、西アフリカは広大だ。どこへ行ったらいいのかわからない。「本場はどこなんだろう？」と、懲りもせずにまた同じことを考えて頭を悩ませた。

アフリカ納豆はパルキア豆が基本なのは間違いない。パルキアは西アフリカの北緯5度から15度ぐらいの間に広く分布している。西は大西洋岸から東は西アフリカを通り越し、アフリカ中央部のウガンダ北部や南スーダンにまで達するらしい。東西に細長いため、この分布域は「パルキア・ベルト」と呼ばれ、関わる国は十数カ国にも及ぶ。

西アフリカの歴史的な中心地からいえば、マリ共和国だ。マリではアフリカ納豆は「スンバラ」と呼ばれ、マリの民族や文明の影響力の大きさからか、西アフリカの西側の広い地域でやはりスンバラと呼ばれているらしい。

スンバラ。スンバラシイ語感であり、日本人には大変覚えやすい。

だが、問題がある。一つは、マリは現在、イスラム過激派に席巻され、取材が難しいこと。もう一つは、マリは実はパルキアの分布域から微妙に北にずれていて、本場とは言えないんじゃないかと推測されることだ。

じゃあ、どうするんだ、と韓国取材と全く同じジレンマに陥った私を救ったのはこれまで六年以上かけて培ってきた納豆取材の経験と知恵——では全然なく、またしても「奇縁」だった。

広島で行われた文化人類学の研究会に出席したときである。会が終わった後、スキンヘッドに身長百八十センチ、体重百キロはありそうな巨漢が近づいてきた。とても堅気とは思えないその人は意外にも西アフリカ、それもブルキナファソを専門とする文化人類学者だった。彼、清水貴夫さんはこう自己紹介した。

「僕は高野さんの探検部の先輩だった佐藤英一さんの会社の後輩なんです」

佐藤英一さん！

それは早稲田大学探検部における伝説のリーダーである。私が一年生のとき、佐藤さんは三年生で、幹事長（部長のこと）を務めていた。あまりに過激で根源的なため、私は内心「ラジカル佐藤」と呼んでいた。彼は何でも「原点」に戻り「究極」を目指すのがポリシーだった。

これまでにも書いたことがあるので、詳しくは書かないが、例えば、「探検とは何か」という議論を部内で行っているとき、「探検とは本来、人の誰も行ってない場所へ行くことで、現在の地球上にそんな場所はないから俺たちは宇宙を目指すべきだ」と主張、山や洞窟などのアウトドアを即刻やめて宇宙ロケットの開発をすべきだと本気で訴えた。

私は「誰も行かないところへ行き、誰もやらないことをやり、それを面白おかしく書く」をモットーとしているが、最後の〝面白おかしく書く〟以外は探検部員の共通理解であり、もっと言ってしまえば、佐藤さんに繰り返し叩き込まれた「教え」である。

佐藤さんは八年に及ぶ学生生活のあと、意外にも船会社に就職したが、清水さんは同じ会社に入って佐藤さんの後輩にして相棒を務めることになった。ラジカル佐藤さんの過激な思想や異常な集中力はマフィアの親分のような清水さんのルックスやパワーと相まって、さぞかし他の業者を圧倒し、のみならず社内でも脅威だったろうと察する。ところが、清水さんは学生時代に訪れたアフリカが忘れられず、あるとき突然会社を辞めてアフリカ研究者になることを決意する。

先輩にして相棒の佐藤さんにそれを告げると、佐藤さんは「そうか」と言っただけだったが、翌日、「君がやりたいのはこれだろう」と一冊の本を渡した。高野秀行著『幻獣ムベンベを追え』――謎の未確認生物を追ってアフリカ・コンゴの奥地に出かけるというこの本は私のデビュー作であり、本書の題名の元ネタでもある。

さすが、佐藤さん。アフリカといえば探検としか考えていない。というか、単純に非常識なのである。清水さんも「全然ちがうと思うけど……」と首を傾げながら本を受け取り、読んでみたら「やっぱり全然ちがった」。

ともあれ、清水さんは西アフリカのブルキナファソという日本でも――そして国際的にも――至って無名な国をフィールドにして立派な文化人類学者となった。ストリートチルドレンやイスラム教育、環境、農業、共同体などといったことを広く調査研究してきたが、最近、彼が気になってしかたないものがある。それは「スンバラ」だった。

清水さんは無類のグルメにしてグルマン（大食漢）らしく、ブルキナファソの食を心から愛しているのだが、それらの料理の多くにスンバラが使われており、一日たりともスンバラなしの食生活はないという。しかも、スンバラは日本人のアフリカ研究者の間では手つかずの状態だった。

これはなんとかしたいと思っていた矢先、私がアフリカ納豆を調べていることを知った。なんという奇縁。ラジカル佐藤さんの二人の後輩（あるいは弟子）は、究極のアフリカ納豆を目指して出会ってしまったのだ。これまた納豆が裏で糸を引いているようだ。

私にとって清水さんとの邂逅は福音以外の何者でもなかった。清水さんと共同で勉強会を行い、そこで他の西アフリカ研究者の人たちからアフリカ納豆についていろいろな情報を教えてもらった。

その結果、私が行くべき場所は他ならぬブルキナファソ（以下、略してブルキナ）だとわかったのだ。ブルキナの人口は二千万人弱、鉱物資源にも恵まれていないし、近隣のガーナやコートジボワールのようにサッカーが強いわけでもなく、最近まで台湾と国交を結んでいたためまだ中国資本が本格参入していない。海にも面していなければ、国際的な大河や湖とも無縁だ。経済発展が遅れた内陸の小国である。

しかし、それは私の納豆仮説から言えばいかにも納豆がよく食べられていそうな国でもある。地理的な位置もいい。西アフリカのど真ん中にあるのだ。「へそ」といってもいい。

清水さんによれば、ブルキナの人たちはスンバラをひじょうによく食べるらしいし、パルキア以外の食材で納豆を作ることもあるという。

だが、なによりも私の心を捉えたのは「ブルキナにはスンバラ炊き込み飯があって、それを出す飯屋の前には朝、バイクが何十台も止まる」という驚くべき情報だった。

「プロローグ」でも書いたが、納豆というのは世界中どこでも「家庭の味」であり「縁の下の力持ち」である。逆に言えば、黒子であり日陰者だ。アジア全域を見ても、ナイジェリアやセネガルでも、納豆がメインの料理は韓国のチョングッチャンや日本の東北地方の納豆汁ぐらいしかない。それらも専門の料理店などない（チョングッチャンの店も「売り」は豆腐チゲだった）。

ところがブルキナにはスンバラ炊き込み飯の専門店があり、地元の人たちに大人気だという。清水さん曰く、「めっちゃ美味いですよ！」。

いいのか、黒子が表に出張って？

納豆が主役を張る国ブルキナファソ。だんだんブルキナがガンダーラに見えてきた。そこに行けばどんな夢も叶うかもしれない。私の万物納豆統一理論が完成し、ノーベル納豆賞を受賞するとか……。

ともあれ、スンバラ炊き込み飯は食べなければいけない。それから他の謎の納豆も追いたい。

旅の相棒はまたしても竹村先輩だ。竹村さんはラジカル佐藤さんと同期で、一緒に西表島で遭難し、死にかけたこともある。これもまた奇縁なのだった。

2. 若頭が案内する納豆炊き込み飯の名店

ブルキナファソは遠い。ガンダーラぐらい遠い。

私たちはエチオピアのアジスアベバを経由して飛んだ。意外と客が乗っていると思っていたら、経由地のニアメ（隣国ニジェールの首都）で身なりのよいビジネスマンや中国人はあらかた降りてしまった。残ったのは垢抜けないブルキナ人と垢抜けない外国人（つまり私と竹村先輩）だけであった。

ガラガラの飛行機は、まるで過疎地を走る路線バスが終点へ向かうように、ブルキナの首都ワガドゥグに降り立った。

寂れたバスターミナルのような空港を出ると、怪しい男が待ち受けていた。つるつるのスキンヘッドに鋭い眼差し。態度は妙に丁重だが愛想はなく、口数も少ない。マフィアの若頭を連想させる。

彼について駐車場に行くと、廃車のような灰色のカローラが停めてあった。これに乗るのか？

私の心を読んだかのように、彼はニヤッとして日本語で言った。

「クルマ　ボロボロ」

これがブルキナにおける納豆探索隊のパートナー、アブドゥルさんとその愛車との出会いだった。

彼は清水さんの十五年来の友人とのことだったが、話を聞いていると、友だちというよりは「舎弟」という感じだった。清水さんがマフィアの親分みたいな風体だから、アブドゥルさんが若頭でも全く不思議はない。車の方はなんと一九八八年（昭和六十三年）生産だという。もう平成が終わるのに、その前の時代のクルマとは。

彼はフリーのタクシードライバーだ。清水さんに会う以前から日本企業関連の仕事に運転手として関わってきたし、「清水組」の傘下（？）に入ってからは親分が紹介する日本人をお客として接してきたので耳で日本語をききかじり、けっこう表現を知っている。

もっとも親分は「怪しい日本語を使うと警戒されてもっと客が減るからやめた方がいい」と忠告しているらしいのだが、そもそもぶらりとブルキナに来る日本人旅行者なんかいないし、彼は意に介している様子はない。

「ワタシ　クルマ　ボロボロ　デモ　ダイジョウブ」

全然大丈夫に思えない三十年もののカローラは、若頭がアクセルを踏み込むと土埃だらけの道をえっちらおっちらという感じで走りだした。

翌朝、夜が明けてホテルの二階にあるベランダに出てみると、未舗装の道路はもちろん、木の葉も家の屋根もみな熱帯の土埃をかぶって赤茶色に染まっていた。十月から四月頃まで半年以上続く乾季の真っ最中なのだ。

その赤茶けた世界に朝の白い光が差し、黄や白や青の鮮やかな服を着た女性たちが、ある者は頭に籠をのせて歩き、ある者は自転車を走らせ、またある者は家の前で掃き掃除をしている。焚き火をする子ども。鳥のさえずり、心地よい涼風。絵に描いたようなアフリカの朝、それも「村の朝」だった。

宿泊したのはこの町では決して悪くないランクのホテルだが、ＷｉＦｉはめったにつながらず、シャワーは水しか出ない。携帯のＳＩＭカードはなぜか作動しない。おかげで私はネットと携帯が普及する以前の世界に放り込まれた感じがした。メールやメッセージの返事もできない。それは一種の爽快感をともなった。

七時前にはアブドゥルさんがやってきて、早速今回の目玉である納豆炊き込み飯を食べに出かけることになった。

納豆炊き込み飯は現地のフランス語で「リ・オ・スンバラ（スンバラ入りの米）」と呼ばれている。「カフェ・オ・レ（牛乳入りのコーヒー）」と同じ類いの表現だ。清水親分は「スンバラ飯」と簡単に呼んでいる。スンバラ飯の料理屋はアブドゥルさんによればワガドゥグの町に五、六軒あるという。みな、朝だけ営業している。八時か九時に料理がなくなると店は終わってしまうというので早く行かねばならない。

それにしても、納豆料理専門店には期待してしまう。

ブルキナ飯愛好家の清水親分によれば、ワガドゥグのスンバラ飯屋のうち、二つ「名店」がある。

どちらも名前がなく、彼は「A店」と「B店」と便宜上呼んでいるが、私たちがこれから行くA店は突出して美味いという。

料理自体も謎だった。清水親分は炊き込み飯と言うが、彼の写真ではなにかもこもこしたもので皿があふれかえっていた。納豆と卵か何かを和えて炊き込んでいるのだろうか。でも自分で食べてみればわかると思い、詳しくは聞かなかった。

ワガドゥグの町は主要道路以外舗装されておらず、でこぼこだらけ。おんぼろカローラは大海に出た小舟のようにどんぶらどんぶらと揺れながら二十分ほど走り、A店に到着した。

トタン葺きの民家が建ち並ぶ一角で、看板は何も出ていない。清水さん情報によれば、朝のピーク時にはバイクが何十台も店の前に並ぶというが、今はまだ数台である。

てっきり民家の軒先でやっている屋台に毛が生えた店と思いきや、中に入ると意外にも洒落たアフリカンレストランあるいはバーの造りだった。

床はモザイクタイル張り、屋根はスタイリッシュな草葺きで、黄色に塗られた壁にはスンバラ飯らしき絵や「米は力なり」といったコピーがフランス語で記されている。「朝はスンバラ飯を出しているけどそれはあくまでサイドビジネスで、本業は夜の営業なのでは？」と一時思い込んだほどだ。

続々とやってくる客に対応しているのもバーレストランにいそうなファッショナブルな若い女子。頭には金髪のウィグを丸くネットに包み、優雅なボディラインがよく映えるTシャツに、下は白いスリムジーンズ。

カクテルやビールを運んでいそうな彼女はしかし、大鍋からご飯やらスープやらをダイナミックにお玉でよそっている。何か事情があって高級レストランで炊き出しをやってるような雰囲気でもある。

炊き込みご飯は丼飯《どんぶりめし》的なイメージとは全くちがっていた。

アフリカ納豆を米と一緒に炊き込んだもの——見かけは黄色っぽい米に黒い豆の粒が点在していて「黄色いおこわ」のよう——をお盆のような大皿にどかんとのせ、上から赤っぽいソース（汁）をどばっとかける。さらにお好みで煮た塩魚や鶏の腿をのせる。とにかく豪快。

米だけではなくパスタもある。あとで気づいたが、清水親分の写真は炊き込み飯の上にパスタを重ね、その上から汁をかけた「スペシャル」だった。だから異様にもこもこしているように見えたのだ。

私たちは初心者なので米に専念することにした。プラス魚と鶏の腿肉。

ここではスプーンは出てこない。みんな手づかみだ。ぶっかけ飯を手で食べている感覚に近い。湯気とともにほのかな納豆の香りが立ち上る。口数の少ない若頭のアブドゥルさんはさっさと食べ始めた。米を右手でガシッと摑むと、少し握って形を整えてから口に入れる。アジア各地や東アフリカのソマリ人エリアとはちがい、指先ではなく手のひらの方から食べる。

私も真似して食べる。ご飯はちょっと熱いが我慢できる程度だ。口に入れると、凝縮されたさまざまなうま味が襲ってきた。期待を裏切って、納豆の味はほとんどしない。というのは炊き込み飯の味よりソース（汁）の味が圧倒的なのだ。魚と鶏とスンバラの三つからダシをとり、他にトマトをかなりたくさん入れているようだ。中でも魚のうま味が強い。塩味と若干の唐辛子の味。

強いて表現すれば、牛丼とトマトシチューと魚のぶつ切り鍋をごちゃ混ぜにしたような、豪快かつ複雑な味だ。

セネガル料理をも思い出すが、それほど濃厚ではなく、どことなく懐かしさを憶える。期せずして「すごく日本人好みだ」と竹村先輩と同時に同じセリフを口にしていた。

魚と鶏も汁の味が染みていてコクがある。肉がキュッと締まっているのは、煮る前に焼くか蒸すかしているのだろう。

スンバラ飯の名店A。おねえさんに注文すると、鶏肉や魚などをトッピングしてくれる。

〝若頭〟のアブドゥルさんとスンバラ飯を食べる。複数の人が大きな金属の皿をシェアして手づかみで食べるのが普通。

炊きたてのスンバラ飯。米の中に黒いスンバラの粒が見え、香ばしい納豆の匂いが立ちのぼる。

唯一予想とちがったのは納豆が表に出てきてないこと。知らなかったら納豆が入っていることに気づかなかったかもしれない。でも納豆がなければこの味は出ないのだろう——というものの感想が浮かぶ。納豆はここでもやはり「黒子」だった。恥ずかしがり屋で縁の下の力持ちだった。

食事が済むと、厨房の脇の椅子に腰掛けた威厳のある年配の女性に店のことを訊いてみた。案の定、この人がオーナーだった。アブドゥルさんの通訳で話を聞く。

彼女はクレールといい、この店の名前も（ほとんどの客は知らないようだが）「クレールおばさんの店」だそうだ。彼女のお母さんという人が三十年前に始めた。そしてそれはどうやらブルキナにおける初のスンバラ飯屋だったらしい。

アブドゥルさんによれば、スンバラ飯自体は、ブルキナで最も数が多くて首都を含む中央部に住むモシ族の人たちの料理だという。ただ、通常、ソースはもっとシンプルなものである。

スンバラの話になると、アブドゥルさんは急に饒舌《じょうぜつ》になった。通訳業務をそっちのけで、「スンバラ飯はモシ族のもの。ブルキナだけでしか食べない。なぜならスンバラ自体がブルキナ起源だから。マリ、ニジェール、コートジボワールではみんな、ブルキナ人を真似してスンバラを食べるようになった」と熱く語る。

自分たちの納豆がいちばん、自分たちが最初に納豆を食べた、自分たちこそ本物の納豆の民……という、日本でもアジアでもナイジェリアでも見られる「手前納豆」意識全開である。

ちなみに、「スンバラ」とは西アフリカ西部（マリ、ニジェール、コートジボワール、ブルキナ）で広く共通語として使われるジュラ語での表現であり、モシ語ではスンバラのことを「コロゴ」と呼ぶ。

アブドゥルさんによると、モシ語では米の飯のことを「ムイ」といい、スンバラ飯はムイ＋コロゴで「ムコロゴ」という一つの単語で表されるという。まさに〝スンバラ飯〟という日本語の語感通りで、たしかにモシ族の人々にとってスンバラ飯の重要度はかなり高そうだ。

クレールおばさんもその意見に異論はないようだが、予想外にも店の創始者である彼女のお母さんはモシではなくグルンシという別の民族出身だったという。

大変興味深い。伝統的な家庭料理は地元の人にとっては当たり前すぎて大事に思われない傾向がある。そして、よそから来た人がその価値を「発見」したりする。

ここでも同じことが起きた可能性がある。モシの人たちにはスンバラ飯は「日常茶飯事」すぎて、店で出すという発想がなかったのかもしれない。また、別の民族の人だからこそ、大胆にソースをアレンジして新しい料理として売り出すことができたのかもしれない。

このクレールおばさん一家のスンバラ飯にかける情熱はただならぬものがある。毎日午前一時に起きて準備を始め、八時か九時には売り切って営業を終えるという。

それではぜひ明日、一部始終を見たい。そう申し出たのだが、クレールおばさんは硬い表情で首を振った。「ノン。リ・オ・スンバラはソースが決め手。だから作り方は秘密」

なんと！　六年にもわたる納豆取材で初めての取材拒否だ。これまで納豆は取材がスムーズであるのが何よりのメリットだった。納豆やその料理の作り方を教えてほしいと頼むと、「どうしてこんなもんに興味があるのか？」と不思議な顔をされることはあっても断られることはなかった。たいてい喜んで教えてもらえた。なのに、ここでは「ノン」。フランス語で「ソースが決め手だから作り方は秘密」なんて言われるとフレンチの名店取材に来ているような錯覚を覚える。

そう言われたら引き下がるほかない。ソースのレシピは不明だが、相当にいろいろなダシや調味料を使用しているのは間違いない。魚も大きな塩魚だけでなく、小さなダシ用の干し魚も入れている可能性大だし、舌に残る感触からして、マギーやジャンボといった人工的なうま味調味料も加えていると思われる。

ダシへの強いこだわりはナイジェリアでもセネガルでもそうだった。西アフリカの納豆文化圏に共通した特徴なのだろう。

絶品納豆料理を体験した幸福感、でも意外に納豆の味がしなかったという残念な感じ、取材拒否にあった驚きなど、複雑な感情を呼び起こしたスンバラ飯の名店Aだった。

3. 王様と納豆

いきなり最大の目標が達成されたと同時に頓挫してしまったが、とりあえず定石というよりもはや反射のように市場へ。もちろん生の状態のスンバラを見るためだ。

グラン・マルシェ（中央市場）へ行くのかと思いきや、アブドゥルさんに「そんなところには服とか大きな企業の商品しかないよ」と笑われた。スンバラは各地区の小さな市場でしか売られていないという。

しかし、行ってみれば、市場は決して小さくなく、生鮮食料品であふれかえっていた。セネガルの市場同様、スンバラはそこら中にあった。しかもセネガルより目立つ。

なぜか。ここのスンバラは豆の形が残っており、球の形に丸められたそれは灰をふりかけて作られるせいか、グレーがかった茶色で、朝の光に照らされていぶし銀のような輝きを放っていたのだ。豆の形状をとどめた（つまり潰していない）アフリカ納豆は他では見たことも聞いたこともない。大きさはピンポン球を一回り小さくしたものが主流だが、中には野球のボールより大きなサイズもあった。「こっちは食堂やホテルで使うもの」と販売している女性が説明してくれた。業務用ということか。

面白いことに、他に二種類のスンバラ玉があった。二つとも豆の形をとどめておらず潰していた。色はふつうのスンバラ玉より茶色で泥団子のようだが、一つは南部のビサという民族が作るもので白インゲン豆をミックスしているという。もう一つは南西部のボボという民族のものだという。

やはり、そうか。ナイジェリアでは民族によって食べる納豆の種類がみな異なっていた。セネガルではもともと食べる民族が限られているため（全国的には新しい食品のため）一種類しかなかった。ここブルキナファソはナイジェリア型だ。多様性が高いということは、アフリカ納豆が古くから盛んに食べられていることを示唆するように思える。

市場でスンバラを確認すると、今度は——これまた反射的に——「産地」へ行きたいという衝動を抑えられなかった。すでにナイジェリアとセネガルで見ているから必要ないと思われるかもしれないが、「もし作り方がちがったら?」などと思ってしまうのだ。取材者として几帳面だとかではなく、納豆フリークとして製造現場を見ずにはいられない。

アブドゥルさんが知っているコムシルガという村がワガドゥグの南側の郊外にあるというのでそこへ行ってみることにした。

ワガドゥグ中心部は車の渋滞がひどい。といっても、アジアや他のアフリカ諸国の都市とは事情が異なり、ここは町の道路の大半が未舗装ででこぼこのため、舗装されたごく一部の道路に車が集中してしまうのだ。

三十分ほどかけてワガドゥグ中心部を出ると、集落と灌木と草っ原が交錯するような郊外を走ること三十分、コムシルガに到着した。一つの村ではなく、複数の村が集まった地域のようだ。

納豆は匂うので、街の中心部では作らない。多くの場合、街にすぐ出荷できる程度の郊外に納豆製造所がある。その意味ではここも定石通りだったが、いつもの取材とは様子がちがった。いや、納豆ではなく、それを見る手順だ。

「ここのシェフにまず挨拶しないといけない」とアブドゥルさんが言う。

なるほど、フランス語圏のアフリカ諸国では、村でも町の地区でも何かの組織でも、どこへ行っても「シェフ（長）」がいる。アブドゥルさんはコムシルガのシェフと知り合いだという。

敷地の大きな家の前でしばらく待たされた挙げ句、「シェフは今、近くの畑へ出かけている」と使用人らしき人が答えた。

「シェフが畑仕事なんて聞いたことがない！」と妙にアブドゥルさんが興奮している。村長だって畑仕事ぐらいするだろう。何をそう入れ込んでいるのか？

そう思いつつ、下働きの人の案内で、家から四、五キロ離れた疎林の中へどんどん入っていく。人家はほとんど見当たらず、大きな木が多い。その奥に開拓地のようなこぢんまりとした農地が現れた。

黒のストライプが入ったゴージャスな伝統衣装を身につけ、頭にはオレンジと緑の帽子をかぶった、背の高いシェフが使用人たちに何かを指示していた。

車を降りて近づき、ボンジュールと挨拶しながら握手の手をさしのべると、シェフはひとこと言った。「帽子を脱げ」

え!?　自分は帽子をかぶったままなのに？　なんて尊大な村長なんだろう。カチンときたが、ここまで来てしまったのだからしかたない。帽子を脱いで挨拶を交わすと、一緒に畑を見て回った。ブルキナでは珍しくスプリンクラーで水を撒いていた。オレンジ、レモン、ザクロ、タマネギなどを栽培していた。働いているのはみな使用人で、シェフは単に「視察」しているだけのようだ。

シェフが自分から近くの大木を指さし、「あれはネレ（パルキア）の木だ。あれからスンバラを作る」と話し出したので、これ幸いと、「日本にもスンバラがありますよ。ネレではなく大豆で作りますが……」と言いかけたら、シェフは「大豆で作ったものはスンバラではない。スンバラの方がずっと美味い」と一蹴した。

自分の納豆がいちばんと思うのは納豆民族の特徴だが、自分の納豆を格下に見られると我慢ならないのも納豆民族の性《さが》である。「この野郎！」と私は内心怒りが渦巻いた。

シェフにはむかつくが、この場所は面白かった。パルキアの木が実に多い。大木の過半数がそうなのである。セネガルでもナイジェリアでもこんなにパルキアが豊かな地域は見たことがない。パルキアの木の合間には小さな木立や茂みが生えている。人の手がほとんど入っていないように見えた。

「ワガドゥグは町ができる前はみんな、こんな感じだったんですよね？」とアブドゥルさんがシェフに話しかけ、シェフはうむと重々しくうなずいた。

ワガドゥグの原風景はこれなのだ。そして、今は乾燥してしまっていると聞く北部のサヘル地帯を含めて、ブルキナの少なからぬ場所がこのような風景だったのではないだろうか。

これだけパルキアの木があれば、誰だってその実を食べようと思うだろう。そして、近代化以前の人口なら、全ての住民がうま味調味料とタンパク源としてのスンバラを享受できたにちがいない。

パルキアは丸いつぼみをつけていた。これが大きくなると、真っ赤な花が咲く。すでに咲いているのを見つけた。ピンポン球を少し小さくしたくらい、つまり市場で売っているスンバラ玉と同じくらいのサイズの赤い美しい玉だった。

「二週間後にはこの辺一帯がこの赤い玉でいっぱいになる」とシェフは得意げに言った。

車でシェフの家に戻った。シェフの自家用車は新しいランドクルーザーである。よほど金回りがいいらしい。時計もゴールドだ。

うんざり感が隠せなかったが、家の前の広場に置かれた豪勢な木彫りの椅子に彼が腰を下ろし、訪ねてきた村の人々が跪《ひざまず》いて挨拶をしているのを見て、突然気づいた。

「この人はふつうの村長じゃない。王様なんだ！」

後で訊いたら、勘のいい竹村先輩はシェフを一目見て、すぐ「ああ、王様なのか」とわかったという。勘の悪い私がカッカしているのでやきもきしていたのだそうだ。

ブルキナファソの主要民族はモシ族である。全人口の五〇パーセントを占め、ワガドゥグを中心にこの国の中央部を占めている。歴史的に言えば、十二、三世紀にこの地にモシ王国が成立した。王国と言っても二十ぐらいの王が集まった「諸王国」だったという。

モシ王国はフランスの植民軍に敗れるまで支配を続け、フランス統治に入ってからも王は国政には関与しないながらも形式的な権力を保ってきた。中でもワガドゥグの町にいるモロ・ナーバ（モシ族の王）という王はブルキナファソで形式上は最高位にあるとされている。いわば「大王」である。

私はそれだけしか知らなかったが、実は各地域に王は存続していた。このコムシルガの王はナーバ・ブールガ二世といい、「三十以上の村を支配下に置いている」という。

（実際にはこのコムシルガの王を含め、他の多くのナーバはフランス語では「大臣」と訳され、モロ・ナーバの配下にあるらしいが、関係性は日本人がイメージする王国の王と大臣とはちがうようなので、ここではモロ・ナーバを「大王」、コムシルガなどのナーバを「王」と理解することにする）

西アフリカには場所によって昔の王様がいると聞いていたが、実際に会ったのは初めてだった。王様なら尊大であっても仕方ない。尊大なのが仕事とも言える。

ナーバ・ブールガ二世は配下の者を呼んで、私たちによく冷えたビールを持ってこさせた。広場は信じられないほど涼しい風が通り抜ける場所で、そこで飲むビールは最高だった。

わりといい王様じゃないかと現金な私は思った。

アブドゥルさんは大声でべらべらと王様に何か話し続けている。初めは無口で愛想のない男だと思っていたが、実は喧《やかま》しいほどおしゃべりで世話好きな人だった。

後でわかったが、清水親分に「おまえ、いつもみたいに、べらべら喋ってうるさくしたらいかんぞ。大人しくしてろ」と言い含められていたのだという。

しかし、二日もすると、気心も知れるし、今回の日本人二人組は単に酒とスンバラが好きなだけのおっさんだということもわかる。彼は加速度的におしゃべりになり、今となっては彼がマフィアの若頭に思えたことが夢のようである。DJかコメディアンか太鼓持ちにしか見えない。

ところで、この会談は何なんだろう。いいかげん、スンバラ製造を見に行きたいんだがと思ったところで、アブドゥルさんが声をひそめて私に話しかけてきた。「シェフに何か差し上げてください」「何かって……お金？」「まあ、そうです」「何のため？　取材の許可？」「そんなようなものです。あなたにはわからないかもしれないけど、彼に話を通せば全てうまくいく。通さなければうまくいかない」「わかった。いくら？」「いくらでも、あなたの好きなように」「五千フランでは？」「それは少なすぎる」「じゃ、いくら？」「それはあなたが決めることです」……。

なんてまどろっこしいんだと思ったが、アブドゥルさんの顔はこの上なく真剣だった。突然若頭に戻ってしまったようだ。

現地のビッグボスと自分の親分の友だちの間に入って、彼なりに苦労しているのだ。もちろん、辺境体験の長い私にはこういう状況は別に珍しくない。だが、至って「アジア的」な感じがした。

王様と周囲の人々の間では直接的な言動が注意深く避けられていた。アブドゥルさんが長々と世間話をしていたのも、すぐにお金を献上したら礼を欠くと思ったからだろう。すべてが現場の空気と阿《あ》吽《うん》の呼吸に任された世界なのである。

アジアでも納豆がよく食べられているような地域は——日本も含めて——こういう曖昧な言動が好まれる傾向にある。

周りに十人以上も村人がいたが、どのように渡したらいいかもわからないので、一万CFA《セーファー》フランを直接王様に手渡しした。王様は満足げな笑みを浮かべて受け取った。

その昔、王は住民から税を取り立てて暮らしていたが、フランス統治以降はそんなことは不可能になった。実際、この王様も引退する前は公務員（政府の官僚）だったという。だが、今でもこのように何かの折には王に金品を献上するのがしきたりのようだ。そして王はカネと引き替えに陳情を聞いたり揉め事を解決したりしているのだろう。

納豆取材で王様に献上金を渡すとは思わなかったが、ようやくこれで現場へ行くことが許された（正確に言えば、納豆取材自体はシェフに断らなくてもできたが、村の写真やビデオ撮影にはシェフの許可がないといけないとのことだった）。下働きの人の案内で、私たちは市場へ向かった。

コムシルガは前述のように三十もの村の集合体で、三日に一度、市が立つという。牛の頭や肋《あばら》を豪快に焼いていたり、ヒョウタンの器で酒を飲んでいたり、とても賑やか。

途中で何人かの人が「こいつらは何だ？」みたいなことを言ってきたが、その都度アブドゥルさんは得意げに「ナーバ（王様）のお客だ」と答えていた。すると、みんな、「ああ」という顔をする。アブドゥルさんは自分より偉い人の意向をとても気にするが、偉い人の側についたときには自信満々なのである。

ここでも丸いスンバラ玉はそこかしこの屋台で並べられていた。町の市場同様、売り手はみな女性で、主に唐辛子やうま味調味料と一緒に売っている。ミャンマーなどのアジア納豆やセネガルと同じだ。中には米とスンバラを売る女性もいた。米と納豆をセットに考える人もいるのだ。

売り手の一人である、赤ん坊を連れた若いお母さんに頼んでスンバラ作りを見せてもらうことになった。お母さんは幼子を背負い、古びた自転車に乗って土の道をキコキコ進む。自転車の荷台には瓜が一つ、丁寧に紐でくくりつけられていた。長閑《のどか》な道行だ。

到着した家の中庭では、大釜で黒い豆がぐつぐつ煮えていた。見慣れた景色である。ちょうど豆は煮上がったところだった。

スンバラの作り手は彼女のお母さんで名前はザリサさん。二人はパルキア豆を釜から出すと、村の共同の「搗《つ》き場」へ持っていく。大きな木の下に年季の入った臼と杵が置いてある。

ザリサさんは五十歳ぐらいかと思うが、枯れ木のような細い手にもかかわらず、力強く、豆を搗く。次は若いお母さん。杵の動きに従い、体がしなやかに激しく「く」の字に曲がり、背の幼子は首がもげるんじゃないかと心配になるくらい揺すぶられるが、当人はけろっとしており、むしろ心地よさそう。しまいには祖母、母、娘（幼子）の三世代が体を揺らして、絶妙なダンスとなった。

二十分ぐらいかかったこの作業で、パルキア豆の固い皮はかなり剝けた。豆を小さい籠に順次あけ、釜と金だらいに張った水でゆすぐ。取り除いた皮はヤギの餌にするという。皮は火がよく通ったうえ丹念に搗いているので柔らかい。うちの犬でも食べるかもしれない。

あとはプラスチック袋を下に敷いたたらいにドバッとあけ、袋で丁寧に包み込んでから石を重しにして封じ込める。これで二晩おくという。

基本的にナイジェリアのカノで取材した村と同じ手順だが、こちらの方がずっと丁寧で衛生的である。カノでは遠い町の市場へ持っていって売るが、ここでは同じ村の人たちに売るせいかもしれない。

今では村の人もたいていはスンバラを自分で作らず、作り手から買うという。近所に住み、顔を知った相手だと、雑な仕事をしていたらすぐに噂になってしまうだろう。ここでは生産者と消費者の間

市場で米とスンバラを売る女性。

豆を搗く三世代。

にダイレクトな信頼関係があると言える。

一つ、カノとちがったのは、灰を全く入れないこと。その代わりにパルキアのワタを少量混ぜた。「風味を付ける」という。

いかにも上質のスンバラができそうな予感がする。今回は製造の現場を一目見ればいいと思っていたが、結局、出来上がりを見たいという欲求に勝てなかった。

二日後に再度、ザリサさん宅を訪ねることにした。

4. 納豆を食べると血圧が下がり、感情が高ぶる

その間、私たちは清水親分がお勧めする「二大ブルキナ・スンバラ料理」にトライした。

一つは、例のスンバラ炊き込み飯。今度はスタジアムの近くにあり、主要道路に面した「名店B」に行ってみた。八時半頃着いたのだが、すでにお客が群れをなしていた。群れの中央では名店Aと同様、ここも仕事の中心は若い女性。机の上の大きな金だらいにはスンバラ飯。納豆の香りは薄く、飯の色も白い。おこわの中に小豆が入っているよう。

ソースは羊肉入りと鶏肉入りの二種類。トッピングとしては煮たキャベツの固まりと、ナスの葉を丸めて玉にしたものが用意されていたので、両方とも注文する。

食べてみると、肉ぶっかけ雑炊という趣。名店Aに比べたら庶民的な味だが、悪くはない。Aは魚ダシが濃厚だったが、こちらBは完全に肉ダシ。そして、同じように、スンバラ＝納豆の味はいくらも感じられなかった。

料理は美味いんだけど、納豆探索隊としては拍子抜けという結果は同じだった。納豆はここでは一

体何なんだろう。

もう一つの料理「プレ・クスクス」の方がむしろインパクトは大だった。プレはフランス語で鶏、クスクスは北アフリカ料理として知られる、あの粗くひいた小麦粉だ。ワガドゥグの町に一軒、専門店がある。

二時頃、遅めの昼飯をとりに店を訪ねると、生け垣に囲まれた広い敷地の各テーブルで、みなさんが料理をつまみながら楽しげにビールを飲んでいた。ブルキナは過半数がイスラム教徒だとされているが、酒には誠に寛容。昼間からでも普通に飲む。クリスチャンだけでなく、イスラムの帽子をかぶった人でも堂々と飲んでいる。

キッチン（といっても小屋）をのぞき、「タカオ（清水親分のこと）の友だちだ」と自己紹介したら、調理を担当している兄さんは喜んで現場を見せてくれた。

大きな網の上にチキンの入った油紙の包みがのせられ、一メートルも下の炭火でじわじわと熱されていた。「イメージとしては日本の奉書焼きに似てるな」と竹村先輩。

包みの一つを取り出して開くと、中はさらにアルミホイルに包まれていた。実質的にはホイル焼きということか。そしてホイルを開けると、白いクスクスまみれの鶏が姿を現した。同時に立ち上る納豆の香り。「おお」と声がもれてしまった。

人間には「期待値」というものがある。それが客観的評価の妨げになる。いや、その期待値こそが（変な言い方だが）客観的評価を左右するといってもいい。味のような感覚的な評価は特にそうだ。

スンバラ飯の名店A・Bはともにアフリカ納豆料理の逸品という期待値が高すぎた。なので、納豆の風味がとても薄く感じられた。

プレ・クスクスは逆に納豆を期待してなかったので、「おお、これって納豆料理じゃん！」という意外性に打たれてしまった。味わうと、クスクスと鶏は北アフリカの定番だから当然相性はいいが、そこにスンバラが加わることで全く別のハーモニーが生まれる。

　じっくり蒸し焼きにされたジューシーな鶏肉、プチプチとした食感がアクセントをなすクスクス、そして全てのものを身内の気安さに引き込むほんわかとした納豆の風味。

「納豆、納豆！」と私が騒いでいるので、竹村先輩が「どれどれ」と食べてみるが、「うーん、それほど納豆の味も香りもしないんだけどな……」と首をかしげている。

　どうやら私が彼の期待値を上げてしまったらしい。実際、冷静に観察すると、スンバラの豆はごく小さい破片がちょこっと見えるだけだし、さほど存在感はない。

　要は、鶏とクスクスのアラブ料理を誰かがここに導入したとき、ブルキナ人は自分たちに合うように何かを付け加えたかったのだろう。そして、それが基本調味料のスンバラだったということだろう。

　日本人ならプレ・クスクスに何を加えるだろうかと考えていたとき、アブドゥルさんが「日本ではブルキナ人にとってのスンバラみたいなものはある？」と訊いてきた。彼はときどき、こっちの心を読んだような質問をする。そして、これはアジアきっての納豆民族であるミャンマーのシャン族の人たちに訊かれた質問でもあった。

「醤油」と私は答えた。そう、日本人ならこのクスクス鶏に醤油を垂らしたくなるにちがいない。

　ちょうどこの取材旅行の直前、私は椎名誠さんと初めて酒席を共にしたのだが、椎名さんは「いつ、どこに行くときでも、必ず醤油は持っていくね。醤油を垂らすとがぜん美味くなる」と言っていた。

　椎名さんほどの旅の大ベテランでもそうなのだ。そして、同じく旅のベテランである竹村先輩もよく醤油を携えていて、ときどき現地の料理に醤油をかける。二人とも「ほんのちょっとかければ美味くなる」と言うところがポイントだ。

これがまさに民族の基本調味料というやつだろう。

ビールを飲みながらスンバラについて熱く語り合っていると、テーブルにどかんと黒い玉の入ったビニール袋が落ちてきた。

びっくりして顔をあげると、ゴールドのアクセサリーを首や手首につけた恰幅のいい女性が立ちはだかっており、「スンバラはビサ（族）のものがいちばん」と会話に割って入ってきた。なんでもこの人はお父さんがモシ族、お母さんが南部のビサ族出身で、今ちょうどお母さんの実家から帰ってきたところなのだという。黒い玉はもちろんスンバラだ。

黒い玉を割って、言われるがままに味見すると、豆の粒がきれいに潰れ、しっとりとしていた。香りも味もモシのスンバラとは微妙にちがう。

「ほら、こっちの方が美味しいでしょ？」とそのいかにも裕福そうな婦人は得意げに言った。手前納豆、ここでも強烈であった。

二日後、スンバラの仕上がりを見にコムシルガ村のザリサさん宅を再訪した。

家の中に入ると、ムンと臭気がした。「納豆の匂いだ！」と竹村さんと私は同時に口走った。まるで日本の納豆メーカーや手作り納豆の室《むろ》に入ったようだった。

プラスチック袋に包まれたたらいを外へ持ち出し、作業中にヤギが入ってこないように日干しレンガの囲いの中に置く。ヤギはスンバラを食べてしまうし、上に糞をされても困る。そして、ブルーシートを敷き、その上にスンバラを広げた。ダマになったスンバラをスプーンでほぐそうとすると、糸をぐいぐい引く！

口にしてもれっきとした納豆だ。しかも美味い。豆がうまいのだ。

発酵を終えたスンバラ。よく糸を引いている。

発酵したスンバラを持つザリサさんと高野。背後にブルキナファソの伝統的な三角屋根の家屋が見える。

今までスンバラ料理の匂いの薄さから「これを納豆と呼んでいいのか」と弱気になっていたところだけに嬉しかった。正直言って、日本の納豆とのちがいがわからないほどだ。たぶん、同時に食べ比べれば、日本納豆は大豆特有の甘い風味を感じるのだろうけれど、その程度じゃないか。

竹村先輩も味見し、「ふつうの日本の納豆より美味い。豆がうまい」と評価した。日本のスーパーでよく売られている納豆は正直言って豆の味がしないものが多い。

さらに先輩が付け加えるに「灰や砂がないしね」。そう、ナイジェリアのカノでは灰と砂にやられた。ここではひじょうに丁寧に作っているので、出来上がった納豆に混ざり物は一切ない。

「ナットー？」とアブドゥルさんが私たちの会話から単語をとらえ、不思議そうな顔をする。彼は日本にスンバラと同類のものが存在することは知っていても、それを表す日本語は知らなかったらしい。

「スンバラのことを日本では納豆というんだよ」と私はようやく自信をもって言えた。

そう、どんなデータや分析や理論より、納豆の匂い、味、粘り気のほうが説得力をもつ。

納豆の粒をいじくりながら「ネバネバだ！」と騒いでいたら、アブドゥルさん、今度はにやにや笑う。「モシ語でネバネバとは『みんな』って意味なんだ」

みんな、ネバネバ。

ちなみにモシ語では粘り気があることを「サーラガ」と言うらしい。作り手のザリサさんは「コロゴ（モシ語でスンバラのこと）はサーラガ（ネバネバ）であればあるほど美味しい。サーラガでないと美味しくない」と、アジアの納豆民族の誰もが言うのと同じことを述べた。

日本の納豆にあまりに似ているので、「このまま食べないの？　日本では直接白いご飯にかけて食べるけど」と訊いたら、「そうやって食べることもある」とアブドゥルさんとザリサさん。

なんと。早速、ザリサさんの息子の一人を市場へやり、ご飯を買ってきてもらった。ザリサさんは乾燥した納豆玉を三つ持ってきて、岩塩をまぜ、擂《す》り鉢ですって粉にした。それをご飯の上にかける。

次は豆の形が残ったままのスンバラを直接ご飯にのせた。これは日本に最も近い食べ方だ。

ただ、一般家庭ではスンバラをお湯で戻し、塩で味つけしてスープにし、ご飯にかけるという。これはもっとも原始的なスンバラ飯である。

「スンバラはどう食べてもいいんだ」とアブドゥルさんは強調する。個人の好みやそのときの気分だという。「私はこれが好き」と言い、彼は納豆ふりかけご飯をバクバク食べ始めた。うーん、白いご飯の上にかけてむさぼるという意味では似ている。

「おかかご飯のようでもあるな」と竹村さん。たしかに、形状が似ているし、ここでは納豆は主にダシなのでそういう見方もできる。

生後二、三週間とおぼしき小さな仔猫がみゃあみゃあ鳴きながら近づいてきた。納豆の粒をあげると、アブドゥルさんと同じくらいがっついて食べた。ここでは人も猫も納豆が大好きだ。

さて、二時間ほど干したスンバラをザリサさんは集め、たらいに戻した。あとは今日中に玉に丸めるだけ。片手で五、六回にぎって丸める。ブルキナの納豆玉は「女性が片手で握ってできるサイズ」と決まっているようだ。

毎回十二キロのパルキアを四千二百フランで買い付け、それをスンバラにして一万五百フランでワガドゥグの市場に卸すそうだ。利益は六千三百フラン（約千二百六十円）で、世界の他の地域と同様、零細な商売である。

ザリサさんが玉作りの作業を行っている最中もアブドゥルさんは喋りつづけている。それもスンバラ賛歌である。彼によると、スンバラを食べると血圧が下がるという。実は彼の親分の清水さんも同じことを言っていた。「自分は血圧が高いんですけど、ブルキナ滞在していると血圧がガクンと下がるんです。スンバラのおかげだと思います」

ザリサさんの近所の女性数人が遊びに来ると、アブドゥルさんはすかさず彼女たちに同意を求めた。そして、ホラ見ろと言わんばかりの顔で、「彼女たちも言っている、病院へ行くとマギーを食べるな、スンバラを食べろっていわれるって。スンバラは病気を治すんだ」。

納豆は血圧を下げ、病気を治す——。

実際、これはブルキナで広く信じられていることなのである。〝納豆信仰〟は今回、ナイジェリア、セネガル、韓国、ブルキナファソと全ての国で確認された。納豆恐るべしだ。

ギアがトップに入ったアブドゥルさんはしまいには村の女性たちを相手に演説を始めた。モシ語なのでわからなかったが、意味を聞いたら、今度は目を充血させて「白人が来て我々の文化を止めてしまったんだ！」とフランス語で呟き込むようにしゃべった。「われわれには素晴らしい文化があったのに。スンバラもそうだ」

アフリカの人がいきなりヨーロッパ人批判を始めるのを私はこれまで何度も見てきている。彼らは日頃、白人に近づこうと努めているが、心の底には百年越しの（場所によっては何百年越しの）怨念が根強く流れていて、何かのきっかけで急に噴出するのだ。アブドゥルさんの場合は納豆がそのきっかけを生んだらしい。

納豆は血圧を下げるのかもしれないが、感情のテンションを上げる。

ブルキナ人にとって、納豆は民族の「原点」なのかもしれなかった。

第6章　キャバレーでシャンパンとハイビスカス納豆

バム県／ブルキナファソ

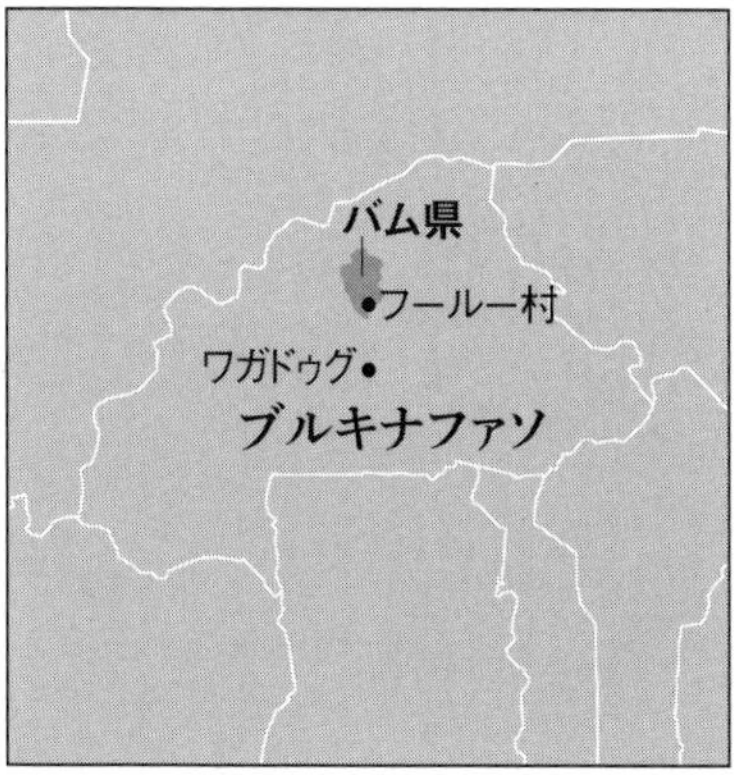

1. 酒飲み天国からサハラ砂漠の岸辺へ

「ここ、ほんと、いいですよね？」

「天国じゃない？」

ブルキナの首都ワガドゥグにいるとき、竹村先輩と何度も繰り返した会話だ。

〝納豆ガンダーラ〟であるかのような夢を見ていたが、来てみると本当にガンダーラだったのだ。

まず、食べ物がなんでも美味い。スンバラ飯やクスクス納豆チキンだけではない。

牛の皮をとろとろに煮込んだハヤシライスのような牛皮煮込み、ササゲを粉にして練って揚げた「ゴンレ」、西アフリカの主食である餅団子とオクラやハイビスカスの葉などを使ったネバネバのソース……。

しかし何と言っても私たちを虜《とりこ》にしたのはワガドゥグの飲み屋だ。街の至るところにあり、しかも多くは屋根があるだけのオープンエア。通りを歩いていると、ビールを注文する人、飲む人、酔っ払っている人が否応なく目に入ってくる。

人口の過半数がムスリムなのにどうしてこんなに大らかなのか。イスラムの正装をして堂々と飲んでいる人もいて、見るだけで嬉しくなる。

私たちがこよなく愛したのは宿のそばにあった長屋のような飲み屋街。ブルキナの飲み屋の慣習通り、ここもビールはバーで注文し、つまみは店の前に出ている屋台やお盆にのせて売り歩いている人から買う。

たいていは肉だが、牛、羊、豚、鶏となんでもある。一口サイズに切った正肉やモツを、揚げたりピーマンやタマネギと一緒に炒めたりグリルしたり煮込んだりジャーキーにしたりして売っている。一皿千フラン（約二百円）程度。そのどれもがびっくりするくらい美味い。

冷蔵庫もなければ冷蔵冷凍輸送もないので、朝屠《ほふ》った家畜の肉を食べているのだろう。私たちが日本で食べている肉とは鮮度がちがう。

でも、ジャーキーのような加工肉も「おおっ！」と声をあげてしまうほど味わいが深いから、鮮度だけではない。調理のセンスもあるだろう。どんな料理もやわらかいのに肉の味が濃い。火の通し加減も完璧だ。

清水親分によれば、牛や羊は北の遊牧民フルベ族が育て、屠畜のプロであるハウサ族（ナイジェリアではダワダワを食べている民族）が捌《さば》いているという。豚はクリスチャンが担当。

鶏は誰が育てているのかしらないが、地鶏なのは間違いない。「こんな美味い鶏、めったにないよな」とテレビのロケで世界中を旅し、美味い物を食べつけている竹村先輩が感嘆する。

そんなものをつまみながら冷えたビールを飲む。乾燥しているから汗はかかなくても喉はいつも渇いている。ビールを流し込むと、まさに「旱天《かんてん》の慈雨」。口、喉、胃、腸の襞《ひだ》すべてから泡とアルコールが体に吸い込まれ、毛細血管の隅々まで行き渡るような快感をおぼえる。

この飲み屋街は驚嘆すべきことに夕方には店を閉めてしまう。昼しか営業してない飲み屋街なんて初めて見た。午後三時を過ぎるとつまみも減るので「早く行こう」と道を急いだりした。

もちろん、夜は夜でもっとたくさんの酒場が花開く。

ワガドゥグは「アフリカ版・三丁目の夕日」のようだ。現代アフリカの他の都市はもっと経済発展している。ビルが雨後の筍のようにそびえ、人々はスマホを手放さず、SNSに余念がない。だが、ここはまだネットは黎明期程度、おかげで飲み屋でスマホをいじくるような野暮な人はいない。目抜き通りであるンクルマ通り以外はビルなんてほとんどなく、街路はすれ違う人の顔も見えないくらい暗い。他のアフリカ諸国の都市部では経済発展と引き替えに犯罪が多発化している。私たちもふだん、こんな暗い場所は絶対出歩かないが、ここは大丈夫。ある本に「自由とはビールを飲みに行く夜道」という名言があったが、それを肌で実感できる。

現に、同じく真っ暗な屋外の飲み屋で着飾ったマダムが一人でビールのグラスを傾けているのを見たこともある。

ブルキナ人は争いごとが嫌いで自己主張も強くないという。私たちが出会う人々も、愛想はいいが賑やかに騒いだりべたべたしたりせず、どこか飄々としている人が多い。日本の東北内陸部なども含めた、アジアの納豆民族に共通する気質を感じる。

清水親分によると、ブルキナは独立以来、五回クーデタで政権が替わっているが、大統領が殺されたのは一度だけだという。

二〇一四年には当時の大統領が（憲法で禁止されている）三選目を務めるため憲法を強引に改正しようとしたところ大人しい国民がついに立ち上がり、暴動になったことがある。国会とそれに隣接する高級ホテル、政権に関係する施設が焼き討ちにあった。

しかし、ホテルの客は暴動が起きる前に、暴徒のみなさんから安全に屋外に誘導され無傷だったし、外国のNGOのオフィスには前もって「ここは危ないから近づかないように」と焼き討ちマップが配布された。そして、暴動の翌朝は人々が外に出て、せっせと道を掃除し、自分たちが壊したり焼いたりした物を片付けていたという。

ムスリムとクリスチャンが和やかに同居し、一緒に酒盛りしている姿を見ると、それも納得がいく。

私たちはすっかりこの国が好きになっていた。実はスンバラ豆を取材したら、ナイジェリアか西アフリカの他国へ移動することも選択肢に入れていたのだが、「もっとここにいたい」という気分になってしまった。

もちろんブルキナに探索すべき未確認納豆があったからだが、他の国にもありブルキナにもあるものなら、ブルキナで探したいと思った。その筆頭が「ビカラガ」ことハイビスカス納豆だ。

ハイビスカス納豆――。

珍奇な響きだ。

実はビカラガの原料は、これまでナイジェリアやセネガルで登場したハイビスカス（ローゼル）だ。前にも述べたように、葉は加熱するとネバネバして納豆の「相棒」みたいな野菜であるいっぽう、花やつぼみは「ハイビスカス・ティー」や「ハイビスカス・ジュース」にして飲む。

だが、ブルキナの一部の地域（および西アフリカのいくつかの場所）では、この種を使って納豆のような発酵食品を作るという。「相棒」の地位に甘んずることなく自らが納豆化するとは驚きで、私がこれを「ハイビスカス納豆」と呼ぶゆえんだ。

清水さんやその仲間の研究者によれば、このビカラガはマリ、ニジェール、ナイジェリア、カメルーン、スーダンなどでも報告があるというが、ここブルキナでも作っている人たちがいるらしい。

清水親分がフィールドワークに通っているバム県のフールー村でよく食べられているというので、行ってみることにした。ただ、ハイビスカスが採れるのは雨季の四月〜十月と聞いていたので、今その納豆が見られるかどうかは確信がもてなかった。ともかく、行ってみるほかない。

道路状況がよくないと聞いていたので、用心してアブドゥルさんのボロボロのカローラではなく、

4WDのランドクルーザーを借りた。ただし運転席にはいつものようにアブドゥルさんがいる。アブドゥルさんは清水親分と一緒に何度もその村へ行ったことがあるらしい。

ワガドゥグの市街地を抜けると、にわかに景色が変わった。まばらに生えた木、茂み、草地が入り交じったサバンナ。それが延々とつづく。

私はアフリカの僻地をよく訪れているが、こんなにわびしい場所はあまり記憶にない。ふつうなら、牛、羊、ヤギ、ラクダなど家畜がもっとたくさんいるし、カモシカや野ブタ、サルなどの野生動物もちらほら見える。道路沿いにはもっとヤシの木が生え、集落にはマンゴーやパパイヤ、バナナの木が生い茂っているものだ。

しかるに、ここは人間生活や動物の気配があまりに乏しい。土地は乾燥しきっており、草木も土埃をかぶり、半ば土色である。助手席から風景を撮影しようと思うのだが、カメラの焦点を合わせるものが何もなくシャッターが切れない。

ときどき、あまりの寂しさに耐えかねてサバンナから出てきたかのような小さな集落に出くわす。箱のような日干しレンガの家屋が道路脇でひっそり肩を寄せ合っている。大きめの木の枝に家畜用の藁をのせていなければ、だいぶ昔にうち捨てられた住居跡か遺跡にしか見えない民家もある。

環境の厳しさはワガドゥグ周辺と比べても歴然としている。

サヘル地域へ入っているんだなと思う。サヘルとはサハラ砂漠の南側にある年間降水量百五十〜五百ミリ程度の半乾燥地帯である（ワガドゥグは年間八百ミリ程度）。三十年ほど前から砂漠化が進み、深刻な問題となっている。先にも述べたが、「サヘル」はアラビア語で「岸辺」の意味である。広大なサハラ砂漠を海と見立ててのことだ。

この見立てはなかなか優れている。というのは、十世紀以降、西アフリカではマリ王国、ソンガイ王国などさまざまな王国がサヘル地域で繁栄したが、それは北アフリカのイスラム文化（あるいは地中海文明と呼んでもいいかもしれない）がサハラを越えて渡ってきたからだ。

サハラは食べ物もなく人もほとんど住めない場所だが、ラクダのキャラバンを仕立ててオアシス伝いに旅をするという仕組みが開発されると、それこそ海を行く船団のように、遠距離を一気に移動したり物を運んだりすることが可能になった。海同様、他の民族があまりいないので、邪魔されずに済む。巨大な山など地理的な障害物もない。

その一方、サヘルには大河ニジェール川が東西に流れている。サヘルのどこかが北と結ばれると、東西の流通や拡散は容易であった。

結果として西アフリカ諸国は多くの文化を共有することになった。主食が餅団子であるとか、それにネバネバのソースをつけて食べるとか、ダシや調味料としてアフリカ納豆を多用するとかである。

ただし、今は西アフリカの発達した交易網や地域の一体性がネガティブな面に現れている。

一つは砂漠化の進行。サハラ砂漠が岸辺を侵食し、砂漠が南へ向かって陣地を広げているのだ。最大の原因は植民地時代にフランスが森林やサバンナを切り拓き、綿花や落花生のプランテーションを大々的に行ったことだと言われている。

もう一つはイスラム過激派の浸透。もともとリビアやアルジェリアを拠点としていたアルカイダ系の過激派組織が、近年になって昔ラクダのキャラバンがそうしたように、４ＷＤの車やトラックでサハラの海を一気に渡り、南の岸辺へ押し寄せてきたのだ。

マリとニジェールは国土の大半が過激派の影響下にあり、いまや納豆取材は到底不可能。ブルキナといえども無縁ではいられない。

ワガドゥグでは、年に一度くらいの頻度で、アルカイダ系のイスラム過激派によるホテルやレストランの襲撃事件が起き、その都度少なくない犠牲者が出ている。実行犯は国外もしくは国境周辺からやってくる。ブルキナ人の犯行ではない。

マリやニジェールと国境を接した北部はもっと頻繁に襲撃を受けている。アブドゥルさんによれば、「ムスリムもクリスチャンも関係ない。モスクが襲われることもある。ナイジェリアのボコ・ハラムと同じだ」という。

先月（二〇一九年一月）にはそれらのエリアに「非常事態宣言」が出された。バム県は非常事態宣言の出ている県の南隣にあり、まだ治安は保たれているとされる。

出発して二時間ほどして、川を渡った。この近くの雑貨屋で訪問先への礼物を物色した。買ったのはバゲット（フランスパン）十本。「村ではこれがいちばん喜ばれる」とアブドゥルさんは言う。

再出発すると、東方に山がちらほらと現れた。「最近、金《ゴールド》がとれるようになり、若者や女性が金山に集まってしまっている」とアブドゥルさんは憂鬱な口ぶりで言った。環境破壊、健康被害、それに若者が村からいなくなるという問題について、アブドゥルさんはとうとうと語った。

私たちが訪れるフールー村も生活環境が厳しそうだ。環境NGOの活動地域になっているのだから当然だろう。ハイビスカス納豆も、乾燥でパルキアの木が少ないから、しかたなく作るのではないかと推測されている。

ワガドゥグの飲酒天国が夢のように思えた。この旅は我慢の時間帯になるだろうと覚悟したのだが……。

2. 飲んだくれの村

ワガドゥグの町を出て三時間後、道路から少し離れたところに例によって乾ききった集落が見えた。車は急に車道から下りてビニールシートのかかった小屋の前で止まった。小屋では七、八人の男たちが酒を飲んでいた。

「ボンジュール！」と挨拶すると、向こうからボンジュールの返事と同時にヒョウタンを切った盃が差し出されてきた。かけつけ一杯とかいうやつだ。

「ここでは人が来るとケパロだ」とアブドゥルさんが笑った。

「ケパロ」（あるいは「チャパロ」）はモロコシ（ソルガム）で作ったどぶろくである。実はすでに王様が支配するコムシルガ村へ行ったとき、市場でたんと飲まされた。

どぶろくといっても、さほど濁っておらず、薄茶色のわりあい透明な酒で、シュワシュワと微発泡しており、アルコール度数も推定五パーセントほど、つまり全体的にビールに似ている。

ただ味はもっと濃厚で、酸味があり、しばらく飲んでいると、スパークリングワインのように思えてくる。しかもここフールー村のケパロは酒の材料がないプラスチック容器の中でも発泡を続けていた。

二次発酵？　フランスのシャンパンは瓶詰めをするとき酵母と糖分を加えて瓶内でも発酵を続けさせる。それを二次発酵と呼ぶ。偶然か意図的なものか不明だが、ここでも似たことが起きているのかもしれない。てことは、これはブルキナ版シャンパンと言えなくもない。

ちなみに、ブルキナではこういうどぶろくの飲み屋のことをなぜか「カバレ」と呼ぶ。フランス語のCabaret（日本ではキャバレー）だ。おそらくブルキナには本来そういう言葉がなかったのだろう。でもビールを出すもっと垢抜けた飲み屋には使わず（そちらは「マキ」と呼ばれる）、どぶろくの飲み屋を指すのが不思議だ。

言い方を変えると、私たちはキャバレーでシャンパンを飲んでいるわけだ。一杯やると、これまでの単調な道中で落ちていた気分がスッと上がった。酒は素晴らしい。

そこへ店の主であるチルメンガさんが現れた。五十歳くらいの痩せ型の人で、清水親分の長年の友人だという。民族衣装風の白いゆったりした上着を着ている。それが白衣っぽくも見え、どことなく、「村の赤ひげ先生」のようでもある。

清水親分は彼のことを「飲んだくれのチルメンガ」と呼んでいた。実はひじょうに働き者でいわゆる「篤農家」（農業の研究・実践に熱心な人）だ。新しい知識や手法を考案したり誰かから聞いたりしては実践し、他の村人にも伝えているらしい。本当に赤ひげ先生っぽい。だが、仕事が終わるといつも飲んでいるのだそうだ。それも酒飲みの赤ひげ先生と考えれば納得できるが。

まずは少し離れたところにある彼の家へ行った。アフリカの乾燥地帯では主食としてよく食べられているトウジンビエを刈りとった後の畑に囲まれ、他の集落からぽつんと離れている。土壁の囲いの中に広い庭と小さな日干しレンガの建物が二つ、丸い壁と屋根の倉庫、そして白く乾いた庭にはドラム缶を切ってリサイクルした水ガメが転がっていた。

日陰の椅子に腰を下ろすと、チルメンガさんはまたケパロをもってきた。これ以上飲むと取材に差し支えそうだ。

「あまり腹具合がよくないので……」という言い訳で遠慮したところ、「それじゃあまり飲まない方がよかろう」と重々しく言いながら、盃になみなみと酒をついで手渡した。

言っていることとやっていることが全くちがう。さすが「飲んだくれ」だ。そして、私も飲んだくれなので、出されたら飲んでしまう。なんということか、ワガドゥグのビール天国からフールー村のシャンパン天国へ移行しただけだった。

私も竹村先輩もすでにほろ酔いだ。だが、酔眼でも見るものは見ている。家の屋根の端に何か黒いものがお盆状の板にのっているのに気づいた。それはアジア・アフリカ各地の取材現場で目にしてきたものに酷似していた。

「あれ、納豆じゃない？」私が言うと、竹村先輩もアブドゥルさんもパッと同時に立ち上がり、まるで納豆探知犬のように現場へ急行した。

果たしてそれは私たちの求めていたビカラガだった。

よかった！　今も作っていたんだ！　という喜びは、しかし一瞬で凍りついた。あまりに予想していたものとちがったからだ。

――なんだ、これ……？

目の前に現れたのは干からびた黒土のようなガサガサとした固まりだった。豆でないどころか種ですらない。納豆臭もしない。というより、いかなる発酵の匂いも感じられない。じゃあ、何の匂いがするかというと、ハイビスカス・ティーの匂いがした。

娘さんの一人が発酵前のビカラガを見せてくれ、再度唖然。アサガオの種によく似た、でももっと小さい、不揃いの黒い種。

アフリカ納豆は元来、大豆ではない。これまで見た全ての土地でパルキアだった。でも大豆とパルキアは似ている。両方とも同じくらいの大きさ、同じような色合いの豆だ。しかるにこれは豆じゃない。ただの植物の種である。ハイビスカスはマメ科でなくアオイ科の植物なのだから、よく考えれば、というかよく考えなくてもわかっていたことなのだが、現物を見るまで想像力がまるで働かない私は今さらのように驚いてしまった。

こんな植物の種から納豆が作れるとは到底思えないし、実際出来上がった物は納豆と似ても似つかない。

これがハイビスカス納豆なのか？　そもそも発酵食品なのか？　だいたい食べ物なのか？　いくら納豆が恥ずかしがり屋で姿を隠すといっても限度がある。

クエスチョンマークが頭の中を線香花火のように駆け巡った。竹村先輩もカメラを回しながら「これ、納豆？」と困惑している。

納豆探知犬チームが立ち往生しているのも気に留めず、チルメンガさんの奥さんが作り方を教えてくれた。
①鍋で種を煮る、②夜、煮終わったら、取り出して、たらいに入れ、家の中に二晩おく、③二日後、取り出す、④搗《つ》く、⑤ヒエ藁を敷いた鍋で一晩蒸す、⑥翌朝取り出して、一日干す。
①から③までは日本・アジア・アフリカに共通した納豆の作り方で、「④搗く」もアジア諸国の多くやアフリカで見てきた方法と同じだが、「⑤一晩蒸す」だけが新顔である。③の段階ですでに発酵は済んでいるはずなのに、なぜ蒸すのだろう？
チルメンガさんがしきりに酒を勧めるので、それをちびちびやりながら、さらに突っ込んで訊く。彼のフランス語は癖があって、慣れないと聞き取りにくいうえ、質問に答えずに話が違う方向へ飛んでいくのが困る。だが、アブドゥルさんの我慢強い通訳と説明で、次第に謎めいたハイビスカス納豆のいくつかの側面がわかってきた。

面白いことにハイビスカスはヒエやソルガムの畑の端に植えるという。日本で大豆を田んぼの端に植えるのにそっくりだ。ただ、根が窒素固定を行い土地を肥やすマメ科の大豆とはちがい、アオイ科のハイビスカスは畑に何もポジティブなことはもたらさない。畑の区切りにするだけだという。

なぜハイビスカスの種を納豆にするのかというと、一つにはそれがたくさんあるから。繰り返し述

村へ到着したら、間髪いれずにシャンパン（どぶろく）で乾杯。

搗いた種を鍋で蒸す。圧力をかけるために、鍋の蓋を牛糞で密閉する。

モロコシ（ソルガム）でつくった餅団子とブルバカのソース。

べているように、ハイビスカスは主要な野菜でありお茶やジュースにもするから大量に栽培している。当然種も有り余っているから使うのだ。

そして、もっと重要なことは「この辺にはパルキアは少ない。スンバラでなくビカラガに私たちは慣れている」。

やはり彼らにとっても、スンバラとはまずパルキアで作るものという認識なのだ。それは言語の面からも確かめられた。

チルメンガさんによれば、ビカラガの「ビ」はモシ語でハイビスカスのことで、「カラガ」はコロゴ（スンバラ＝パルキアの納豆）が変化したものだという。要は「ハイビスカスのスンバラ」という意味なのだ。あくまでパルキアの納豆が先にあり、その後でハイビスカスの納豆が作られるようになったことが見て取れる。

チルメンガさんによれば、ここも昔、例えば三十〜四十年前はもっと村の数も多く、パルキアの木も今より多かった。したがってパルキアのスンバラも今よりたくさん食べていたが、二十年ぐらい前から雨が少なくなり、乾燥化が進んだ結果、パルキアの木も減ったという。

やがて昼食となった。チルメンガさんの娘さんが作ってくれたのはスンバラ飯。といっても、ワガドゥグの店で食べたものとは全然ちがう。あちらはぶっかけ飯だったが、こちらは汁がない。スンバラ（パルキアの方）とトマトを一緒に炊き込んだ、一種の炊き込みご飯だ。だが、どうやらこれが伝統的なモシ族のスンバラ飯であるようだ。

この村ではふだんはソルガムの餅団子を食べているという。私たちは「お客」ということで米のご飯を出してくれているようだ。そして、私たちがお土産に買ってきたのはフランスパン。

餅団子→米飯→パン、という順で、日常食からハレの食事（御馳走）に変わっていくようだ。

発酵中のビカラガはないのかと訊くと、近所で商売として作っている女性がいるとのこと。ビカラガはふつう各家庭で自作するが、なんらかの事情で切らしてしまったときはその人のところで買うという。

村の中心まで車で移動した。三角屋根の穀物倉が集まる場所に到着すると、男たちが寝そべったりしゃがんだりしながら、大きなヒョウタンの盃を傾けていた。またしてもキャバレーでシャンパンだ。後で知ったのだが、人が集まっていると、酒売りの女性が酒を大きなタンクに入れて運んでくるのがブルキナの村では一般的らしい。そして、みんなが酒を飲み始めると、それが自動的にキャバレーとなる。

清水親分の情報は正しくない、と思った。「チルメンガは飲んだくれ」とのことだったが、この村は全員が飲んだくれじゃないのか。朝から普通に飲んでいるらしい。

車を運転しないときはふつうに昼酒を飲むという酒豪の竹村先輩も「俺だって朝からは飲まないけどな」と感心していた。

ヒョウタンの盃を何度か口にしては他の人に回す。これで義理を果たしてから集落の中へ入った。女性たちが集まっている一角へ行って訊ねると、「毎日作っている」という女性が一晩発酵させたビカラガをもってきてくれた。チルメンガさんの家にあった干からびたものと異なり、こちらの黒い種は柔らかくて指で軽くつまむだけで潰れたが、やはり粘り気はなく納豆の匂いもしない。

お願いして見せてもらったのに笑顔になれない。会話もまったく弾まない。

いつもなら「日本にも××がある」と得意げに言うところだ。××にはダワダワとかネテトウとかチョングッチャンとかが入る。でも、ビカラガだけはそんな気になれない。これを見て納豆だと思う日本人はいないだろう。

頭の中を飛び交っていたクエスチョンマークは脳の奥底のドブに沈んでしまった気がした。「ビカラガはちがう。納豆じゃない」

言葉もなく、ぼんやりと酔眼でベージュ色の土壁の家や塀を眺めていたら、敷地の角の塀の上にゴザを敷き、その上に籠やらアルミのお盆やらのせて何かを干しているのが目に入った。四つあるお盆の上にはまたしても黒い土くれのような物体が並んでいる。

この村の人たちはよほどビカラガが好きらしく、せっせと作って干しているのだ。その様子はどうにもミャンマーやナイジェリアで見た納豆天日干しの光景によく似ている。納豆じゃないとわかっていても、一応確認せずにはいられない納豆探知犬の悲しい性《さが》で、反射的にパッと立ち上がって近づき、お盆を下ろして土くれを手に取った。くんくん匂いをかぎ、ハッとした。

「納豆臭がする!!」

まだ柔らかい、つまり干しはじめたばかりなのだろう。でもどう見ても納豆の香りが、ハイビスカス・ティーの香りと同居していた。マリアージュ、いや呉越同舟という感じか。

「ほんとだ、納豆の匂いがする!!」と竹村先輩も驚いている。うーん、参った。これは納豆菌がはたらいているとしか思えない。これがハイビスカス納豆なのか。

この納豆(?)の持ち主の女性がすぐにやってきたので、そのまま小さなビニール袋に入れてもらい、購入。五十フラン(約十円)。同じ値のスンバラの三、四倍の量だ。チルメンガさんが酔っ払い独特のうねるような口調で「スンバラよりずっと安いだろ?」と繰り返す。

たしかに物価がはるかに高い首都ワガドゥグとこの村で、スンバラの値段は変わらない。では一体なぜ、ここの人たちはスンバラを使うのか。ビカラガの方が好きならスンバラを使う必要がないのではないか。

根気強くを通り越し、しつこく聞き続けて得た回答は、「米と一緒に食べるときはスンバラの方がいい」というものだった。なるほど、餅団子とビカラガは自給できるが、米とスンバラはともに現金で買わねばならない高級食材である。セットになっているのか。

チルメンガ宅へ戻る途中に別の道を通ったら、今度は老若男女が十数人、木陰で飲んでいた。むう、またキャバレー、しかも大規模だ。もしかして、今はちょうど作物の収穫が終わったところでそれを祝して飲んでいるのではないか？　と閃《ひらめ》いた。

訊いてみると、答えは「ノン」。収穫はとっくに終わっている。「今は乾季で仕事がないから酒を飲む」と人々は言い、私も納得しかけたが、乾季が半年も続くことを思い出して呆れてしまった。

この土地は乾燥しすぎているし、灌漑《かんがい》もないから、雨の降らない乾季には何も作物を育てられないのはわかる。他に仕事もない。だからといって、日がな一日飲んでいるだけとは……。

しかし、ブルキナは素晴らしい。男だけでなく女性も一緒に、分け隔てなく飲むのがいい。「ごちそうしてよ」というリクエストがあり、私は二百五十フラン（約五十円）の硬貨を渡した。おごられっぱなしは面白くないし、仲間に入れてもらったようで嬉しい。若いお母さんは二歳くらいの子どもにも飲ませていた。子どももケロッとした顔で飲んでいた。

3．ハイビスカス納豆の秘密

その日はフールー村から車で二十分程のところにあるコングシという町の宿に泊まり、翌朝、町の中にある「環境と牧畜保全のための青年協同組合」と訳せるＮＧＯ「ＡＪＰＥＥ」を訪ねた。このＮＧＯは「緑のサヘル」という日本の環境ＮＧＯと提携しており、チルメンガさんとも共同で活動を行っているという。

恰幅のいい代表の男性にビカラガの話を聞いてみた。チルメンガさんと同様、「昔は緑がずっと多く、もっとパルキアの木も豊富で、スンバラもよく食べていた」とのことだ。

彼の意見では、ソースに油を入れるならスンバラがよく、入れないならビカラガがいいという。「油とビカラガはなじまないんだ」とのこと。こだわりがあるなあと感心する。

九時半頃、フールー村を再訪した。車を降りると同時に、ヒョウタンの盃が差し出される。この村では完全に素面《しらふ》でいられる時間は一分たりともない。私たちも返礼をし、さらにチルメンガさんの店に到着して、また一杯。

この時期は一応冬にあたり、一年の中で最も涼しい。朝は冷え込み、長袖をはおる必要がある。でも日差しは強烈で、十時を過ぎれば、気温は三十度を超す。シャンパンは発酵熱のため常温以上に温かくてなかなか喉を通らない。

「これ、冷蔵庫でキンキンに冷やしたら美味いのになあ」と思ってしまうが、もしそんなことをされたら、一気に飲んで酔っ払って、仕事にならないことは火を見るより明らかで、したがって納豆探知犬のわれわれにとっては現状が望ましいことになる。

前日と同様、村の中心地へ行く。納豆作りの工程を少し見学するためだ。またしても途中で男女が酒盛りをしており、私たちを見るなり、わーわーと異様な盛り上がりを見せる。昨日は珍しいお客だったが、今日は「飲み仲間が来た！」とか「おごってくれる人が来た！」といった声音だ。私たちも由緒正しい酒飲みだからそれはわかる。

てきとうに付き合ってから、昨日訪れたのとは別の家を訪れた。今ちょうどここで納豆を仕込んでいるところだと聞いたからだ。この村の台所はすべて屋外に設《しつら》えられている。家と同様、竈《かまど》も調理台も日干しレンガに泥を塗り込んだ造りで、一見いかにも原始的だが、子細に見れば、泥を重ね塗りして継ぎ目を丁寧に消してあるうえ、よく手入れが行き届き、システムキッチンのように美しい。台所を見るだけで、「おいしいものができそうだ」と思う。

しかし、納豆作りに関しては予想を完全に裏切られた。

若い女性が倉庫においた鍋から二日前に仕込んだビカラガを取り出したのだが、二晩おいてあるというのに、やわらかいだけで全く発酵している気配がない。昨日、初めに見たビカラガと同じだ。どういうことだろう?

女性はそれを村はずれにある共同の搗き場へ持っていって搗いた。その時間が長いこと。二人がかりで三十分もやっている。私たちもちょっと試してみたが、私はもちろん、アブドゥルさんもあっという間に疲れてしまった。重労働のうえコツがいる。

最終的には黒い種はほとんど黒土と化した。

しかし、真の驚きは蒸す作業だった。鍋に細い木ぎれを折って詰めて中敷きにする。水を入れ、鍋の底を水で浸す。そして、ビニール袋に密閉した黒土のようなビカラガを鍋の中の木ぎれの上に置いて、蓋をする。そして、なんと蓋と鍋の隙間に牛糞を塗りたくった。蒸気を完全に閉じ込め、温度を高く保つのだろう。圧力釜と同じだ。

これから晩まで七、八時間蒸して、あとは放置するとのこと。翌朝、それを取り出し、また搗いてから、もう一度蒸すと聞いて、気が遠くなった。なんという手間だ。

五分と黙っていられないＤＪアブドゥルさんは、「ああ、赤ん坊が生まれたとき、大声で泣く理由がわかるだろう。人生が辛いと言って泣くんだ」というジョークを思いつき、フランス語とモシ語で何度も繰り返しては自分で笑っていた。

どうして二日間、仕込んだビカラガが発酵していなかったのか謎である。また、蒸して温めるといっても、ハイビスカスの種はビニール袋に密封されているので今さら納豆菌の入る余地がない。そこから納豆になるならやっぱり不可解だ。説明された以外の作業があるのかもしれない。伝統食品の取材は、「聞き取り」ではうまくいかない。作り手は話すとき手順の一つや二つ、簡単に忘れたり、間違えたりする。かくいう私たちも何度か同じ失敗をしている。

実際に現場を見なければいけないのだ。だが、まさかこんなに込み入った製造過程とは思わず、取材する時間をとっていなかった。諸事情により、この日のうちにワガドゥグへ帰らねばならなかった。現場を一目見ればいいと甘く考えていたことを悔やんだが時すでに遅し。

その謎はいつか機会を改めて解明し、今はやれることをやるしかない。

チルメンガ宅に戻って、今度はビカラガを試食することにした。

「村の食事はすごく簡単だ」とアブドゥルさんは一言で片付けていた。ワガドゥグでは米やパスタ、パン、餅団子などさまざまな主食を食べるが、村ではもっぱらブルキナの伝統食だ。すなわち、餅団子をどろどろネバネバしたソースにつけて食べる。

「ソース」とフランス語で呼んでいるが、たれであり、おかずであり、スープあるいはシチューと呼んでもいい。このソースがその日の料理の味を決める。「昨日何食べた？」というような質問へは「オクラ（のソース）」などと答えるので、料理名ともなる。

たしかに村ではワガドゥグとちがって、肉などめったに食べないだろうし、野菜のソースは一瞬で作れそうである。が、実際に見てみたら話は別だった。担当してくれたのは娘さんの一人だった。

まず、家の中の壺からビカラガを取り出した。彼女の両の手のひらにいっぱいだから、けっこうな量。ただし、それを直接鍋に入れず、水の中に浸してから丁寧に何度も何度もザルで濾《こ》した。その汁だけを使うらしい。いつもの納豆料理とはちがう。

次に黄色っぽい塩魚の破片を搗き、鍋に入れる。こんな内陸の寒村で魚ダシをとるとは意外だ。これがあるなら苦労してビカラガを作る必要なんてないんじゃないかと思ってしまう。

さらに驚かされたのは「ラビリ」と呼ばれる白い固まり。「ケパロを作った残り」という。嚙《かじ》ってみたらまさに酒粕！　伊達にあれだけ飲んだくれているわけじゃない。まさか料理に使っていたとは。

次にブルバカという葉を入れる。これは畑に勝手に生えてくるという野草だが、ハイビスカスやオクラと同様、ネバネバして、ブルキナでは好まれる野菜だ。雨季に収穫したものを干して保存しているという。この料理は「ブルバカ（のソース）」という名前になる。

塩を入れたあと、今度はヒエの稈《かん》を焼いた灰を水に溶かして濾した汁。「これを入れると、酸っぱくなくなる」という。

塩以外で、ビカラガ、干し魚、酒粕、灰汁《あく》と四種類もの調味料とダシを使っている。

十五分ほど煮込んで完成した。

ここで私たちは普段はやらない実験を行うことにした。「ビカラガ抜きで同じ条件の料理を作ってほしい」とリクエストしたのだ。ビカラガはあまりに納豆らしくない。これを入れることに意味があるのかと思ってしまったのだ。それを確かめるにはビカラガ抜きの料理を食べるにしくはない。

娘さんはこの珍妙な頼みに苦笑していたが、嫌な顔もせず、もう一度同じ作業を繰り返して料理を作ってくれた。

さて、いよいよ食べ比べだ。主食は赤いソルガムの餅団子。町で食べたトウモロコシのものより堅く、風味が濃い。

さて、まずはビカラガ――ハイビスカス納豆入りだ。

ストレートに美味い。四種の調味料のうち、どの味もしない。納豆の風味もないし、魚ダシもほんのうっすら程度。なのに、まろやかで深い。各調味料が自分たちのエゴを全て捨て、チームのために尽くしたような一体感がある。

続いて、ビカラガなしの方。果たして味はどうなのか。ビカラガ入りとさしてちがわないんじゃないかと思いきや、一口目でガツンと来た。

「なんだ、こりゃ!?」　魚ダシの味ばかりする。魚くさいというか、味がとがっているというか。ビカラガ入りの方が断然美味い。

カメラをおいて、竹村先輩も二つを食べ比べる。ビカラガ入りは「うん、美味い」と感心していたが、ビカラガ抜きは「うわっ、こりゃダメだ。まずい！」と悲鳴をあげた。

さらに何度か二つを味見して、「まるで美味いラーメン屋とまずいラーメン屋だ」と結論づけた。ラーメン好きの先輩によれば、まずいラーメン屋のラーメンはせっせとダシをとってもそれが他の調味料や具材と融合しておらず、味がとがっているという。そして、美味いラーメン屋のラーメンは味がまろやかでコクがある。

全く思いがけない結果だ。調味料全員が一致団結して頑張っているのかと思ったら、ビカラガがリーダーとしてチームをまとめていたのだ。その証拠に、ビカラガが抜けたら、とたんにチームはバラバラになってしまった。特に魚ダシの下手な自己主張は目に余る。

うーんと唸ってしまった。一見、腹を満たせばあとは何も文句ないという、乾燥しきった貧しい村に見えるが、実際は「こだわりの店」だったのだ。

ビカラガは昆布のような、ダシ専門の納豆だった。またしても私の納豆観は覆された。いや、驚いた。

アブドゥルさんは先ほど、ビカラガを苦労して作っていたのを見たとき、「ああ、赤ん坊が生まれたとき、大声で泣く理由がわかるだろう。人生が辛いと言って泣くんだ」と言ったが、間違いである。生きるだけなら、ここまでする必要はないのだ。ビカラガは豆のスンバラとちがって、中身は食べない。つまり、ビカラガはタンパク質補給の役に立っていない。ただ、美味いものが食べたいという欲求のためだけに、彼らはここまでしてハイビスカスのちっぽけな種から納豆を作るのだ。

帽子を何度脱いでも追いつかないほど脱帽してしまった。

モシの村の人はすごい。人間はすごい。

第7章　幻のバオバブ納豆を追え

ガンズルグ県／ブルキナファソ

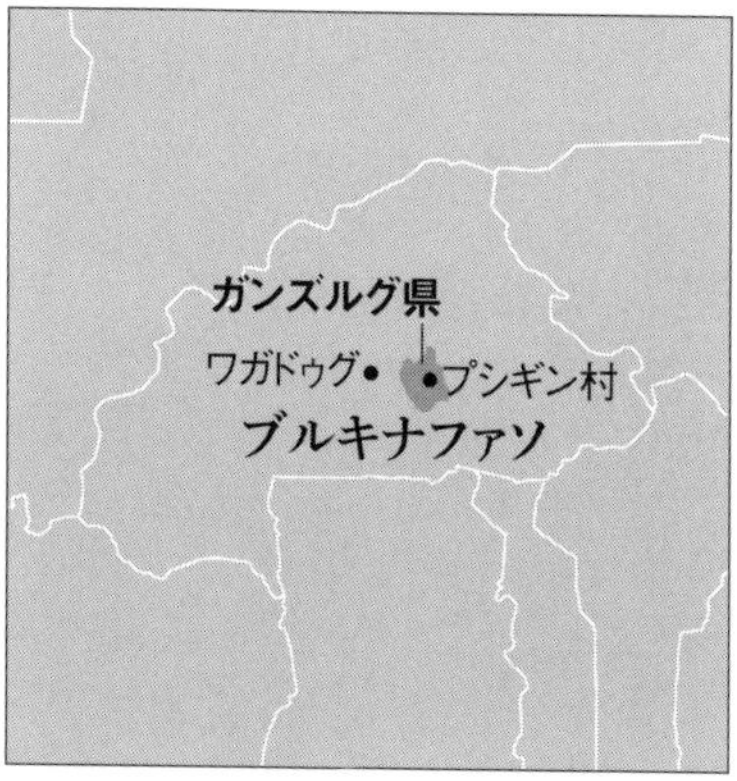

1．幻のバオバブ納豆は実在するのか？

中尾佐助（一九一六～一九九三）という偉大な植物学者がいる。アジア・アフリカで探検的な学術調査を何度も行い、栽培植物の起源とその伝播に関する生活文化を総合的に研究した。『栽培植物と農耕の起源』『秘境ブータン』など名著をいくつも遺している。

中でも社会に圧倒的な影響を与えたのは彼が唱えた照葉樹林文化論だろう。餅、なれずし、赤米、茶、納豆、絹、竹細工、歌垣《うたがき》、家の造りなど、中国雲南省を中心に、中国南部から東南アジア北部、ヒマラヤにかけての内陸山岳地帯と日本に共通の文化を見出し、それが同じ照葉樹林帯に属すことから、照葉樹林文化圏という概念を考えた。

誠に雄大な学説で、一世を風靡したのみならず、今でも多くの人たちを惹きつけているが、正直言って、この説はあまりに多くの矛盾や事実誤認を含むところから、もはや成立しないと私は思っている。少なくとも納豆に関してはこの学説では全く説明できない（詳しくは『謎のアジア納豆　そして帰ってきた〈日本納豆〉』第十三章に書いたのでそちらを参照いただきたい）。

また、中尾佐助は「納豆の大三角形」なる突拍子もない仮説を立てている。それはヒマラヤとインドネシアと日本を結ぶ三角形だ。この三カ所に納豆に類似した大豆発酵食品があるという説だが、三カ所をなぜ結んで三角形を作るのか理解できない。その三角形内は納豆を食べてない地域の方がはるかに広いのだ。さらにインドネシアのテンペは納豆菌でなくカビ菌による発酵であり、ふつう、納豆とは見なされない。

このようにアジアの納豆を考える上では、中尾佐助の学説は誤解を招くだけというのが日本とアジアの納豆取材を続けてきた私の率直な意見である。

だがしかし、中尾佐助の凄いところは、全世界レベル、あるいは人類史レベルで栽培植物と食文化について洞察できたことで、その守備範囲の広さと思考の射程の長さは他の学者の追随を許さない。

例えば、いま私たちがいる未知の納豆大陸・西アフリカ。中尾佐助は一九六八年、ニジェール川上流域からサヘル地帯に沿って八十日間の探検調査を行い、『農業起源をたずねる旅　ニジェールからナイルへ』という本にまとめた（現在は岩波書店・同時代ライブラリーから刊行）。

驚くなかれ、西アフリカの植生・農業・食文化について日本人の研究者が包括的に記した書籍はいまだにこれ一冊しかない。このテーマでは外国人研究者が書いて日本語訳された本もないので、いまだにこの本が唯一無二の存在だ。調査旅行記の体裁なのに、記述は詳細を究め、論文集のようだ。照葉樹林文化論とちがって、こちらは今でも燦然と光り輝く現役の古典である。

西アフリカの研究者なら誰もが一度は目を通しているはずだし、私も当然、今回の取材を始める前に読んでいる。アフリカ納豆についても「ダウダワ」（ダワダワのこと）という呼び名で、随所で触れられており、全く驚かされる。ただ、試食はしなかったらしく、味についてのコメントはない。使い方は「ミソのようなもの」と述べている。

ブルキナ行きの飛行機の中で、あらためてこの本を読み直していたら、「アフリカの象徴バオバブの木」という項目の記述に目が釘付けになった。

「しかし食用としてもっと重要な用途は、種子からダウダワを作ることで、その製品はパルキアに劣るといっても、広く一般的に利用されている。バオバブの木は、ダウダワ加工と結びついたものだ」

（同書一二七頁）

バオバブでアフリカ納豆が作られている!?

脳天を打たれたような衝撃だった。

バオバブはアオイ科バオバブ属の樹木で、アフリカ大陸、マダガスカル、オーストラリアに約十種ある。セネガルからマリ、ニジェール、ブルキナファソ、ナイジェリアに至る西アフリカの乾燥サバンナ地帯にはアフリカバオバブ（*Adansonia digitata*）が自生している。

高さ二十メートル以上、直径が十メートルにも達する異常に太い円筒形の幹をもつ一方、枝はふつうの樹木のそれのように伸びやかに広がらず、悪夢のようにねじくれながら内側にすぼまっているみたいに見えるので、「巨人が引き抜いて逆さに植え直したかのようだ」とか「逆さまの木」などと言われる。

バオバブを日本で有名にしたのはサン＝テグジュペリの『星の王子さま』だろう。人間（大人）には物事の真実が見えない、世界の表面しか見ていないと繰り返し訴えるこの本は今読んでも心動かされるものがある。

ここではバオバブは大きくなると星を破壊してしまう怪木として描かれている。同時に「教会の建物みたいに巨大」とも形容されているので、ご存じの方も多いだろう。

その異形はまさに「怪獣的」で私は強く魅了されてしまう。他方、葉や種は食用になり、樹皮や根は薬として現地の人に用いられる。チャド共和国では「医者いらずの木」と呼ばれていると聞いたこともある。アフリカきっての有用植物でもあるのだ。

名実ともにアフリカを象徴する雄大な存在だと思う。

と言いつつ、私は今まで十数回アフリカに来ているにもかかわらず、一度も本物のバオバブを見たことがない。私が取材する地域にはたまたまバオバブがなかったのだ。もしかするとアフリカの東部や南部で移動中に目にしているのかもしれないが、残念ながら気づいていない。セネガルではバオバブの巨木がある村でネテトウ取材をしたいと熱望していたのだが、そういう村では作っていなかったので断念した経緯がある。

だが、バオバブの村で納豆をつくるどころか、バオバブの種で納豆みたいなものが作られていると中尾佐助は書いているのだ。

前回読んだときにはこの記述に気づかなかったのか、それとも本書の膨大な情報量に紛れて忘れてしまったのだろう。本書は土地勘がないとなかなか内容が頭に入りづらいし、私はもともと日本代表レベルの忘却力を誇るから無理もない。

知らないのは私だけではない。清水さんや他の西アフリカ研究者の人たちや、アフリカ諸国で納豆を探し回っている健ちゃんからもそのような報告を聞いたことがない。

ネット検索でも見た記憶がない。「バオバブ」で検索をかけてみたらちがうのかもしれないが……。

——いったいバオバブの納豆なんて実在するんだろうか……？

中尾佐助ほどの人が全く勘違いしているとは考えにくい。でも、「広く一般的に利用されている」なら、他の人々の目に留まっているはずである。しかも他のマイナーな樹木でなく、嫌と言うほど目立つバオバブなのだ。

なんだか三十年前、初めてコンゴの謎の怪獣モケーレ・ムベンベのことを知ったときのような気持ちになった。ムベンベは現地の人のみならず調査に行ったアメリカ人の科学者までが目撃を報告していた。でもムベンベは体長が五～十メートルにも達すると言われる巨大生物だという。もし実在するなら、もっと多くの人の目に留まっているはずだし、とっくに発見されているはずだという反論ももっともだった。

私はムベンベの存在をむやみに信じていたわけではなく（もちろん自分が「発見」できたら理想的ではあったが）、むしろ「本当のことを知りたい」と思ってコンゴの密林へ出かけたのだ。

バオバブ納豆はそのときの感覚を思い出させる。

アフリカを象徴する樹木の種から納豆が作られていれば、それこそ「アフリカ納豆」と呼ばれるのにふさわしいのではないか。しかも五十年前の情報しかない、幻の納豆。納豆ワールドのラスボスにふさわしい。

これは探すしかない。もしブルキナでバオバブ納豆が見つかりそうならもちろん探索するし、もしブルキナにはなさそうで、でも他の国にありそうなら、そちらへ移動したいとも思った。

ブルキナに着いてすぐ、まだ若頭のような雰囲気だったアブドゥルさんに訊ねたところ、「見たことはないけど、話に聞いたことはある」との答え。

おお、聞いたことがあるのか！

私たち納豆探索隊はかくして初日からスンバラやハイビスカス納豆と並行して、幻のバオバブ納豆探しに着手した。だが、なかなか情報は得られなかった。

ホテルのＷｉＦｉはあまりに移り気で、ネット検索の役に立たない。ならば、アナログに頼るしかない。歩き回って人に訊くのだ。

まずはワガドゥグの市場で各種のスンバラを売っている女性たち。だが全員が「知らない」。

一カ所、「ここにあるよ」と言われ、色めき立ったが、それはバオバブの葉を乾燥させてから細かく砕いた粉だった。バオバブの葉も粘り気があるので、料理に使われる。「これを入れるともっとおかずがネバネバする」という。ここの人たちは本当にネバネバが好きで感心するが、でもそれは納豆ではない。

バオバブ粉を売っている女性にあらためて訊いたが、「バオバブのスンバラ？　聞いたことないね」とにべもなかった。地元のバオバブ取扱業者が全く知らないというのは少々ショッキングだ。

アブドゥルさんも知り合い何人かに訊いてくれたが、「話に聞いたことがあるという人はいたけど、見たことがある人は誰もいない」とのことだった。

王様のいるコムシルガ村へ行く途中、バオバブの木がときおり目に入った。私にとって初めてのバオバブとの出会いだ。ただ、それらはさほど大きくなく、よく見ると枝がねじくれていたものの、パッと見では平凡な木にしか見えなかった。しかも村ではバオバブ納豆について知っている人は、王様も含めて誰もいなかった。

どうやらワガドゥグ周辺には見当たらないようだ。

北部のバム県フールー村へハイビスカス納豆を見に行ったときも、飲んだくれの赤ひげ先生チルメンガさんに訊いてみたが、「見たことも聞いたこともない」という。ただ、近くに大きなバオバブの木があるというので、車で二十分ほど離れたブースマ村へ私たちを連れて行ってくれた。

このバオバブは樹齢推定百年といい、大きいことは大きいが、見る者に違和感を与えるバオバブの巨木とはちがって、枝ぶりがよく、ふつうの木のように見える。健やかに伸びた枝にはソフトボール大の実が鈴なりだった。

木の持ち主だという若者がやってきて、落ちている棒をぶん投げて枝にぶつけて実を一つ落としてくれた。石で実を叩いて殻を割ると、中はクリーム色の干菓子のような堅くて軽い果肉がつまっていた。

手でパリッと割って口に含むと甘酸っぱい。何かに似ているとずっと考えていたが、やがてお菓子のラムネに味も食感もそっくりだと思い当たった。

バオバブのラムネを齧《かじ》ると中から濃い褐色の種が出てくる。大豆ぐらいの大きさでひじょうに固い。ラムネ部分はジュースにするらしいが、種は固いので食べないという。

「これをスンバラにする？　知らないな」と若者も首をふった。もっと言うなら、若者もチルメンガさんも、バオバブ納豆の話には疑わしそうな顔をしていた。

「バオバブはあまり実がならない方がいい」というのだ。

村の人々はバオバブの枝をせっせと切る。すると切ったところから若葉が生えてくる。柔らかくておいしいので、主にそれを食べるのだという。粉にして市場で売られていたやつだ。でも、実がなると栄養がそちらに行ってしまうし、そもそも枝をしょっちゅう切っていると実がなりにくい。

なんと、バオバブは「逆さまの木」などと呼ばれているが、それはたぶんに人工的な剪定の結果なのだ。松の盆栽と同じ要領である。ちなみに、今目の前にあるバオバブは若者の家で誰も管理してないから、枝もよく伸び、実もなっているという。

アフリカの大自然の象徴と思っていたバオバブが盆栽と同じように人間に管理されていたという事実は驚きだった。と同時に、「バオバブ納豆、ほんとに実在するのか？」と急速に不安になった。果実は現地の人たちから大事にされていないようなのだ。

もし、バオバブの納豆を食べる人がいるとすれば、よほど他に食べるものがなくてバオバブがたくさんあるのか、野菜である若葉より納豆を重視する風変わりな嗜好があるのか、どちらにしても相当特殊な状況である。

バオバブの木はパルキアの木に似ている。まとまって生えず、一本ずつちらほらとしか生えない。植えることもできるが葉が食べられるようになるまで二、三年かかる。実がなるまでには十年から十五年もかかるという。

バオバブの幹に触ってみた。樹皮はごわごわの中に奇妙な弾力があり、やはりゾウの皮膚を思い出した。

不思議だ、バオバブ。

2. イースト・ミーツ・ウェスト納豆篇

バオバブ納豆探索は暗雲に閉ざされた。こうなると、インターネットが恋しくなる。もしかしたら何かネット上に情報があるかもしれない。もしブルキナにバオバブ納豆情報がなければ、速やかに他の国に移動しなければならない。

前に泊まっていたホテルはネットがあまりに脆弱だったので、ロビーだけでも電波がよく飛ぶ宿を探して、そこに泊まることにした。チェックインもそこそこにスマホで検索してみると……。

「あった！」

なんと、ここブルキナの研究者がバオバブの種から作る枯草菌《こそうきん》（納豆菌）発酵の食品について論文を書いていた。「maari（マーリ）」と呼ばれているという。やはり、実在したのだ。その研究者はバオバブ納豆のサンプル採集場所を四カ所、明記してくれていた。

ロルム県のトゥルフェ、ヤガ県のマンシラ、セノ県のゴルガジ、そしてワガドゥグ。

最後のワガドゥグはおそらくたまたま入手できたということで、ここで作っているとは思えない。だが、他の三カ所は地方である。

この町（村）に行って訊けば、バオバブ納豆が見つかるということだ。興奮しながら、地図と照らし合わせると、私の気持ちは塩をぶっかけられたナメクジのようにしおれていった。

すべて、マリかニジェールとの国境沿いの町だった。外務省の渡航情報ではレベル4か3つまり危険地帯であり、アブドゥルさんによれば、ブルキナ政府の治安区分でも「ゾーン・ルージュ（レッドゾーン）」とされているという。

ヤガ県はつい先週、ドイツ人の鉱山技師が拉致されて殺害されたばかりだ。ロルム県のトゥルフェも危険だとアブドゥルさんは言う。この二カ所に納豆を探しに行くのは絶対に無理で、唯一「セノ県のゴルガジ」だけは可能性があるとのことだった。

アブドゥルさんは友人知人親戚などあらゆる人に問い合わせてくれた。翌日、現在ゴルガジ周辺に住んでいる人が発見され、彼は私の目の前で電話をかけた。フランス語だったので、話している内容がじかにわかった。ゴルガジに行けないかとアブドゥルさんが訊いたとき、相手の男性は悲鳴のように叫んだ。「Trop dangereux!（危なすぎるよ！）」

絶対に来てはいけないと地元の人に言われてしまった。

一体どうしたらいいのか。その三つの県はいずれもフルベ族という西アフリカでは有名な遊牧民のエリアである。フルベ族はブルキナ、ニジェール、マリにまたがり、広く移動しながら暮らしている。もしかすると、バオバブ納豆はフルベ族のものなのかもしれない。すると、状況は深刻だった。フルベ族がいる場所で今、取材に行けそうな場所はブルキナにはなさそうだからだ。かといって、マリやニジェールはもっと危険である。

バオバブ納豆はいったん幻に消えかけたような気がしたが、諦めるのはまだ早い。この論文を執筆したシャルル・パルクダ博士（Dr. Charles Parkouda）はブルキナの国立科学技術研究センターという機関に、少なくとも論文執筆当時は籍をおいていた。そこへ行って、もし本人がいたら直接訊いてみるしかない。

しかし悪いことは重なるもので、その晩、竹村先輩に異変が起きた。夕飯を食べているとき、突然、「おうっ、おうっ！」という奇妙な叫びをあげながら、バオバブの枝のように手足を変な形にねじり、まるで別の生き物に変わっていったのだ。わっ、一体なんだ!?　と思ったら、「腰に急に激痛が来た」という。原因は全く不明だが、どうやらぎっくり腰になってしまったらしい。

竹村先輩は本書の取材ではアフリカでも韓国でも常に体調が悪かった。今回は初めて調子がいいと安堵していたのに、なんてこった。バオバブの悪霊に取り憑かれたのだろうか。へべれけの酔っ払いを演じている喜劇役者のような千鳥足でしか歩けない。

私は悲劇に見舞われた先輩を宿において、アブドゥルさんと二人でバオバブ納豆のキーパーソン、パルクダ博士を探しに出かけた。いつものようにボロボロのカローラに乗り、時化《しけ》に見舞われた小舟のように揺られながら、町の東北の外れにある研究センターへ行った。

博士が今研究センターにいるかどうか全くわからなかった。異動しているかもしれない。まだ在籍していても不在かもしれない。長期不在もありうる。

アフリカのエリートは多忙である。国内での研究環境が不十分なため、日本人の研究者以上に外国へ出かけていることが多いのだ。アフリカ諸国かフランス、あるいは他の欧米諸国などだ。もしパルクダ博士がつかまらないと私たちの計画はアウトである。

研究センターは広大な敷地を持ち、いくつもの分所からなっていた。聞き回った挙げ句、パルクダ博士の研究室のある分所を探し当てた。入口に居合わせた女性に訊くと、あっさり「今、呼んでくる」と言った。博士は今ここにいるのである。

現れたのはチェックのシャツをカジュアルに着こなした四十代の若々しい気さくな男性だった。私が自己紹介し、「スンバラの本を書いています。実は日本にもスンバラがあるんですよ」と言うと、彼はいたずらっ子のようににやりと笑った。

「ナットウでしょう？」

「知ってるんですか！」

「もちろん」

眼前に虹が流れたような気がした。ユーラシア極東の納豆探索者と西アフリカの納豆探索者が邂逅した瞬間だった。

初対面のブルキナ人の口から「ナットウ」という言葉が聞けるなんて感動と呼ぶしかない。

私はいつもアフリカ納豆を探しながら、これを日本の人たちが納豆と認めてくれるのだろうかと頭を悩ませてきた。長すぎるトンネルの奥へ奥へと入っていく探索者の孤独感に苛まれてきた。

長いトンネルの向こう側には新たな世界が光り輝いていた。しかもそれは同じ納豆世界だった。

パルクダ博士が知っていたのは「ナットウ」だけではない。彼はミャンマー・シャン族やタイの「トナオ」やネパールの「キネマ」も知っていた。西アフリカのスンバラ研究者もはるか東方のアジアを眺めて、スンバラの親戚に思いを馳せていたのだ。

イースト・ミーツ・ウェスト。これまで点として存在してきたアジアとアフリカの各種納豆が突如、一本のくっきりした線で結ばれた。

しかし今の懸案はバオバブ納豆である。私たちはアポなしで押しかけたわけだし、彼は多忙そうだ。立ち話のまま、急いで「あなたの論文にはバオバブのスンバラがブルキナにあると書かれていたけど、誰も知らないんです」と言うと、彼は「そう、この辺では知ってる人はとても少ないんです。でも主に国の東部、サヘル地域にありますよ」と答えた。やはり、乾燥した地域で食されているのだ。でも、論文にあった三カ所は現在危険で行けないと訴えると、「じゃあ、ここがいい」と教えてくれた。

ガンズルグ県プシギン村。ワガドゥグから東へ百四十キロほどのところにあり、安全地帯だ。いったん諦めた幻のバオバブ納豆が射程圏内に入ってきた。興奮で上気した私を宥めるようにブルキナの納豆探索者は「シェフに挨拶するのを忘れないように。気をつけることはそれだけだ」と笑顔で言った。

もっともっと話したいことはあったが、もう行かねばならない。バオバブ納豆が待っているのだ。後ろ髪を引かれながら前のめりという奇妙な気持ちで研究センターを後にしたのだった。

二日後、私たちはプシギン村へ向かった。東へ行く道路は、北のフールー村方面へ行く穴ぼこだらけの道路とはうってかわってきれいに舗装され、車の数も桁違いだった。ルーフにバイクをぎっしり載せた乗り合い小型バスや荷物を山積みにした大型トラックなどとひっきりなしにすれちがう。

「この道はベナン、トーゴ、ニジェールにつながっている重要な街道なんだ」と運転席のアブドゥルさんが言う。中国やフランスなど海外から来る物資は多くがトーゴ共和国の港に荷揚げされ、この街道を通ってワガドゥグに運び込まれるそうだ。

景色もちがう。特に出発して一時間ぐらいすると、きれいに整地された公園のような土地と村が現れた。北部街道沿いの村はサバンナの中に孤立したような心許なさだったが、こちらの家は建物が大きく、敷地には穀物倉が並び、いかにも豊かそうである。こんもりと緑を茂らせた大きな木の合間をヤギの群れがのんびり移動している。

二時間後の正午、ガンズルグ県の中心部ゾルゴ市に着いた。今さら気づいたが、ガンズルグ県は首都ワガドゥグの隣の県である。つまり、日本で言えば千葉県か山梨県ぐらいの感覚か。街道沿いには商店や屋台が細長く賑やかに連なっている。昔の日本の宿場町のようだ。

その町の手前から南へ折れ、今度は未舗装のダートロードを走る。

街道を外れると、バオバブの木が極めて多いことに気づいた。生えている木を種類別に数えればバオバブがいちばん多いのではないだろうか。一見ふつうの木と変わらないような若い木もあれば、これまでお目にかかったことのないような巨木も続々と登場した。

直径が二メートル以上もある大木が半砂漠の赤茶けた土地にすっくと立ち、抜けるような青空をバックに従えた姿を見ると、その巨大さ、威厳、圧倒的な存在感に胸を打たれてしまう。同時に、ビヤ樽のような体軀が醸し出すほのかなユーモアに心が和み、不意打ちを連打するような枝のくねりにサルバドール・ダリの絵を見ているような非現実感にも誘われる。

それはタイやミャンマーでゾウを間近で見たときの気持ちにも似ている。人間がもつ自然への畏敬の念と異世界への憧憬がゾウやバオバブに対して凝縮されるような気がする。

バオバブは、大小に関係なく、執拗に剪定されていて枝が徹底的にねじくれているものもあれば、放置され枝を広く伸ばしたものもある。一つ言えるのは、これだけバオバブがあれば、葉だけでなく実も活用しようと思うにちがいない。バオバブ納豆の存在理由もわかる。もっとも、なぜか実がなっている木はほとんど見ないのだが……。

三十分ぐらい走ると、目的地のプシギン村に到着した。雑貨屋にたむろする若者たちにシェフの家を訊いたところ、ガイジンが何しに来たんだ？　という顔で見られたうえ、「まず村の委員会へ行け」と言われた。

怪しまれている。よそ者をあっさりとシェフのところへ行かせるわけにはいかないという雰囲気だ。だが、そんなことをしていたら時間がかかってしかたない。村に行くとにわかに強気になる自称「都会人」アブドゥルさんが彼らと大声で言い争っていると、幸いにも途中で育ちの良さそうな若者がやってきて快く教えてくれた。

四日に一度立つが今日は休みである市場の脇を通り、シェフの家に到着した。今まで訪れたブルキナの村でよく見かけたように、敷地を塀で囲い、中に土壁の家屋や三角屋根の穀物倉が見える。

シェフはかなり老境に入った人で、尊大なコムシルガの王様とそっくりのオレンジと緑の帽子をかぶっていた。この帽子が伝統的首長の印らしい。こちらのシェフもまた、日陰に置かれた椅子に腰を下ろした。

私たちは今度こそ怒られないように帽子を脱いでしゃがんで握手する。ぎっくり腰の竹村さんも「アイテテテ」と苦痛の声をもらしながら、しゃがんで手を伸ばした。

後から続々と村人が集まってきたが、彼らもみんな跪《ひざまず》くように挨拶している。小さな村の長なのに、この偉さ。やはりプチ王様なのだ。

もっともコムシルガでは村人は王様と握手などさせてもらえなかったから、こちらはまだ気さくで素朴な方なのだろう。

「バオバブのスンバラがあると聞いたんですが」と用件を切り出す。シェフはうんうん頷いた。嬉しいことに彼はバオバブ納豆を知っていた。だが、同時に大きな問題が発生した。

「以前はたくさん作って食べており、市でも売られていたが、今はもうない」というのだ。なんでも五年ぐらい前から作らなくなり、今はふつうの（パルキアの）スンバラやビカラガ（ハイビスカス納豆）、あるいはうま味調味料のマギーを日常的に食べているという。

バオバブ納豆は、理由はよくわからないものの、現地でももはや幻になろうとしていた。しかし「五年前」ならまだ期待はもてる。

以前作っていた人がいるというので呼んでもらうと、シェフより年かさのおばあさんがおぼつかない足取りでやってきた。シェフの前に跪いたかと思うと、そのまま崩れ落ちてしまい、両肘を地面について腹ばいになってしまった。

「何が起きたんだ!?」私は呆気にとられた。

高齢すぎるのか、病気で具合が悪いのか、竹村さんみたいに腰痛で体を起こしていられないのか。そのまま、強ばった表情でシェフと言葉を交わしている。

状況はまったくわからないが、尋常でないことはたしかだ。

「これじゃ到底納豆なんか作れないな……」

暗澹たる気持ちになったところ、もう一人、別の女性がやって来て、同じようにシェフの前で体を投げ出した。

なんと!! プチ王様に敬意を表しているだけなのか!!

安堵で私こそ地面に崩れ落ちそうだった。

あとで訊けば、「両膝と両肘を地面につけるのが最大級の敬意」とのことだった。若者はしゃがんで簡略に済ますが、年配の人たちの一部はチベット仏教の五体投地に近い姿勢をとるのだ。

ホッとしたことに、セリーナというこの老齢の女性に監督役を頼んで特別に作ってもらえることになった。

まずバオバブの実が必要だが、村にはないので、日本で言えば高校生ぐらいの少年二人が自転車で、遠くの森に取りに行ってくれるという。

「一緒に行きたい」と私が言うと、「誰が安全の責任をとるんだ？　自分のことだけ考えずに他の人たちのことも考えろ」とアブドゥルさんにえらく叱られてしまった。アブドゥルさんは若頭からお調子者へ急速に変化していったが、親しさが増すに連れ、今度は私の方が彼の舎弟のようになってきている。

ともあれ、明日から幻のバオバブ納豆の製造を見ることができそうである。

3．バオバブ女性楽団の活躍

「ユベオ・キバレ（元気ですか）？」
「ラフィ（元気です）。ユベオ・キバレ（お元気ですか）？」
「ラフィ（元気です）。ザクランバ（ご家族は）？」
「ラフィバレ（元気です）」

モシ語ではこのような挨拶が定番である。

村を訪れると、シェフとも毎回同じようにお互いに訊ね合う。ただ、シェフの問いかけは普通の人よりはるかに長い。旅は？　食べ物は？　などと続く。途中からわからなくなるので、あとはずっとにこにこして「ラフィ、ラフィ、ラフィ（いいです、いいです、いいです）」と繰り返す。

シェフは竹村先輩に対しては「腰はどうか？」と訊ねる。

「あ、ありがとうございます。昨日より少しよくなってきてます」と先輩は率直に日本語で答え、私がそれをフランス語に直し、さらにアブドゥルさんがモシ語に訳す。シェフは満足そうに「ラフィ（よろしい）」と頷く。

二日目に来たとき、シェフの横によく肥えて毛並みのいい犬が寝そべっているのを見て、「あ、このシェフはクリスチャンなんだ」と気づいた（この犬はシェフのあとをくっついて歩き、私たちが「謁見」するときは必ず参加することを後で知る）。

よく見ると、シェフの家の屋根には十字架がのっている。

ブルキナではクリスチャンは約二割しかいないと聞くが、今回訪れた三カ所の村はたまたま全てクリスチャン主体だった。幸運である。クリスチャンは酒が好きなだけでなく、犬も愛する。これがムスリム主体だと酒を作らないし、犬もかわいがらない。

昨日の少年二人（シェフの孫で兄弟だった）がバオバブの入った大きな袋を引きずってきた。中を開けると、実がごろごろ転がり出る。前に見たようなソフトボール大もあれば、ヘチマのような細長いものもある。優に百個はありそうだ。

女性たちが音もなく素早く集まり、棒や石を手に実を叩いて割り始めた。カチカチ、タカタカ、パコンパコン。指揮者もいないのにオーケストラのメンバーが集合して音楽を演奏しはじめたようだ。現場はいつもそうだが、ブツを見ると、人々は反射で動き出し、私たちのことなど一切おかまいなしである。

固い殻を割ると、白っぽいラムネ的な果肉があらわれる。これを殻からパキパキ引きはがし、スジをとってバケツにサクッサクッ、コロンコロンと放り込む。輪になった女性たちが長い足を伸ばしたまま腰を優雅におり、これまた長くしなやかな手を動かし、どんどん果肉をとっていく。

私も輪に加わると、楽団の真ん中に入ったかのように賑やか。音だけではない。目の前を赤、青、黄色、オレンジ、緑……様々な色と柄の半袖に上衣、腰巻き、そして頭に巻いた布が乱舞する。二、三歳の女児もお母さんたちの真似をして、果肉をいじくっている。このくらいの年から村の仕事を習

バオバブ納豆を作っているプシギン村のシェフ（村長）に挨拶する。

バオバブの実を割ると、中にはラムネに似た固い果肉が詰まっていた。

バオバブの実を持つアブドゥルさん。

パルクダ博士。突然の訪問にもかかわらず親切に対応してくれた。

いはじめるのだ。

あまりにアフリカンな光景にうっとりしかけるが、ハッと我に返って果肉とりに集中する。女性たちは作業をしながら、ときどき果肉を口に含む。私も真似すると、甘酸っぱさが舌の上で弾けた。そして中から固い種が出てくる。

「それ、気をつけてね。歯をやられるから」と女性の一人が笑顔で注意してくれた。

バケツ四杯分の果肉付き種が集まると次の工程は……話し合いだった。

これから長丁場の作業になる。女性が何人も参加する。ずっと「反射的に作業」というわけにはいかない。日当を払う必要があり、その交渉をするのだ。

私たちは日陰のシェフのところに移動し、彼の左側にすわった。すると、若い女性が二人、シェフの右隣にやってきて、四つん這いで挨拶した。続いて起き上がって地面の上に正座し、話し出した。交渉は私たちと直ではなく、あくまでシェフを通して行われるのだ。

なつかしい。今から三十年前、謎の未確認生物を探しにコンゴの奥地に行ったとき、村の人々とやはりこのようにシェフを介して交渉したものだ（コンゴのシェフは上半身裸で槍を携え、顔に赤いペインティングを施していた）。

あれから時代は移り変わり、私も若造からおっさんになったが、やっていることは変わらない。謎の物体の正体を明らかにするためにプチ王様を介して村の人と話し合いをしている。

女性とシェフの話がつづく。アブドゥルさんの通訳によれば、女性側は十万フラン（約二万円）を要求、一方シェフは「それは高すぎるんじゃないか」と返しているという。シェフは、実際はともかく、建前上はあくまで中立の立場らしい。

女性は「でも、寝ずに薪を竈《かまど》にくべたり、小さな種をきれいに洗ったり、とても手間がかかるんです」と主張。結局、それに納得したシェフが私たちに向き直って「十万フランではどうかな？」と提示した。

私は「これ以上の追加は一切なし。それから一人ひとりの個別の交渉もなし。お金は全部一度に渡して、あとはそちらで分配してほしい。それならその金額でいい」と回答した。

シェフはうなずいて交渉成立。お金をシェフを通して女性に渡す。料金は相場に比べてかなり高いと思ったが、気にしないことにした。これで間違いなく、バオバブ納豆作りは行われるはずだ。

この手の交渉は、後になって、「思ったより仕事が大変だったから上積みしてほしい」とか、「自分は他の人より頑張ったから余分にほしい」などと訴えられ、困惑させられることが多々あるのだが、この村ではそんな心配もなさそうだ。

竹村先輩は「女性が裏に隠れないで表に出てるのはいいな」と言った。たしかに、多くの国・地域では男の代表者が勝手に話を決めてしまう。百歩譲って実質的に女性が決定権をもっていたとしても、それは相手には見えないようになっている。日本もそうである。

ブルキナファソは至って洗練されたシステムを持っていると言える。

話が済むと、女性楽団はまた素早く次の曲に移る。木の下の共同の搗《つ》き場へ行き、臼と杵でラムネ的果肉をスットン、スットン搗いて細かく砕き、それをザル（金属のボウルに穴を開けたもの）に入れ、サラサラと振って粉を下におとす。粉は別の容器で受け止める。

粉を落とした残りの種はバケツや金だらいの水につけてチャプリチャプリ洗う。こびりついた果肉がようやく少しずつ剝がれ、茶色の種が濡れた瞳のような光沢を放つ。スジもきれいにとる。地面には果肉の破片やスジが散乱し、それをつつきに鶏たちが集まり、やがてヤギも参加してきた。

こうして村では常に生命の循環が行われている。ヤギが食べた果肉には種もいくらか混じっているだろう。それらはヤギの胃腸では消化されず、糞と一緒に外へ出る。その肥料に包まれた種子の一部は芽を出して、次世代のバオバブの木が育つのだろう……。

イテテ、イテテと腰を押さえながらもビデオカメラで撮影していた竹村先輩が「やっぱりここの人たちはバオバブ納豆をずっと作ってきたんだな」と言った。「動きに無駄がない。みんな、作業に慣れているよ」

しかし、女性たちの動きは速すぎて、追うのが一苦労である。メモをとっていて、ふと顔をあげれば、半分以上の人がいなくなっていた。探すとシェフの家の中庭に集っていた。

庭は広く、大きな釜をおいた竈が五つも六つもある。奥にしつらえたコンクリートのたたきの上に洗った種を広げていた。

ここにはキリスト教を示すものがいくつもあった。たたきの隣には十字架を上にとりつけた倉庫があり、壁にも十字の絵が描かれている。よく見れば、中心になって動いている二人の女性のうち若い方は首から十字のペンダントをぶらさげ、年配の方はイエスの姿がプリントされた腰巻きをつけていた。

クリスチャンの納豆作りを見るのは韓国の隠れキリシタンの子孫の人たちが松の葉入りチョングッチャンを作っていたとき以来だなと思った。あのときとは気温が三十度以上ちがうが。

二人はシェフの家族だった。年配の人はシェフの第一夫人。全盛期の小錦《こにしき》に似たギョロ目とご立派な体型で、アフリカン・ビッグママの威厳に満ちている。私は端的に「ビッグママ」と呼ぶことにした。

若い方は名をリディといい、シェフの息子の一人の第二夫人とのこと。リディは料金交渉の代表でもあった。笑顔の素敵な美人であり、仕事もてきぱきしている。

「彼女がキーパーソンだよ」と竹村先輩は言った。納豆取材ではアジアもアフリカも多くの人が自在に動き回り、誰を追って撮影すればいいか悩むのだが、どこでも必ず一人、キーパーソンがいて、その人を追っていけば問題なくなるという。キーパーソンがさり気なく指示を出したり、あるいは他の人がキーパーソンを見ながら次の作業を行ったりする。そしてここではそれがリディだというのだ。

指揮者がいないと思ったが、それに準じる人はちゃんといたのだ。

さて、広げた種を手で均等にならし、まるで宝石やゴールドを扱うような真剣さでゴミや殻をとっていく。強い直射日光の下、濡れた種はみるみる乾き、光沢がいぶしたようなツヤに変わる。

あらためて見ると、種は小粒の大豆ぐらいの大きさだった。シェフの孫で名前をジュ・ドネという、珍しくフランス語の上手な若者が家の中からビニール袋に入ったものをもってきた。ビカラガ、つまりハイビスカス納豆だった。しかも乾燥しているのに納豆臭が強い。

不思議なことにハイビスカス納豆もバオバブ納豆も両方「ビカラガ」と呼ばれていた。重ねて何度か訊いてわかったのだが、バオバブはモシ語で「トゥイ」。もしバオバブ納豆だと強調したければ「トゥイ・ビカラガ」と呼ぶという。

なるほど。これで歴史的経緯がわかる。まず、コロゴ（パルキアの納豆）があり、次にビカラガ（ハイビスカス納豆）が来て、そのあとにトゥイ・ビカラガ（バオバブ納豆）が登場したという順なのだ。少なくともこの村ではそうだということである。

ハイビスカスとバオバブ、どちらの納豆が好きかという質問を投げかけると、女性と若者の間から「オゼイ（ハイビスカス）」という声がそこかしこで上がった。

むうう、バオバブ納豆、歴史が浅くて不人気なのか。

ではなぜバオバブ納豆をわざわざ作っていたのかという疑問が湧く。それについての答えは明瞭だった。「たくさんあったから」

ハイビスカスは作物なので、翌年に播《ま》くために種はある程度保存しておかねばならない。いっぽう、バオバブは木から落ちて地面に転がっているのを拾うだけ。バオバブの発芽は自然任せなので、誰も種を保存したりしない。しかも農閑期の乾季は酒を飲むぐらいしかすることがない。ヒマだから納豆にしてしまうということだ。いったん作れば、ゆうに一年はもつという。

この「落ちているものを拾う」というバオバブ納豆作りの特性が、実は近年の衰退にもつながっていた。十数年前からバオバブのワタを砕いてジュースにするという商売を子供たちが始め、また町ではそれを大人が本格的なビジネスとして行うようになった。それで若者たちを中心にバオバブの実をせっせと拾うようになった。今ではワガドゥグの町からトラックが来て、まとめて買い付けていくという。

こうして、バオバブの実が人気商品になってしまい、納豆用に回らなくなったというのだ。

そうこう話をしているうちに、小錦的ビッグママは「ちょっとちょうだい」と若者に言ってビカガを一口つまんで食べた。どうしてと訊くと、「血圧が高いから毎日食べる」という答え。アブドゥルさんや清水親分がスンバラを食べると血圧が下がると言っていたが、こんな村でも納豆が降圧剤として利用されていたのは驚きだ。しかし実はもう一人、この説を強く支持している人がいた。われらが竹村先輩だ。酒豪でラーメン好きのこの人も血圧が高い。本人も気にしており、自宅にいるときも旅先でも毎日計っている。日本にいるときは上が１７０〜１８０だが、ブルキナに来て五日目からガクンと下がったという。私も何度か計測を見たが、上が１２０〜１３０ですっかり正常値である。

一体どういうことだろう？

血圧の疑問はさておき、種がきれいになると、集められ、リディが外に持って行ってしまう。よく

①バオバブの実を棒で叩いて割る。

②果肉がこびりついた状態のバオバブの種。

③殻やゴミを除去する。

④種をたらいにこぼし、滓を風で飛ばす。

⑤煮る準備が整ったバオバブの種。

わからないが、後をついていくしかない。私たち変なガイジン二人が若奥さんのあとを幼子のようにくっついて歩いているので他の人たちは笑っている。

家のわきの風通しのよいところにたらいを置くと、プラスチック容器に入れた種を高いところからざーっとこぼす。微小な滓《かす》を風で飛ばしているのだ。ブルキナの村の人たちは本当に仕事が丁寧で細かい。

またそれを庭に持ち帰り、さらにチェックして細かい滓を取り除くと、ようやく納得したようで、水を張った釜に入れた。種の量はざっと二リットルぐらいか。

あとは二日間、煮るという。

女性楽団の演奏は今日のところ、これで終了である。

4. 炸裂するアフリカ納豆料理

やることが終わったので、若者たちとキャバレーで一杯やることにした。シェフの家の裏手でもう店開きしているらしい。

ちょうど家の真裏にバオバブの巨木があった。「よくわからないけど、四、五百歳ぐらいじゃないかな」とシェフの孫でこの村きっての秀才であるジュ・ドネが言う。彼はワガドゥグの大学生で今は帰省中だった。

彼曰く、バオバブは成長がひじょうに遅い。例えば、近くにある細く小さなバオバブの木は彼が子どもの頃、たぶん十五年ぐらい前からあんな感じだったという。

バオバブは長生きするものは千年ぐらい生きるという。ただ、老いてくると枝は折れやすくなるし、幹の中が腐り、動物に齧られて空洞になる。やがて大きな風や雨で倒れて死ぬという。年老いた巨象をイメージさせる最期だ。

キャバレーはなんと墓場だった。「××はここに安らかに眠る」とフランス語で記され、十字架を掲げた大きな墓石に女性や子供が腰掛け、その向かいには、台車に載せた大きなポリタンクから酒をくみ出し、「客」に配っている飲み屋の女将がいた。

私たちは墓石の横のベンチに腰を下ろし、ヒョウタンに注がれた酒をぐいっとあおる。いつもより酸味が少なく、よりシャンパンに近い。喉が渇いていたこともあり、ごくごく飲んでしまう。二つの盃が回され、右から来たものを飲んで左に回した直後に、今度は左から別の盃が手渡される。

やがて、酒の肴を売りに細身の若い女性がやってきた。酒売りも肴売りも実に目ざとい。人が集まっていると見るや否やすぐに商品をもってきて、そこが墓場だろうが何だろうが完璧なキャバレーに変えてしまうのだ。

バケツに入った肴は驚くなかれ串に刺した豆腐。ブルキナでは「ソージャ（大豆）」と呼ばれている。タマネギと何かのハーブと一緒に煮込んだ汁にひたひたと浸かっている。味見したら、水分が抜けて固く熟成し、まるでチーズのよう。日本でもこんな豆腐があれば飲み屋で大人気まちがいない。

さらに目を見はったのは薬味。唐辛子、塩、それに納豆の粉をまぜたものだ。「これは何のコロゴ（納豆）？」と訊くと、「これもソージャ（大豆）」という答え。

ここでは大豆の納豆も作っていて、豆腐の薬味として活躍していた。スープのダシもつまみの薬味も納豆。なんと納豆に支配された村だろう。

かくして、村の墓場キャバレーで、大豆納豆をつけた豆腐をつまみにシャンパンを飲む。至福のひとときであった。

しかし、この日の〝至福クライマックス〟はその後だった。

村には宿泊できる場所がないので、ゾルゴの町に戻って何もないが小ぎれいなモーテルに投宿した。

さて、一段落すると、何をおいてもビール。竹村先輩は腰の調子が悪く、村では途中から車の中で横になっていた。まるで不治の病にかかった人のように、やつれた顔で「ガイヤーンが食べたい……」と突拍子もないことを言い出した。

ガイヤーンとはタイの炭火焼き鳥である。そんなものがあるのかどうかわからなかったが、病人の願いを叶えるべく、私たちは細長いゾルゴの町を行ったり来たりした。すると、町の中心部で近いものを発見した。

それは屋台の鉄板焼きだった。鶏の丸焼きがのっている。これだよこれ、と思って近寄れば、隣にもっとすごい、途轍もないものが鉄板のくぼみでグツグツ煮えくりかえっているのに気づいた。赤い汁はトマトソースだろう。その中で茶色い小さな豆が小気味よく踊っている。パルキアのスンバラだ。その下には大きな魚の姿が見え隠れしていた。

魚のスンバラ鉄板焼き浸し!!　しかもスンバラ飯やクスクスチキンみたいに納豆が遠慮していない。魚が豆の中に埋まっている。

それればかりか「鶏でも同じように作れる」という。

当然のように両方とも注文した。

奥まった中庭の木陰でビールを飲みながら待っていると、皿ごとアルミホイルに包んでもってきてくれた。包みを開くと、納豆の香りが湯気とともにぶわっと立ち上る。食べる前からこんなに美味そうな料理はそうそうない。魚は鯉だった。

そして味も香りに負けていなかった。トマトと油をたっぷり使ったソースはコクがあってめっぽう

大豆納豆のたれをつけた豆腐を肴に酒を飲む。至福のひととき。

美味い。納豆が鯉の臭みを封じ込めている。熱あつの汁は粘り気こそないが、爽やかにして濃厚、むっちりした鯉の白身にからみついている。それが私の舌にもからみつく。豆は噛むとコリッと軽く弾ける。大豆によく似た甘みが広がる。

付け合わせはご飯でもいいのだろうが、私たちはバゲットにした。パンで魚の身と納豆と汁を一度にグイッと挟んでかぶりつく。飲み込んで納豆のほんわかした風味を感じながら、冷えたビールを流し込む。これがまたピッタリ合う。

「納豆の晴れ舞台」という感じがする。

ドライバーとして全国各地を旅しているアブドゥルさんも「こんな料理はワガドゥグにはない。他でも見たことない。初めて見た」と驚きを隠さない。

さらにチキンを同じように鉄板で焼き、納豆ソースとタマネギ、ピーマンを和えた料理もやってきた。竹村先輩が望んだガイヤーンに納豆の炒め煮を合わせたような料理。ブルキナの鶏肉は柔らかいのにキュッと締まり、噛むと滋味があふれる。それだけでタイのガイヤーンに十分匹敵するが、ここは炭火で鉄板焼きした上に納豆とトマトで煮込んでいるのだ。

「俺がまさに食べたかったもの、そのさらに上を行ってる！」

つい先ほどまでぐったりしていた竹村先輩の目はキラキラ輝いていた。

どうしてこういう料理が日本や他のアジア、アフリカになかったのだろう。魚や鶏を中華鍋でざっと炒めてから納豆、油、トマトソースで煮浸しにすれば、似たような料理はできそうな気がする。

いずれにしても、この二品はこれまで取材した日本・アジア大陸・アフリカの全納豆料理の中で最高峰といっていい。こんなものにこんなところで出会うとは。人生はわからない。

ブルキナ納豆ワールドに深く酔いしれた夕暮れだった。

5．忍び寄る軍・警察の黒い影

順風満帆に見えるバオバブ納豆取材だが、実は背後では大きな不安を抱えていた。

初日の晩、夕飯後にジャンダルメリ（憲兵隊）から呼び出しがかかった。憲兵隊とは軍の治安部門を担当するセクションで、アジア、アフリカ、南米などでは大きな力をもっている。

ゾルゴなんて田舎町に滞在する外国人などめったにいない。しかもアブドゥルさんはチェックインのとき、よせばいいのに「スンバラの調査に来たんだ」と偉そうな顔で宿のマネージャーにひと演説ぶっていた。不審に思ったマネージャーが憲兵隊に通報したにちがいない。

ゾルゴは田舎町ではあるが、首都ワガドゥグへの入口である。そして街道はイスラム過激派が跋扈《ばっこ》しているニジェールと直結している。私たちが過激派と何か関係しているんじゃないかと怪しまれた可能性がある。

腰痛で早くに就寝していた竹村先輩には声をかけず、私とアブドゥルさんだけで出頭した。実に憂鬱な気分だった。私はこれまで何回か回数も思い出せないほど治安当局に拘束されたことがある。彼らはちょっと怪しいとか何かの許可証をもっていないとかいった理由で、すぐ外国人を拘束したり追放したりする。そして、私たちは今回もここで取材する許可など何も持ち合わせていない。

憲兵隊の建物は町外れの真っ暗なところにあった。入口では顎鬚《あごひげ》を生やした若者が持ち物を全部、床の上にあけられ、徹底的に調べられているところだった。

顎鬚は敬虔《けいけん》なムスリムのシンボルである。世界中どこもそうだが、一般的に年をとればとるほど信仰心が篤くなる。したがって年寄りには顎鬚を生やした人が多いが、若い人はあまり好まない。逆に言えば、若いのに顎鬚を生やしていると「敬虔すぎるイスラム教徒＝イスラム過激派」と疑われる理由になるのだろう。

私たちはその横で、別の担当者（彼もまだ二十代の若者だった）にパスポートと身分証明書を見せた。フランス語が話せないようなので、アブドゥルさんがモシ語で事情を説明する。

「バオバブのコロゴ（納豆）を作りに来た」と言うと、担当官は「は？」と目を丸くし、次に大笑いした。しかしその笑いは「おいおい、冗談はよせよ」という含みが感じられた。

私も「日本にもコロゴはある。大豆のコロゴ。コロゴ大好き。ビカラガも大好き」などと一生懸命モシ語を並べてアピールしたところ、ようやく私たちが本気でスンバラに興味をもっていることを理解してくれたよう。身分証明書のコピーを置いていくことで無事解放された。

翌朝、竹村先輩にこの話をすると、「やっぱり、そうか……」と顔をしかめた。「昨日、バオバブの実から種をとってるとき、秘密警察みたいなやつがいたんだよ」

その男は村人という雰囲気でなく、他の村人とも話をせず、ただ黙ってその場に紛れ込んでいた。やがて、ふっと姿を消したという。

「その様子がさ、以前、テレビのロケでアフガニスタンへ行ったとき遭遇した秘密警察の男そっくりだったんだよ」。そのときは、取材許可をとっていない場所でカメラを回しており、あとでビデオテープを没収されたのだという。

それが本当だとすると、すでに村にいるときから憲兵隊の監視がついていたことになる。とすると、通報したのはホテルのマネージャーではなく村の人間かもしれない。私たちはマネージャーに取材先の村の名前まで告げていないからだ。

「憲兵隊が動いているということは、よほどイスラム過激派に対してピリピリしているのか……」

しかし、私たちを追っているのは彼らだけではなかった。そんな会話をした直後、今度はサッカーのユニフォームにジーンズ、サンダルという格好をした二十歳前後の兄ちゃんが訪ねてきた。これがなんと私服の警察だった。

彼は態度こそ丁寧だったが、身分証の提示を求めたあと、やはり事情聴取を行った。こちらの目的を聞き、「スンバラ」と答えると半分信じてないような薄笑いを浮かべるのも同じ。つづいて、彼は私たちの部屋をチェックした。奇妙なことに私たちの荷物には触れず、備え付けの机の引き出しなどを注意深く開けてみる。さらに私たちの車を隅から隅まで調べた。十五分ぐらいして、「問題ないです」と言って帰っていった。

それだけではない。

この日の夕方、村から戻ると、また憲兵隊の男が来た。前に会った係官とは別の二人組だ。これで当局による事情聴取はこの二十四時間でなんと三回目だ。明らかに尋常でない。

またしても身分証の提示を求めてから、「何しに来たのか？」と一から事情聴取。

想像だが、前の係官が上司に「あの日本人たちはスンバラを見に来たそうです」と報告したところ、「は？　スンバラ？　そんなわけねーだろ！　もう一回調べ直せ！」なんて怒鳴られたりしたんじゃないか。ブルキナのこんな田舎へ外国人が納豆を調べに来るなど、たしかに不自然すぎる。

「この前話しただろう」とアブドゥルさんが声を荒らげるが、向こうは表情を変えない。しかたなく私たちはまたしても、バオバブのスンバラがどうのという説明をし、またしても二人はニヤニヤと笑う。

ひとしきり話をして部屋や車をチェックすると帰って行ったが、これだけ軍と警察が入れ替わり立ち替わりやってくると、こちらの不安も膨らむ。

「いったいこの国には何が起きてるんだ？」とアブドゥルさんは眉間に皺を寄せた。「普通じゃないぞ、これは……」

私も違和感をおぼえていた。

――もしかしたら……。

私たちがイスラム過激派と関係しているなんてことより、私たちが過激派の被害対象にならないか当局が心配しているんじゃないか。拉致や殺害などが行われると、現場の担当者の責任問題になるからだ。彼らの対応や周囲の状況をよく考えると、そちらの可能性も低くない。

プシギン村は、シェフがクリスチャンで多数派もクリスチャンのようだが、村人の中にはムスリムもいる。目と手足の先以外は黒い布で全身をすっぽり覆った女性も数人見かけた。サウジアラビアの女性みたいだ。酒浸りの村の中にこんな厳格なイスラム教徒が混じって暮らしているのかと驚いてしまう。もしそういう厳格なムスリムの一族がどこかの過激派とつながりがあったりすると、私たちは「かっこうの獲物」ということになる。

もっともアブドゥルさんは別の可能性を思いついていた。「金《ゴールド》だ！」と彼は言う。今、ブルキナは金鉱ラッシュが起きている。ビカラガ取材のフールー村の近くにも金山があったし、実は今通っているプシギン村の近くにもあるんだそうだ。ゾルゴから村へ行くとき、途中から道が二股に分かれ、一つはプシギン村へ、もう一つは金山へ向かうという。つまり、その手前にいる人たちが見ると、私たちは金山へ通っているようにも見えるというわけだ。

金の取引は許可制だという。したがって、外国人が許可なし、つまり違法に金の取引をしていると疑われているんじゃないかとアブドゥルさんは主張する。

金はブルキナでは社会問題と化している。実はプシギン村も金がとれると見られ、村ごと移転をするよう、政府か外国資本か誰からかわからないが持ちかけられているとアブドゥルさんはいう。シェフに話が来ているが、村の意見はまとまっておらず、論争が続いている——少なくとも村ではそういう話を小耳にはさんだという。

村の移転とは驚きである。日本ではダムを造るときぐらいしか発生しない大事件だ。穏やかで平和そのものに見える村が現実には巨大な火種を抱えているのだろうか。そんなところに変なガイジンがのこのこ入り込んでいるから、人々の視線が集中するという考え方もできる。アブドゥルさんの勘違いかもしれないし、単なる無根拠の噂かもしれないが、そういう話が出ること自体不吉だ。金ビジネスには国内外から怪しい人間や団体が大勢からんでいると聞く。あるいは、金の闇取引に来た日本人を狙う人がいてもおかしくない……。

納豆のあるところ、いつも何か剣呑な状況がある。

負の可能性は広がり、私たちはどんどん疑心暗鬼になっていく。

私も竹村先輩もこういう状況を何度も体験している。一つの嫌な推測は今現在、私たちの案件が憲兵隊と警察の両方で「上」あるいは「中央」にあげられ、その判断をあおいでいる最中なのではないかということだ。殊に中央の行政組織は問題が起きる可能性が少しでもあると自己の責任逃れのため潰しにかかる。結果として取材中止を命じられたらアウトである。

もちろん、イスラム過激派や金のマフィアに襲われるのも願い下げである。

ここまで苦労してたどりついて、バオバブ納豆の正体を見極められなかったら痛恨では済まない。

なんとか災難が降りかかる前に納豆が完成してくれることを祈るほかない。

6．バオバブ納豆、発酵失敗！

ガンズルグ県に来てから三日目、バオバブ納豆作りとしては第二日。

この日も朝からまた警察が来た。「ただ、確認に来ただけだ」というのだが……。軍や警察が運んで来たというわけじゃないだろうが、竹村先輩は今度は風邪を引いた。咳と鼻水がひどく苦しそうだ。私も朝から晩まで吸い続ける土埃のせいで喉が痛い。

村へ行く途中、道路沿いの村にバオバブの巨木が二本並んで立っているので、写真や映像を撮影。といっても、気軽に車から降りて撮ればいいというものではない。村の人々が木の近くで朝からケパロを飲んでいるので、そこへ行って挨拶し、私たちも一杯もらってから彼らに酒をおごった。それで「バオバブを撮ってもいいですか」と訊く。

こういう手続きが必要なのだ。それでも五分ぐらい撮影していると、アブドゥルさんが若頭の顔で「この辺でやめた方がいい。他の人たちが何か言い出すかもしれない」と言うので素早く撤収。この村ではシェフに話を通しているわけではないので、「合法」とは言えない。それに他の誰が見ているかわからない。

プシギン村に十時頃到着した。シェフの家から出てきた女性に挨拶すると「外で待ちなさい」。「スンバラはどう？」と訊いても「ふふふ」と微笑むのみで無言。シェフに挨拶する前は大事なことは何もしゃべってくれないのだ。

シェフに挨拶してから中に入ると、真っ黒い種が煮えたぎっていた。パルキアに似ている。ヒョウタンのお玉ですくい、「先生」であるセリーナさんに見せる。指で挟むと潰れるがまだ固い。「今日の三時頃まで煮ればできる」と述べた。一晩中煮続けたから出来が早いらしい。

ここで「灰の汁」を入れる。トウジンビエの稈《かん》を焼いた灰を水に溶かしてから濾《こ》したものだ。ナイジェリアのカノの村でも同じことを行った。早く煮えるという。豆（種）をアルカリ性にすると、あとで納豆菌が活性化しやすいというメリットもある。

これで作業完了。昨日までの疑問点を村の人たちに訊くが、この頃のアブドゥルさんはどんどん「兄貴面《あにきづら》」をするようになり、彼を通訳として何か訊いても、私の質問や相手の答えからもそれて暴走しがち。「どうしてバオバブ納豆をもっと作らないのか。自分たちの文化を大切にせよ」なんて説教を始めたりもする。それを適度になだめながら辛抱強く話をすすめていく。

まず納豆の種類。この村には過去・現在を合わせて四種類の納豆が存在している。世界最多の納豆村かもしれない。使い分けはどうなっているのか？

いつの間にかコンクリートのたたきに集結していた女性たちがガヤガヤと言葉を交わす。その結果、「パルキアの納豆がいちばんおいしい」という。何の料理でもそうだとのこと。

ただし、餅団子についてはパルキアのスンバラとビカラガ（ハイビスカス納豆）の両方を入れるのがベストだという。納豆二種類とはふるっている。

どの納豆をいちばん食べるかという質問にも「パルキアのスンバラ」。

でも、この辺にはパルキアの木は少ない。なので市場で買う。大学生のジュ・ドネがみなの話をまとめてくれる。

「コロゴ（パルキアのスンバラ）はみんなが作るわけじゃない。それは年取った人でも同じ。作るのが得意な人がいて、他の人はその人から買う。また、作る人もいつも作ってるわけじゃなく、作らないときは他の人から買う」

この村でも四日に一度、市が立つ。アジアの村で市が立つところは少ない。というより、市が立てば、そこは村ではなく町だ。しかし、ブルキナでは村で市が立つ。そして村内で納豆を売買する。ブルキナの村は経済活動がひじょうに活発なのだ。

そんな話をしていたら、ある女性が大豆のスンバラを持ってきた。形状こそ三角錐に固めて乾燥させていたが、中身は日本の納豆と同じものだ。色は明るい茶色で、匂いを嗅いでも、齧ってみても、パルキアのスンバラとのちがいは全くわからない。アブドゥルさんも齧って「同じだ」と言う。でも女性たちは「大豆の方が味が落ちるし、値段も安い」と主張する。一個二十五フランは同じだが、少しサイズが大きいという。

しかし、大豆納豆（変な言い方だが）にも確実にメリットがある。大豆はパルキアに比べて値段が安い。この女性は自分で大豆栽培をして豆腐を作っているというから、豆を購入する必要もない。さらに「大豆のスンバラは簡単にできていい」という。たしかに、パルキアやハイビスカス、バオバブに比べたら大豆納豆製造の労力は半分以下だろう。ナイジェリアのハウサの人たちも同じことを言っていた。

味は落ちるが、安いし、作るのも簡単。それが大豆納豆。

むろう、われわれの納豆はアフリカでは「廉価な時短食」扱いになっているのだ。インスタントコーヒーやカップラーメン、あるいはほんだしみたいなものだ。でも主婦の味方ではある。

大豆がいつこの地に導入されたのか、この場にいる人たちにもはっきりわからないようだが、「五年くらい前じゃないか」という。察するに、この「五年くらい前」とは「つい最近でもないけど大昔でもない」程度の意味で、二、三年前かもしれないし、十年前かもしれない。

だが重要なのはバオバブ納豆も「五年ぐらい前から作らなくなった」と言われていること。時期がおおまかに一致するのだ。アジアの納豆がアフリカの納豆にとって替わったとも言える。

「米と同じだ」と私は思った。前述したように、西アフリカでは独自にイネの栽培化が始まり、西アフリカの広い地域に普及した。だが、今では多くの地域で面積あたりの収量で上回るアジア米か、アジア米とアフリカ米のハイブリッド種であるネリカ米にとって替わられているという。

東部アジアと西アフリカは、米と納豆という最も基層の食品レベルで交雑しているのだ。

三時半、ようやく煮込みが終わる。火を消して釜を開けると、水は底のほうに少しだけ。豆の煮方はどこも全く同じだ。ヒョウタンお玉で黒い種をすくって籠にあけて水を切る。

殻はだいぶとれているが、固い。これは発酵しないだろうし、食べられないだろう。種の中身は砕けたピーナッツのようにぐずぐずで形もなく、口に含んでも味がしない。

この種をたたきに広げた。しばらく冷ます。ここまではナイジェリアのカノや韓国と同じだが、そのあと、殻をとるという作業が始まった。男女十名ほどが頭を寄せ合い、二十分ほどせっせと励む。もし一人か二人なら二時間かかっても終わらないだろう。

殻をとりのぞいたら、中身は四分の一に減ってしまった。ほんとうにゴールドの精製を見ているようだ。精製の過程でどんどん質量が減っていく。

この中身を、きれいに水洗いした金だらいに入れ、家の中へ持っていって置くと、お盆で蓋をした。

「ん？」私は目をみはった。竹村先輩も「あれ、納豆菌は？」と声をあげた。

金だらいはきれいすぎる。プラスチック袋も使わない。先ほどたたきに広げたのはせいぜい四十分で、空中に浮遊している納豆菌が付着するには時間が短すぎる。

バオバブの種と納豆菌が接触する場面がないのだ。これで納豆ができるのだろうか？

納豆発酵は基本二晩かかる。これは昔の日本でもアジアでもアフリカでも、世界中どこでもそうである。その間は待つだけだ。

私は竹村先輩から風邪をうつされた。韓国と同じ展開だ。韓国チョングッチャン取材では、先輩がひどい風邪に苦しんでいたが、終わって帰国するなり私が倒れた。しかもインフルエンザ。同時にソウルのカンさんもインフルエンザに罹患していた。先輩はインフルエンザだったとしか思えない。

今回はインフルでなかったと思うものの、三十八度近い熱が出た。熱にうなされながら、「あれでちゃんと納豆になるのか？　ならなかったらどうするのか？」とか「イスラム過激派が襲ってこないか？　いや、警察か軍に拘束されたり追い返されたりするのか？」などと妄想がぐるぐるまわった。

いや、半分は妄想ではない。私に風邪を移して自分は一足先になおった竹村さんも「あれじゃ納豆できないんじゃないか」と言っていたからだ。私たちの納豆の体験と知識はハンパなものではない。

いずれにしても、できるかできないかは自分の目、鼻、舌で確認すればわかる。かくして、二日後、私たちは戦々恐々という面持ちで村に戻った。鼻はまだぐずぐずするものの、幸い、熱は下がっていた。

十時前に到着すると、人がおらず閑散としていた。気づかなかったが、この日は日曜日で、多くの人は教会へミサに出かけていた。シェフだけは在宅でいつもと同じように挨拶。シェフの犬も在宅で、飼い主の横に寝そべる。

やがて、人々がばらばらと教会から帰ってきた。長老らしき人たち三人が現れ、地面に肘をついた最上級の挨拶をし、小銭を渡す。儀礼的なものらしい。

さらにしばらく経つとミサを終えた納豆作りの女性たちが続々と集まってきた。私たちも訪問四日目なので、すっかり馴染みであり、誰も警戒しない。写真を撮ってもビデオを回しても、みんな、笑顔。

しかし、問題は納豆である。

シェフ第一夫人の小錦的ビッグママも帰ってきた。この日はもうバオバブ納豆名人のセリーナばあさんは現れず、ビッグママが取り仕切っていた。彼女は家の中からたらいを取り出し、ふたを開けた。驚くべきというか、案の定というべきか、見かけは二日前と何も変わっていない。手にとってもネバネバしないし、納豆臭もしない。そして味見して驚愕した。何も発酵していない。二日前と何一つ変わっていないのだ。

――一体何なんだ、これは？？？

またしてもクエスチョンマーク花火が頭の中で炸裂した。私たちの納豆取材の経験からいえば、これは確実に「失敗」である。

しかし、ビッグママは頓着しない。彼女は慢性の腰痛を患っているらしく、重いものを長い距離運ぶことができないので、若い女性が代わりに、たらいをアカシアの木の下にある共同の搗き場へ持っていく。女性たちが入れ替わり立ち替わりズットンズットンと搗きはじめた。種はたちまちビカラガそっくりの見てくれになっていく。やや茶色っぽい土色だ。

そこでようやく、この工程がフールー村で一部だけ見たハイビスカス納豆作りと同じであることに気づいた。あのときも二日間仕込んだはずのハイビスカスの種は全く発酵してなくて首を傾げたが、村の女性たちは平然と搗きはじめたのだった。

搗くのはひじょうに念入りで、三十分もかかった。土状の固まりを中庭に戻す。今度は洗った素焼きの壺に入れた。

ここから蒸すという。それもハイビスカス納豆と同じだ。ただ、方法は異なるものだった。フールー村ではハイビスカスの種をビニール袋に入れて密封し、それを鍋に入れ、蓋の部分を牛糞で固めて圧力釜状態をつくった。

こちらではビッグママが壺の中に手を入れ、土状の種を捏《こ》ねはじめた。腰をかがめる姿勢がとても辛そうだが、若い女性たちは誰も手伝おうとしない。どうやら彼女たちはやり方を知らないらしい。作り方を知っているのは一部の年配者だけなのだ。

釜に少々水を入れてから、枯れたすすきのような草を中敷きとして敷き詰めた。この草は雑草で家畜の餌にするものだという。それからビッグママは、土塊《つちくれ》をソフトボール大に丸めて、一つ一つ、釜の中敷きの上に置いていった。

「そう来るか！」私と竹村先輩はほぼ同時につぶやいた。

全部で十一個。まるで象のウンコのようで、これがもし納豆になれば「アフリカ納豆」としてこれ以上ふさわしいものはないのだろう。

しかし、これ……本当に納豆になるのか？

また同じ問いが戻ってくる。

ビッグママは竈に薪をくべ、盛大に火を焚き始めた。「これで一晩中、火を絶やさずに燃やす」という。

――なんなんだ、これは……。

長いこと、日本、アジア、アフリカで納豆作りを見てきたが、今回のものは完全にセオリーを外れている。二日間の仕込みで何も発酵してないのは単に失敗としか思えないし、そのあと高温で蒸すのも理解できない。

百万歩譲って、あの少量の枯草に十分な納豆菌がついていたとしても（あれでは足りないだろう

村長宅の庭の真ん中にある調理場。ただ今、団子の形に丸めたバオバブの種を蒸しているところ。

発酵に失敗した種なのに、女性たちは頓着せず臼の中に入れて搗く。

が）、圧力釜的にその納豆菌が象ウンコの中まで浸透するとしても、これだけ加熱したら納豆菌が活動するには温度が高すぎてしまう。納豆菌が最も活発なのは四十〜五十度と言われている。

理論的にはどう考えても不可能。でもビッグママの確信に満ちた表情と手慣れた作業っぷりには〝現地の技〟が息づいていた。そして、私の三十年以上の辺境体験で一度たりともこの現地の技に失望したことはないのである。

どうして最後の最後でこんな謎が立ち現れるのか。

私たちは二人で顔を見合わせながら「えー？」とか「どうして？」と半分笑いながら、半分困惑したような声をあげていた。それは私たちがスンバラを探しに来たと言ったとき、軍の憲兵隊や警察官が示した反応によく似ていたにちがいない。

自分たちの理解を超えたことが起きると、そういう反応しかできなくなるのだ。

「五年ぶりだからやり方を忘れちゃってるんだよ」と先輩が恐ろしいことを言った。

「でもその割りには作業はスムーズだし、自信ありげですよ」

「たぶんさ、前はたらいじゃなくてカゴかなんか使ってたんだよ。そこに納豆菌がついていたんじゃないのかな。それとも、たらいは昔から使っていたけど、繰り返し作っていたから納豆菌がついていたんだ。でももう何年も作ってないから、今は納豆菌もいない。それに彼女たちは気づいてないんじゃないか」

先輩の推理はあまりに説得力に富んでいて、その分だけ恨めしかった。

ビッグママは淡々と作業を終えると、火を燃やしたままどこかへ立ち去った。作業終了のようだ。

幸い、軍と警察あるいはイスラム過激派には邪魔されずに済みそうだが、最後に全く別種のトラップが待ち構えていたとは。

その晩。ゾルゴの町に戻ると、私たちはまたしても納豆鉄板焼き浸しを食べに行った。この日は鶏も魚もなかった。「でも」と店の主は言った。「ホロホロ鳥ならある」

おお！　最後にこんな料理に出くわすとは。

オープンバーに持ち込んで、ビールと一緒にホロホロ鳥のアフリカ納豆鉄板焼き浸し。これ以上アフリカらしい料理はないだろう。ホロホロ鳥は鶏によく似ているが、鶏よりも肉が若干赤く、味も少し濃い感じがする。コクのある納豆汁には至ってよく合う。ビールも進む。いやあ、最高だなと思っていたところへ竹村先輩が突然、言った。

「高野、どうする？　これで納豆ができなかったら？」

やっぱり、その話になるか。私は弱々しく反論する。

「いや、村の人たちが『あれでできる』っていうんだから、できるんじゃないですか……」

「でもさ、あれじゃ納豆菌は絶対付いてないよ。付いてたとしても発酵しないよ」

先輩はさらに続けて、「できなかったらどうする？　これで日本に帰っていいの？」。

私は言葉を失った。

全くだ。謎のバオバブ納豆村をついに探し当て、五日かけて作ってもらったら、失敗でした――では、誰にも相手にされない。かといって、もう我々の残り時間は少ない。帰国便は三日後に迫っており、今から新しい取材は不可能なのだ。

私は自分たちが納豆を深く知りすぎていることを心底悲しんだ。もしもっと無知なら「これでも納豆ができるかも」と安直に期待できたものを。

星は静かに頭上で瞬いていた。虫が茂みで鳴いていた。子供たちの笑い声が遠くから聞こえる。

もし明日、納豆ができていたらびっくりだ。日本の先端技術でも知られていない特殊な発酵方法があるということになる。

そんなミラクルを祈るしかない……。

7. そして奇跡が起きた!?

翌日も晴天。通い慣れたプシギン村への道もこの日が最後だ。砂に車輪をとられながらもせっせと自転車のペダルを漕ぐ実直なブルキナの人々、気分がいいのか地面に転がって背中を砂にこすりつけるロバ、そして、青い空に逆さに根を生やすように立ちはだかるバオバブの巨木。根元をうろつく牛がアリのように小さく見える。

車の中はみんな、無言だった。

私も先輩も風邪はよくなったものの、土埃で鼻と喉の状態は悪化していた。私は鼻づまりがひどい。もっとも鼻と喉が好調でも喋る気はしなかったろう。アブドゥルさんは納豆製造にさして関心をもってなかったが、私たちの顔つきが厳しいせいだろう、いつになく口数が少ない。

村に到着したのは九時だった。いよいよクライマックスである。

いつものようにシェフに挨拶してから、覚悟を決めて中庭に足を踏み入れる。バオバブの種が入った釜を見るなり「うわっ!」と悲鳴をあげそうになった。竈の火がゴウゴウと燃えさかっているからだ。でもビッグママに訊くと、「夜は火を止めていた」というので少しホッとする。それなら可能性はある。

私たちの緊迫感をよそに、ビッグママは無造作に釜の蓋をパカッと開けた。もわっと白い湯気が吹き上がり、その中から茶色い固まりが姿を現した。私はハッと息をのんだ。

「雰囲気が変わってる！」

色や形はちがえども、イメージとしては饅頭やシュウマイをふかしたみたいだ。玉は適度にほぐれ、昨日はただの土塊にしか見えなかったのに、今はほかほかして、いかにも「食べ物」という感じがする。顔を近づけて見ると、よく発酵した麴味噌のようでもある。

下に敷いた雑草はしっとり湿って藁のようだし、何かが発酵している気がしてならない。

匂いを嗅ぐと、ちょっと納豆っぽい感じがするのだが、なにしろ鼻の状態がひどくてよくわからない。

指でつまむと、意外に熱くない。口に入れる。昨日より味があるように思うが、嗅覚が麻痺している。同時に私の脳も麻痺しかけたときである。

「あ、納豆の匂いがする！　する！」カメラを持ったまま、竹村先輩が大声をあげ、同時にアブドゥルさんも「コロゴ、コロゴ！」と騒ぎだした。

置き去りにされた私が、今度は大量に土塊を口につっこんでみた。「おおっ！」

嚙んでいると懐かしい風味が少しずつ口の中に浸透してきて、飲み込むときにはわずかに開いた鼻孔から古く甘い香りがすっと抜けた。「納豆だ！」

「できちゃったよ」「できちゃいましたね」「いやあ、これでできちゃうのか」「できちゃうんですね」

……。

私たちは馬鹿のように繰り返した。

粘り気はないし、殻のざらざらした異物感はあれど、間違いなく納豆菌の味がする。納豆の精に笑われているような気がした。

女性たちは変な外国人の感動ぶりに大笑いしながら、自らも次々に口にする。背中におぶった幼子にあげるお母さんもいる。幼子ももぐもぐ食べている。

ビッグママはバオバブ玉をヒョウタンのお玉で突き崩してすくい、たらいに移した。バオバブ納豆——もう、そう呼んでいいだろう——は藁の下まで浸透していた。

改めて驚くような発酵法だ。

私たちが確信したとおり、昨日の時点では発酵は完全に失敗していた。フールー村でもこの村でも、何か誤解が生じており、仕込みがうまくいっていない。仕込みの二日間はまるっきり無駄なのだ。

ところが、両方の村でそれをリカバーする方法を導入していた。それが「蒸し」なのである。バオバブ納豆は見事に四十〜五十度ぐらいの適温に保たれていた。一晩でできてしまうとは手作り納豆としては世界最速レベルで、現在の日本の工業的な納豆製造（約十七〜二十時間）といい勝負だ。怪我の功名ともいえる。

納豆菌がいつ、どこで入ったのかも私には想像がついた。前の晩ずっと考え続けて、ふと思いついたのだ。「臼の中だ」と。

搗き場の臼はいつも屋外に放置されているうえ、ヒエやソルガムなどあらゆる作物をそれで搗く。納豆菌がいくらでも入り込んでいるだろう。臼の内側は木目に沿って細かい襞《ひだ》状になっており、納豆菌にはとても居心地がよさそうだ。その臼の中で、煮たバオバブの種（フールー村ではハイビスカスの種）を三十分も念入りに搗くのだ。あそこで納豆菌が大量に練り込まれているにちがいない。

あくまで想像だが、ハイビスカスやバオバブの種は大豆やパルキアとちがって、通常の仕込みではもともと発酵が進みにくいのだろう。それで「よく搗いて蒸す」という方法を誰かが思いついた。

結果として、仕込みの段階ではあまり（あるいは「全く」）発酵していなくても、最後の「よく搗いて蒸す」で一気に解決してしまうこととなった。しかるに、仕込みが無駄になっていることは村の人たちも気づいていないのではないか。

ビッグママは興奮する私たちを見て、にやりと笑った。無愛想なこの人がこんなふうに笑うのを初めて見た。彼女はくたびれてひんまがったトタン板にバオバブ納豆を載せた。見栄えの悪さに苦笑する。よく言って土くれ、悪く言えば牛糞にしか見えない。これを割り箸大の棒でよく広げる。天日干しだ。これもまた干して保存用にする。

私たちは保存の必要がないので、ここから試食会である。一体この納豆はどんな味がするのだろうか。前に聞いたところでは、パルキアのスンバラよりも、ハイビスカス納豆よりも劣るということであったが……。

シェフの息子の第二夫人であるリディがブルバカ（ネバネバ野菜の一つ）のソースを作ってくれるという。彼女は早速パルキアのスンバラ玉を持ってきて、搗きはじめた。バオバブ納豆が美味くないので、スンバラも合わせようとしているのだろう。しかし、それではバオバブ納豆本来の味がわからなくなる。思い切って、三種類、作ってもらうことにした。

①スンバラ入り

②バオバブ納豆入り

③プレーン（納豆なし）

「料理の鉄人」アフリカ納豆篇のようだ。ただし戦うのは料理人でなく、納豆である。

リディの調理が始まった。

①スンバラ入り

リディはスンバラの固まりを一つ持ってきた。その匂いを嗅ぐと、あまりに強烈な納豆臭にクラク

蒸し終わってできたバオバブ納豆をほぐし、トタン板の上で干す。

テキパキと調理する若奥さんのリディ。

ラする。鼻が悪いかどうかなど関係ないほどの臭気だ。

　気持ち的にはバオバブ納豆を応援している私は精神的にも衝撃を受けた。バオバブ納豆がいくら納豆の匂いがするといっても、比較にならない。これではソースにしても、パワーが全然ちがうだろう。やはり、バオバブ納豆は廉価な代替品なのだろうか……。

　作り方は簡単だ。ただ納豆を水に入れて沸騰させてから、ブルバカ、塩、油、ポタシュ（灰の汁）を投入して二、三分煮込むだけである。

②バオバブ納豆入り
　こちらはパルキアに比べてはるかに手間がかかった。

　まず、鍋に水と納豆を入れ、強火で沸かす。煮立ったらヒョウタンのお玉で別の容器に移す。見ると、表面に油が浮いていた。「バオバブには油がある」と大学生のジュ・ドネが指摘する。

　このバオバブ汁を濾すのだが、なんとザルでなく箒《ほうき》を使う。サーガ（もしくはサー）という高さ五十センチ程度のイネ科の草を束ねたものだ。何かを濾すときにはふつうにこれを使うという。清掃用具が調理用具になるとは珍しい。実際にこれで殻や実がひっかかり、汁がとれる。ハイビスカス納豆と同じように、これもダシだけ使用するのだ。鰹節や昆布でダシをとる方法と同じとも言える。

　次に、釜にダシ汁を戻し、ブルバカとポタシュと油を加え、かなりぐつぐつ煮込む。十分後に塩を入れ、さらに煮て、ざっと二十分後、リディが味見。（後で理由を書くが）すでに何度もやり直しをさせられて機嫌を損ねていた若奥さんは「ヤ・ヌオゴ！（おいしい！）」と久しぶりに花が咲くような笑顔を見せた。さらに煮込んで、三十分後に煮込みが終わった。

③プレーン
これはただ野菜と塩、油、ポタシュを順番に入れて煮るだけ。ただし、あれだけ「同じように作って」と頼んだのに、リディは油を多めに入れたように見えた。まあ、しかたないか。


このように書くと順調に料理が進んだように見えるが、実際には条件を揃えて料理してもらうことが思いのほか難しかった。パルキアはいいとして、他の二つは絶対的に味が足りないとリディが料理人的に判断し、酒粕を加えたり、パルキアのスンバラを入れて「ダブル納豆」にしようとしたり、野菜の種類を変えてしまったりするのだ。

その都度、「あ、ちょっと！」と手を止めさせ、「同じ条件にして。比べるんだから」と繰り返して、作り直しを頼む。

私はこの賢くて美しい若奥さんに嫌われたくなかったが、納豆研究のためならしかたない。心を鬼にしてダメ出しを繰り返した。

リディは何度も「は？　どうしてわざわざまずいものを食べるのよ？　このガイジン、頭おかしいんじゃない？」という顔をした。そしていまいましそうに、作りかけの料理を空いた鍋に捨てるのだ。

――すみません、本当に馬鹿なガイジンで。

何度も謝りながら、料理を作り直してもらったのだ。

ソース作りが終わると、今度は餅団子。実はブルキナ人の料理人／主婦にとって、こちらが本番。食堂では餅団子定食を頼むと、餅団子の料金しかとらない。ソースは「たれ」みたいなもので、おまけなのだ。日本とは逆である。そして、家庭の主婦の腕の見せ所でもある。餅団子がうまく作れないときっと「この嫁はサカボ（モシ語で餅団子のこと）もちゃんと作れないのか」と陰口をたたかれることだろう。

トウモロコシの白い粉と水を熱した釜に入れ、それを大きな木のヘラでぐるぐるかき回す。次第に粉は粘り気を帯び、ねっとりとした餅とも粥ともつかない状態になる。主食からして納豆のような形状なのだ。そしてソースもネバネバであり、ブルキナ人（西アフリカ人）はどこまでネバネバすれば気が済むのかと思う。

真昼の太陽が焼き付けるように熱を降り注ぐ中、料理は完成した。

それぞれの料理（ソース）はほうろうの小さい鍋に注いである。

日陰を求めて、私たちは料理ごと外の休憩小屋へ移動した。そこは男性の場所であり、リディやビッグママなど女性たちは付いてこなかったが、やむをえない。

試食会は手で餅団子をちぎり、ソースにつけて食べる。

作った順序とは逆の順番になるが、まず③のプレーン。野菜の色がそのまま出ているせいか、汁が緑っぽい。ダシなしだからきっとまずいだろうと思いきや、塩気と油気が強く、意外にいける。塩ラーメンや湯麺《タンメン》の味に近い。

次に②バオバブ納豆入り。汁は茶色、手触りと舌触りはプレーンと同じだが、一口食べて「あれ、間違えた？」と思った。これ、コロゴ（パルキアの納豆）じゃないか？　でも何度見てもバオバブ納豆だった。

おかしい。なぜなら美味すぎるからだ。鮮烈で深くて複雑にしてまろやかな味。今度は「マギーかジャンボか、うま味調味料を入れたんじゃないか」と疑ったが、自分で料理の場面をじっと目をこらして見ていたのだ。そんなものは入れてないし、だいたい、うま味調味料ではこんなに洗練された味は出ない。舌にべたっと甘ったるさが残る。今口にしているものは試食なのに「あー、もっともっと食べたい！」と思わせる快感がある。

狐に化かされたかのような気持ちで①スンバラ入りに移ると、今度は別の意味で「何かまちがってるんじゃないか」と思った。納豆の味が強烈なのはいいが、ただ納豆がお湯にどかんと突っ込まれたようなのだ。うま味はあるが、単純できつい。フールー村で竹村先輩が言った「美味いラーメン屋とまずいラーメン屋」を思い出す。あのときはハイビスカス納豆抜きの魚ダシがまずいラーメン屋で、ハイビスカス納豆入りが美味いラーメン屋だったのだが、今回はパルキアの納豆がまずいラーメン屋で、バオバブ納豆が美味いラーメン屋になっている。

こんなことってあるのか？

ひどい鼻づまりのせいで味覚に自信のない私は、他の人にも食べてもらった。アブドゥルさんはバオバブ納豆入りを食べて「オイシイ！」と声をあげたが、スンバラは顔をしかめた。「味がピカン(尖っている、きつい)。でもバオバブは深くて柔らかくて甘い」

竹村先輩もバオバブを食べた瞬間、「あ、これ、うまいよ」と言った。さらに「食べる前の匂いは味噌っぽいけど、納豆の味がするし、手についた匂いはやっぱり納豆だ。食べると、葉っぱ(野菜)の味がよく出ている。よく濾しているからだろうな、納豆の味が前に立たないんだよな」とまるでテレビ出演しているグルメ評論家のように語る。

それに対してスンバラ入りは「納豆の風味が強すぎて葉っぱの味がよくわかんない。味がきついんだよな」と一蹴した。

私たち納豆探索隊三名の結論は「断トツでバオバブ納豆がうまい」。

だが、われわれはまだ半信半疑だった。もしかしたら、パルキアの料理は何か味つけに失敗しているかもしれない。それに現地の人たちはちがったように感じるのかもしれない。今度は村の女性たちに食べてもらうことにした。

庭の隅に鍋を運び、女性の一群を呼んだ。残念ながらビッグママは引き上げてしまっていたが、リディたちはやってきた。彼女もようやく私たちの意図を理解してくれたようで、真面目な顔で三つの鍋を見つめ、一つずつ吟味するように口に入れていった。

「どれがいちばん美味しい？」と私が訊きかけたとき、彼女はバオバブ納豆のソースを指さして高らかに宣言した。「これがチャンピオン!!」

おお、やはりそうか！

このとき初めて、私はバオバブがこの対決に勝ったんだと実感した。

ちなみにパルキアのスンバラの味つけはおかしくなく、「いつもと同じ」とのこと。他の女性たちと、初日にバオバブの実をとってきてくれた若い兄弟も順番に食べるが、全員が「バオバブ納豆がいちばんうまい」と述べた。男子の一人は「バオバブの方が臭みがない」とも言った。

リディを始め、彼ら自身がバオバブ納豆の美味さに驚いているのが伝わってきた。訊けば、リディですら最後にバオバブ納豆を食べたのは「七年前ぐらい」というから無理もない。記憶から薄れていたのだろう。

試食にもかかわらず、彼らはバオバブ納豆ソースに餅団子をつけて食べつづけ、鍋をきれいにしてしまった。いっぽう、パルキア納豆とプレーンは一口味見した後は放置。たいへんわかりやすい。美味いとやめられなくなるのだ。

いや、たまげた。

バオバブ納豆は鼻の調子が悪いとか、個人の好みとか、そんなものを一切超えてうまいのだ。ではなぜ「美味くない」と思われていたのか。

一つには単に味を忘れていたのではないか。もう一つは、たぶん総合評価なのではないか。バオバブ納豆は手間がかかりすぎる。途中の工程が間違っているからなおさらだ。それに中身を食べないからタンパク源にならない。味以外のマイナスポイントが多すぎる。

それでも実が地面に落ちて誰も拾う者がいない頃、暇なときは地道に作業して納豆にしていた。ところが、実が手に入らなくなると、他の納豆を食べるようになり、バオバブ納豆のことは「あれ、作るの大変だったよね……」ぐらいの記憶しかなくなったのかもしれない。

もっと言えば、本当はリディが最初に意図したように、パルキアの納豆にバオバブ納豆を合わせる「ダブル納豆」がベストなのかもしれない。

幻のバオバブ納豆は実在した。そして、驚異的なほどに美味かった。バオバブ納豆を作っている人たちに会えたことも奇跡なら、それが見事に作られたことも奇跡に思えてならない。誰かに操られているような気さえする。

村の人たちに別れを告げ町に帰る途中、バオバブの巨木が乾いた大地にどっかと根を下ろし、青天にむかってねじくれた枝を伸ばしているのが見えた。相変わらず、火星に建つカテドラルのような異様な佇まいであるが、今感じるのは畏敬の念よりも親しみである。私とバオバブは見えざる大きな力で結ばれている。

サン＝テグジュペリも『星の王子さま』で言っている。「いちばんたいせつなことは、目に見えない」

もちろんそれは納豆菌の力――と思えてならないのであった。

第8章　納豆菌ワールドカップ

東京都新宿区

謎の納豆を求めてアジアとアフリカをさまよう旅も一段落した。

今、自宅の冷蔵庫の冷凍室には、世界各地の納豆がぎゅうぎゅうに詰まっている。これだけ多種多様な納豆があると、どうしても考えてしまう。

これらの納豆はどの程度同じで、どの程度ちがうものなんだろうか？

また、知人友人の中には「それって、日本の納豆と同じ納豆菌が働いているの？」という疑問を投げかけてくる人もいる。

私と竹村先輩（そしてナイジェリアの健ちゃん）の体験ではそれらは間違いなく納豆だと断言できるのだが、ちがいについては何とも言えない。納豆菌に至っては目に見えないだけに見当がつかない。ならば、直接比較してみるしかないと決心した。方法は単純明快。日本、アジア大陸、アフリカの各納豆から菌を分離し、それを煮た大豆に接種したのち同じ条件下で発酵させる。そうすれば、各菌がどれだけ似通っているのか、どれだけ異なるのか一目瞭然だろう。ついでに、どの納豆菌がいちばん美味い納豆を作るのかも見定めたい。

名付けて「第一回　納豆菌ワールドカップ」。言うまでもなく世界初の試みだ。

参加チームは以下のとおりである。

☆アジア大陸代表
ミャンマー・シャン州の「トナオ」
ブータンの「リビ・イッパ」
☆東アジア代表
韓国のチョングッチャン
岩手県西和賀町の「雪納豆」
☆アフリカ代表
ナイジェリアのダワダワ（パルキア）
同じくナイジェリアのダワダワ（大豆）
ブルキナファソのスンバラ（パルキア）
同じくブルキナファソの「ハイビスカス納豆」
同じくブルキナファソの「バオバブ納豆」

日本、韓国、東南アジア、南アジア、アフリカの代表が揃い、しかもアフリカ勢は大豆だけでなくパルキア、ハイビスカス、バオバブまで参加するというバラエティの豊富さ。まさにワールドカップの名にふさわしい。

アフリカの納豆と韓国のチョングッチャンについては、本書で詳細に入手方法を書いている。残りの納豆について簡単にご説明したい。

ミャンマー・シャン州の「トナオ」は主にせんべい状に薄く伸ばして干したもの。世界に納豆民族は数あれど、シャン族ほど多種多様な方法で食べる民族はいない。

また、ブータンのリビ・イッパは知人に首都ティンプーの市場で買ってきてもらったもの。乳酸菌が混入しており酸味のある面白い納豆である。

この二つの納豆に、東南アジアと南アジアをそれぞれ代表してもらうことにした。

それから岩手県西和賀町の雪納豆。これは日本の伝統的な藁で包む、いわゆる藁苞《わらづと》納豆だが、豆を煮て朴葉と藁で包んだあと、雪の中に熱湯の入った鍋と一緒に埋めて発酵させるという変わり納豆である。今では中村キミイさんという女性しか作ることのできない稀少な納豆で、しかも私が過去に食べた中で最高レベルに美味しい。

このW杯は自分たちだけで実行できない。技術と人手が必要だ。まず、「実行委員」として新潮社の担当編集者諸氏に手伝ってもらうことにした。前作『謎のアジア納豆』から通して私の納豆連載及び単行本にはこれまで四名の担当がいるのだが、私の納豆熱が伝染したらしく、みんなが納豆に対し仕事を超えた熱意と愛着をもつようになってしまった。「新潮納豆組」と呼ばれるほどである。

専門家の協力も不可欠だ。

前からお世話になっている東京都府中市の納豆製造会社「登喜和食品」の遊作誠社長と東京都立食品技術センター（以下、「センター」）に菌を分離抽出する作業をお願いした。

あとでわかったのだが、菌の分離とは、一つの納豆に存在する複数の菌からどんどん不要な菌をふるい落とすことである。言わば「地区予選」。しかも思ったより菌の数は多く、予選は三次にわたった。全く本物のサッカーW杯なみの厳しさだ。

第一次予選は、各納豆から一部を取り出し、培養してから、七十度に加熱する。これで大腸菌など人体に有害な雑菌はかなり除去される。納豆菌はこの温度では死なないので予選を通過できる。

私たちは第二次予選から参加した。センターの実験室には九個のシャーレが積み重ねられ、その中には各種の菌が思い思いの模様を描いていた。

「みんな、顔がちがうよな」と遊作社長が言う。「人間と同じだよ。どの菌もちゃんと顔がある。個性があるんだ」

「ほんとですねえ」とみんなでしげしげと彼らの「顔」を眺めた。

微生物学用語ではコロニー（集落）と呼ばれるが、私には空に浮かぶ雲を思い出させた。三次元ではなく二次元に展開する雲。

ミャンマー（の納豆からとりだした菌。以下同様）は秋の鱗雲《うろこぐも》のように細かく幾何学的に並び、ナイジェリアのパルキアは積乱雲のように多少不規則にもくもくと膨らんでいる。登喜和食品の「雪しずか」はかすみ雲のように薄く広がり、ブルキナファソのバオバブは若干灰色っぽく今にも雨が降り出しそうな重い雲である。チョングッチャンのように、晴れた空に出る爽やかな雲と黒い雨雲がモザイク状に覆っているシャーレもある。

「これがアジアやアフリカで納豆を造っていた菌なのか！」と私は感じ入った。謎の未確認納豆を追い求めてきたが、菌はいつも目に見えない存在だった。それが今、目の前にいる。元気に繁殖している。動いているわけじゃないが、丸かったり、膨らんでいたりして、彼らの生命が伝わってくる。まるでムベンベとか野人といった謎の未確認動物を捕獲したような気持ちだ。

が、それは気が早すぎた。

「一つの納豆にいろいろな菌がいるんですよ」とセンターの三枝静江先生は丁寧に説明してくれた。これらの納豆にも、納豆菌が二種類以上いるかもしれないし、納豆菌でない菌もたくさんいる可能性があり、三枝先生にも見ただけでは正確にはわからないという。

私たちはこの中から「納豆菌っぽいもの」を選ぶ作業に入った。といっても、主に先生が「これは納豆菌っぽい」「これはちがうんじゃないかな」というのに従っていただけだが。作業としては、棒の先を菌にちょんとつけて新しい寒天培地に移すだけでよい。菌は直径一センチのコロニーに数億個いることもあるというからこれで十分らしい。

この第二次予選を通過したのは二十七チーム。まだこんなに残っているのか。

大会前は単純に「九チームの争い」と思っていた自分がおめでたい。「納豆菌っぽいもの」がこんなにたくさんあるとは思わなかった。


二週間後、第三次予選。最終予選である。

センターに行くと、またシャーレが大量に積み重ねられていた。並べてみると、中の様子は異なる。前回は一つのシャーレに複数の雲（菌のコロニー）が広がっていたが、今回は一つのシャーレに付き一種類の雲しかない。見た目も似ている。どのシャーレにも大小のちがいはあれ、白いぼんやりした斑点のようなものがぼわーっと広がっている。

空に浮かぶ雲を一つずつ純粋に培養したみたいだ。いよいよ納豆菌らしいチームが出そろってきた感がある。

さっそくシャーレの匂いを嗅ぐ遊作社長。納豆にこだわり続けて四十年という職人だけあって、いくつかのシャーレの菌は「納豆の匂いがする」と言う。納豆のあの独特の匂いは納豆菌の匂いなのだ。もっとも私にははっきり感じ取れない。培地が大豆由来なので、大豆の甘い香りなのか納豆菌の発酵臭なのか区別がつかないのだ。

遊作社長は見た目も比較し、「この子とこの子はけっこう似てるよね」などと言う。発酵を専門にしている業者や研究者は菌のことを「こいつ」とか「この連中」とか「この子」などと擬人化する人が多いのだが、シャーレというベビーベッドか水槽の中でむくむくと元気に育っている菌を目の当たりにすると、それも当然だと思う。

　菌のコロニーはそれぞれ微妙にちがう。どれも白っぽいが、純白もあれば、ベージュっぽいものもある。シャーレにびっしり育っているものもあれば、なぜか端っこの方に身をよせているものもある。

　どの菌とどの菌が似ているのか、三枝先生に訊くが、はっきりと答えてくれない。「似ている」は主観でしかないので研究者には言えないのだろう。

　私たちが見ても、なおさらわからない。結局、これを大豆に付けて納豆を作るしか比較方法はないという当初の予定に立ち戻った。本当は二十七種類全部やってみたかったが、遊作社長と私たち双方の負担が大きすぎる。チーム数が多すぎるとスタジアム（発酵器）の数も足りなくなるので、「これはたぶん納豆菌だろう」というものを絞り込むことにした。さらなるセレクトである。

　納豆菌のコロニーは「白かクリーム色、サイズは大きめで、輪郭がぼんやりしており、ちょっと皺が寄っている」というのが特徴だという。逆に「つやつやしているもの」や「ギザギザしている小さいもの」「縁が丸くくっきりしているもの」はちがう可能性が高い。と言っても、ギザギザしながら白くぼんやりしたものもあり、境目はいたって曖昧なのだが、上記の基準にしたがって十種類をふるい落とし、十七種類を残した。この十七チームが地区予選突破、本大会進出である。これに発酵の基準とすべく登喜和食品の「雪しずか」を加えた。

　世界各地から集まり、さらに精選された菌のシャーレは壮観である。気のせいだろうが、どの菌チームもやる気と自信に漲《みなぎ》っているように見える。さあ、栄冠を手にするのはどの国のどのチームか。


〈W杯本大会〉

◎準備

サッカーのW杯は開催地をめぐっていつも一悶着ある。納豆菌W杯も同様だ。

当初は登喜和食品で行うつもりだったが、「うちでやると、うちの納豆菌が入る可能性があるし、このアジアやアフリカの菌がうちの納豆に混ざっても困る」と遊作社長が言う。

考えてみれば当然だ。登喜和食品の社屋は玄関の扉を開けただけでも納豆臭がムンと鼻をつく。ということは、建物内の至る所に商品用の納豆菌がうようよしているわけで、W杯に勝手に参加してしまう恐れがある。逆に、W杯出場の菌が登喜和食品の商品に混入したらもっと問題だ。

むしろ、納豆菌W杯の開催地は納豆と無縁な場所がいい。そこで新潮社の会議室を借りることにした。ここなら他の納豆菌はいないし、実行委員も集まりやすい。

問題は大豆を煮る場所だ。新潮社にはキッチンがない。いや、社員食堂はあるが、そこで他の作業をすることはできない。

そこでふと思い出したのだが、たまたま新潮社のすぐ裏手に私の古い友人Kさんが住んでいた。彼はミャンマーで辺境専門の旅行会社を経営していたが、今はなぜか神楽坂で別のビジネスを行っていたのだ。以前、ミャンマーのナガ族の納豆を取材したときには彼に全面的に協力してもらった。Kさんに台所借用を頼んだら「お腹を壊さないようにしてくださいよ」と呆れつつ快諾してくれた。

使用する大豆は、遊作社長が自社で使用している北海道産の「とよみづき」を送ってくれた。それをあらかじめKさんに渡し、煮る前の晩、水に浸けておいてもらった。

そういえば、納豆菌W杯の開催に興奮して忘れていたが、私は海外の遺伝資源を利用する際の手続きに日本一うるさい企業の顧問をやっているのだった。

そこでその株式会社、ニムラ・ジェネティック・ソリューションズの代表である二村聡さんに「こんな実験的なことを相手国の許可無く実施しているが、いいのだろうか？」とお伺いを立ててみた。

二村さんからは「困りましたねぇ。当社の顧問がこういうことをしては。こういう科学研究的なことをやるには元々の国の許可を得るのが常道なんです。もちろん各国の制度はそれぞれ違うのですが、その制度には絶対に従わないといけないんです。ただ海外の遺伝資源の取り扱いについての国際ルールである名古屋議定書の取り扱う範囲はあくまでもその遺伝資源を利用した研究・開発です。今回の事案は海外で入手した納豆を食材とした料理的な利用とその試食会（品評会）なのでぎりぎりセーフだと思います。ただ分離した菌はどんなに価値がありそうでも必ず破棄して下さい」との回答を得た。

◎仕込み

午前十一時頃、Kさん宅を訪れ、大豆を煮始める。私は世界各地で納豆用の大豆を煮る様子を見ている。どこもやり方はほぼ同じだ。水は豆にかぶる程度で、弱火でことこと煮る。水が少なくなると少しずつ足す。「差し水」というやつである。

ミャンマーや中国では「納豆作りにコツなんかない。丁寧に仕事をするだけだ。特に大豆を煮るとき、目を離さないで丁寧に煮ること」と聞いた。たしかにちょっと油断すると、水が減って豆が焦げてしまうのでなかなか面倒な作業である。

納豆を作るための煮豆は柔らかめがいいと日本、アジア大陸、アフリカの誰もが言う。そして、これまた決まって「親指と薬指でつまむ」という（どこか忘れたが、一カ所だけ「親指と小指でつまむ」という場所があった。もっと柔らかめということだ）。

豆の甘い香りを嗅ぎながら、指でつまんで煮え加減を確かめていると、納豆作りの各場面や作り手の顔が思い浮かぶ。それは豆の香りと同じように甘くなつかしい。

そうそう、水（煮汁）は鍋にギリギリ残るまで煮詰めるんだと思い出した。汁に大豆のうま味や糖分が流出しているので、それを豆に戻してやる必要があるのだ。これまた、韓国のオモニもブルキナファソのザリサさんも岩手県の中村さんも同じように行っていたものだ。

二時過ぎに煮込みが完了した。熱々の鍋の取っ手を両手でもち、そのまま小雨の中を足早に歩いて新潮社別館へ。地下の会議室に到着すると、すでに大会開催準備が整っていた。

大きなテーブルの上には家庭用のヨーグルトメーカー、その名も「発酵美人」（！）が十台、ずらりと並んでいた。ヨーグルトと納豆は乳酸菌と納豆菌という違いはあれど、同じ機械で作れるのである。登喜和食品からもらった納豆用パック、それから東京都立食品技術センターの三枝先生に送ってもらった菌の溶液もプラスチックのケースに入って控えている。

——まるで小さい納豆製造会社みたいだ！

思わず感銘と笑いの両方がこみあげる。

「準備万端です！」と実行委員もやる気満々だ。

かつて太宰治、三島由紀夫、川端康成といった錚々たる文学者たちが足繁く訪れた新潮社の社屋で新しい歴史が刻まれようとしている。

煮豆が冷めないうちに素早く作業。まず、実行委員のニシさんがパックに大豆を五十グラムずつ詰め、私が菌の溶液を振りかけて豆とよく混ぜ、ムラカミ君がセロファン（納豆業界用語では「皮膜」）をのせて、輪ゴムで止める。

パッキングが終わると、「発酵美人」一台につき、二パックずつ入れていく。全部で九台の機械を使うことになった。設定温度は四十度、タイマーは二十時間。一般に手作り納豆は、世界どこでも「一泊三日」がふつうだが、日本の納豆メーカーの多くは——あくまで私の取材した範囲だが——三十八～四十五度で十七～二十時間程度のようだ。手作りの場合は温度管理がうまくできないので、どうしても発酵に長い時間がかかるのだろう。

午後四時に発酵開始。あとは「発酵美人」にお任せだ。

翌日の十二時、ちょうど二十時間後に会議室に集まる。が、基準となる登喜和食品の「雪しずか」のパックを開けてみると、納豆になってはいるが、発酵はまだ全然浅い。匂いも糸引きも不十分だ。予定を変更し、あと八時間発酵させることにした。

そのあと、実行委員のムラカミ君に帰宅する前に納豆の入ったパックを取り出して、編集部の冷蔵庫に保管してもらう。どっちにしても、発酵終了後、最低三時間は冷蔵庫に入れて発酵を止めると同時に熟成させる必要があった。

煮物などと同様、いったん冷ますと納豆のうま味が全体に行き渡り、味の角がとれ、美味しくなる。菌が活発な動きから静かな動きへと移行するせいだと思われる。

実行委員のメンバーがＷ杯の開催地に勤務しているので、作業変更など融通がきいてよい。

さあ、これでちゃんと納豆ができてくれればいいのだが……。

◎本大会　予選と決勝

翌々日、ついにワールドカップの日がやってきた。歴史的な納豆世界一決定戦の開幕だ。

実行委員の人々は「おっ、納豆の匂いがする！」とか「ついに始まりますね！」などと純粋にワクワクしながら、パックを冷蔵庫から取り出して、会議机の上に並べる。

私はといえば、この期に及んで、にわかに不安に襲われた。

登喜和食品の納豆や雪納豆の菌は発酵しているだろうが、問題はアジア大陸やアフリカからやってきた菌たちだ。彼らが全然働いていなかったらどうしようと思ったのだ。まったく納豆になっていなかったら、私が今までやってきた努力が全否定されるかもしれない。

私の懸念をよそに大会はシステマティックに運営されていく。

事前のミーティングで、本大会は二回に分けようということになっていた。全部で十七種類の納豆をいっぺんに味見して比較するのは難しい。最初に食べた納豆の味など十七番目の納豆を食べている時点では忘れてしまう。

そこでサッカーのW杯と同じように、参加チームをAからDまでの四組に分け、予選リーグを行うことにした。四つか五つなら同時に味見をして客観性が保てると判断したのだ。グループ分けにおいては、これまたサッカーのW杯同様、同じ地域のチームが同一グループに偏らないような配慮の上、抽選を行った。

同じ納豆から二チーム（二種類の菌）が出場しているケースもあるので番号をふった。

予選の組み合わせは次頁のとおりである。

実行委員はこれから「審査委員」へと早変わりする。その顔ぶれをざっと紹介しよう。
青木大輔（四十代男性　新潟県出身）
西麻沙子（四十代女性　京都府出身）
村上龍人（二十代男性　東京都出身）
白川絢子（四十代女性　愛知県出身）※所用のため決勝戦は不参加
高野（五十代男性　東京都出身）→審査委員長
竹村先輩は撮影に専念するため、味見は行うが審査には加わらない。

●予選リーグ

グループA	岩手の雪納豆
	ブータン2
	ナイジェリア・パルキア2
	ブルキナファソ・ハイビスカス
グループB	ミャンマー2
	ブータン1
	ナイジェリア・大豆1
	ブルキナファソ・パルキア
グループC	チョングッチャン2
	ミャンマー1
	ブータン4
	ナイジェリア・パルキア1
	ブルキナファソ・バオバブ2
グループD	チョングッチャン1
	ブータン3
	ナイジェリア・大豆2
	ブルキナファソ・バオバブ1

納豆容器におさまった出場選手の皆さん。

第二次予選の様子。菌の表情がそれぞれに違う。

審査は、食品学的には「官能試験」と呼ばれる方法である。この〝官能〟とはセクシーという意味ではなく、感覚のことだ。今回は「香り」「味」「糸引き」の三部門ごとに五段階評価で採点し、その上で「総合評価」を同じく五段階で示すことにした。審査委員は各グループごとに自分が一位と思った納豆を申告し、それを叩き台に審査委員同士が議論する。

さあ、試合開始！　私たちは割り箸を構え、まずグループAのパック四つに突撃した。パックを開け、セロファンをはがし、納豆をぐるぐるかき回す。審査委員から「おおっ！」と思わず声が漏れた。どの納豆も表面に白い「かぶり」（納豆菌が繁殖している菌叢《きんそう》）が浮かび、むちゃくちゃ糸を引いている！　納豆らしい芳《こう》ばしい匂いも強烈だ。

「すごい！」「納豆できてるじゃん！」私たちは歓声をあげた。

後からわかったことだが、実はこのグループは強豪がひしめく、いわゆる「死のグループ」だった。ブータン2以外は糸引きも香りも味も、日本の納豆にひけをとらない。サッカーのW杯で言えば、いきなりブラジル、スペイン、イングランド、ナイジェリアが同一グループに入ってしまったかのようだ（ナイジェリアはサッカーでも納豆でも強豪なのが凄い）。私は迷った末、すべての面でバランスのとれた岩手県の雪納豆を選んだ。

他の審査委員はというと、青木さんと村上君は雪納豆だが、西さんはブルキナファソ・ハイビスカス、白川さんはナイジェリア・パルキア2と意見が分かれた。白川さんは「ナイジェリア・パルキア2は日本の納豆に近い」と述べていた。私はそう思わなかったので「味覚がちがうんだな」と少し感心した。

結局、多数決で雪納豆を一位に選んだ。

「ああ、よかった！」この時点で、私は心底ホッとした。アフリカ勢とアジア大陸勢もちゃんと納豆になっているどころか、本命である東アジア勢と互角に戦っている。少なくとも私の努力は報われているのだ。となれば、あとは純粋に勝負の行方に注目だ。世界一の納豆菌はどのチームなのか？

私たちはグループＢ～Ｄの予選をどんどん進めた。

テーブルの上にずらりと並んだ納豆のパックを開け、ねちゃねちゃかき回してはパクパク豆をかじる姿は、端からみれば「納豆ビュッフェ」にしか思えないだろうが、実際は白熱のＷ杯本番だ。その証拠に、みんな目つきが真剣そのもの。眉間に皺をよせ、初恋の人を思い出すような切ない眼差しで虚空を見つめ、首をふったりうなずいたりしては、数字を用紙に書き込む。人によっては感想をメモ書きしている。

さあ、戦いの結果はいかに？

グループＢは一転して低調。ブータン１は粘り気が乏しく、ちょっとねちゃねちゃしている程度で味も納豆らしくない。草のような青い味がする。ブルキナファソ・パルキアは見た感じ、白いかぶりが妙にポツポツしていて、なんだか毒キノコをも連想させる。「食べたらちょっとヤバイのでは？」と思ってしまう。

西さんは眉をしかめて「これ、食べなくてもいいですか」と審査拒否。いっぽうで、青木さんはこれに最高点を与え、他の審査委員を驚かせた。まさに「蓼《たで》食う虫も好き好き」ということわざ通りだ。

ナイジェリア・大豆１もパッとしない。これら三つは納豆菌かどうか怪しい。もしかすると納豆菌に近いが納豆を作らないタイプの枯草菌《こそうきん》かもしれない。

その中で唯一健闘していたのはミャンマー２。香りは今一つながら、後味のよさにひかれた。これが決勝進出となった。

グループCは、Aより劣るがBよりは上という中間的な争い。個性的だったのは私が個人的に応援していたブルキナファソ・バオバブ2。豆の表面がてらてらと光っている。味も他にないキリッとした特徴があったが、えぐみが後に残るのが惜しい。

他の納豆はどうか。ミャンマー1が味と香りのよさで健闘していたが、韓国のチョングッチャン2と同じ組に入ったのが不運だった。ブータン4とナイジェリア・パルキア1は不調のようだ。チョングッチャン2は走攻守、いや糸引き・香り・味ともに申し分なしで、あっさり決勝進出をきめた。

最後のグループDは意外に評価が分かれた。チョングッチャン1の後味を推した人もいれば、ナイジェリア・大豆2の「香ばしさ」を評価した人もいた。しかし、ブータン3を三名が推し、他の二人も高評価を与えていたので、ブータン3を選出した。個人的に応援していたバオバブはこれでグループリーグ敗退が決定。残念だ。

☆決勝リーグ
ついに決勝リーグである。泣いても笑っても、これが最後の決戦だ。

各グループの一位は雪納豆、ミャンマー2、チョングッチャン2、ブータン3の四チームだが、グループAが突出してハイレベルだったため、審査委員に諮《はか》って、急遽Aからナイジェリア・パルキア2とブルキナファソ・ハイビスカスを審査委員長推薦枠で決勝に進めさせることにした。

もし本当のスポーツでこんなことをやれば、「不透明な審査」と批判を受けるだろうが、そもそも優勝チームをより客観的に選ぶため便宜的にグループ予選を行っているので勘弁してほしい。でも「話を面白くするためにアフリカ勢を決勝に進ませよう」といった〝政治性〟は一切加味していない。

●決勝リーグ

雪納豆	グループA首位
ミャンマー2	グループB首位
チョングッチャン2	グループC首位
ブータン3	グループD首位
ナイジェリア・パルキア2	審査委員長推薦枠
ブルキナファソ・ハイビスカス	

試食中の審査委員たち。

点数をもとに討議が行われ……。

決勝は予想を上回る激戦となった。私たちは納豆を食べ、ペットボトルの水で口をすすいでは次の納豆を試食するという作業を繰り返した。

――それにしても……。

と私は思った。

「なんてレベルが高いんだ!!」

六つの納豆は五段階評価でほとんど4か5である。正直言って、決勝に残った納豆はすべて、ふつうにスーパーで売られている大手メーカーの納豆より美味しい。豆自体の味がちがうし、香りや味に個性がある。

「チョングッチャン2は最初の粘り気にパンチがありますねえ」と村上君がいえば、「でもちょっと優等生っぽい感じがする」とベテラン文芸編集者の青木さんが返し、「その点、ブータン3は〝世界の納豆〟という感じがする」。西さんは「ブータン3は味がちょっときついのがいい」。「スーパーでもこれぐらい多様性がほしいですよね」という村上君の感想には全員が「そう、そう」と賛同する。

私たちは豆をつまみ、水で口をすすぎ、また豆をつまんだ。審査委員が引っかかっていることがいくつかあり、その一つが「後味」である。

例えば、私は最初、その完成度やバランスから雪納豆とチョングッチャン2のどちらを一位にするか迷っていた。不思議なことに、この二つの納豆は味、香り、糸引きがそっくりである。

とりわけ、チョングッチャン2は糸引きがなめらかで、村上君が言うように、口に含んだときのインパクトは絶大だ。糸引きがなめらかな口溶けを誘発し、これは本当に「セクシー」という意味で官能をゆさぶる。

ところが、不思議なことに、何度か食べ比べていくうちに、最初は「これはイマイチ」と思っていた納豆が魅力的に思えてくるのだ。

ミャンマー２は全体的にバランスがよく、ただ味にちょっと酸味があるので一ランク下げていたが、この酸味も個性かもしれないと思えてきた。

ブータン３も同様で、粘り気が弱く、香りも薄いが、豆がまろやかで納豆の味もちょっとつや消しのような渋みがある。今まで「ご飯のおかず」を漠然と評価軸にしていたが、酒のつまみだったら、糸引きはそんなに重要ではないし、ブータン３だろう。言い忘れたが、私は納豆をつまみに日本酒を飲むのが大好きだ。

ブルキナファソ・ハイビスカスはさらに粘り気がなく、最初は「無意識的に変わり種のハイビスカスをえこひいきして決勝に残しちゃったかなあ」と思ったのだが、素朴なコロコロとした雰囲気がどことなく古風な感じがしてきた。

いっぽう、ナイジェリア・パルキア２はチョングッチャン２や雪納豆ほどの華麗な糸引きや味はないが、どこか日本の古き良き手作り納豆を思い出させる。そう言えば、途中退席した白川さんが予選の段階で「ナイジェリア・パルキア２は日本の納豆に近い」と言っていた。あれは古い日本の納豆の意味だったのかもしれない。

このように繰り返し試食すると、チョングッチャン２と雪納豆の華麗納豆コンビは、最初のインパクトは強くても後味に乏しく、単調な気もする。

激戦はいつしか死闘となっていた。その証拠に、各チームの選手数が激減している。審査委員がどんどん食べてしまうからだ。特にチョングッチャン２を筆頭に有力なチームはパックに豆がパラ、パラとしか残っていない。逆に選手の数がまだ残っているチームは「あー、優勝争いから脱落したんだな」とわかる。勝負が純粋に目視できるというのもこのW杯の面白い特徴だ。

私を含め審査委員たちは「みんなハイレベル」「選べない」というため息をもらしていた。なんだかこういう現場を見たことがあると急に思い出した。そう、文学賞の選考会だ。私は小学館ノンフィクション大賞の選考委員をやっているし、新潮納豆組の諸氏は新潮社が主催する山本周五郎賞や新潮ドキュメント賞など、多数の賞の下読み（候補作選び）や選考会の運営に携わっている。

文学賞の選考会でよく問題になるのは完成度の高さと個性のどちらを重視するかというポイントだ。また、何度も繰り返し読んでいると、最初はあまりいいと思わなかった作品の味わいがわかるようになったり、逆にだんだん欠点が見えてきたりもする。最初の味と後味のちがいも変わる。

納豆は文芸と似ているのだ。

しかしこれはW杯。無理にでも優勝者を選んでもらわねば。一人ずつ評価を発表してもらう。

まず青木さんは「総合点でチョングッチャン2」。やっぱり来たか、日本納豆と並ぶ東アジアの横綱チョングッチャン。

西さんは「私は同率一位で、チョングッチャン2とブータン3」。なんと選ばないという選択肢があったとは。さすが文学賞の選考をやっているだけある。「二作同時受賞」ってやつだ。

「チョングッチャン2はバランスがよく、ブータン3は木みたいな香ばしさがある」とのこと。西さんは総じて「香り」を重要視しているようだ。

村上君はチョングッチャン2。彼曰く「香りがいつ立つのかですよね。粘り気があると初めから香ります。その点、チョングッチャン2はパンチが効いていて最初から薫るし、そのあとも変な癖もなくすうっとした後味で、最終的にはオモニの胸に抱かれているような安らぎがあります」と、本当に文芸の選考委員みたいな見事な表現。

そして私はといえば、迷ったあげく、「ナイジェリア・パルキア2」と述べた。

「雪納豆とチョングッチャン2の二つは美味しいのだけど、何度も食べているとちょっと普通すぎて飽きてくるんですよね。その点、ナイジェリア・パルキア2はもっと素朴で力強く、昔の藁苞納豆に似た感じがします」

それから、と私は付け加えた。「ナイジェリア・パルキア2は豆がマイルドでうま味を感じるんですよね」。今回は全体的に発酵が浅めだが、唯一この納豆だけが豆にも発酵が進み、うま味を引き出しているように思えた。

この意見には青木さんも「そう言えば昔の納豆はこんな味がしましたね」という。彼は納豆食の盛んな新潟県出身である。

審査委員の意見は出そろった。協議の結果、文学賞スタイルで、優勝は二チームに決定した。栄えある第一回にして恐らく最後の納豆菌ワールドカップを制したのは東アジアの雄、韓国のチョングッチャンと知られざるアジア納豆の大国ブータンであった。

歓声と拍手が地下の会議室に鳴り響く。書棚に眠る太宰治や三島由紀夫や川端康成の著作もきっとこの音を耳にして驚いたにちがいない。

そして、審査委員長特別賞（高野推薦）としてナイジェリア・パルキア2を選出した。

「喜びの声を聞きたいですね」と青木さんが言う。誰に訊けばいいのだろう。納豆菌？　パルキア？　それともナイジェリア人？　まあ、オリジナルの納豆を造ったハウサ族のダンクワリ村の人は喜んでくれるだろう。それから、ラゴスの健ちゃんも。

残りはあえて順位をつければ、四位・雪納豆、五位・ミャンマー2、六位・ブルキナファソ・ハイビスカスである。

各審査委員に感想を述べてもらった。青木さんは「全体的にレベルが高い。でも香りは今一つだった。後味が変わるというのがよくわかった」。

西さんは「最初は何が何だかわからなかった。だんだんちがいがわかるようになってきたけど。『見た目』という項目もほしかった」とのこと。

村上君は「後味の変わり方が日本酒と同じで、やっぱり発酵食品なんだと思いました」。

ふだん、私たちが納豆を食べるときはたいていうま味調味料のたれをつけ、ご飯と一緒に食べてしまうので、後味の変化まではなかなか気づかない。

いろいろな意味でとても感慨深い大会だった。私の感想は以下のようなものだ。

まず、みなさんと同様、私もこんなにハイレベルな戦いになるとは予想していなかった。半分くらいは箸にも棒にもかからないものじゃないかと思っていたのに、「明らかに納豆じゃない」と断言できるものは一つか二つしかなかった。

それに各地域の代表がほんとうにいい勝負を繰り広げていたことにも驚いた。納豆菌は世界中に存在し、その資質はいくらも変わらないことが実感できた。

今回はブータンとチョングッチャンが優勝したが——この催しが科学的ではなく文芸的であるということ以外にも——いくつか留保が必要だ。なぜなら、世界中の誰一人として、日常的にこんな形で納豆を食べないからだ。どこの納豆民族も醬油をつけたり、塩をふったり、唐辛子を入れたりする。それに生のままで食べるのは日本とミャンマーの一部で、多くは加熱するし、調味料として使用することが多い。味つけしない＝客観的というわけではない。

もう一つは、自然な納豆というのはしばしば複数の納豆菌から作られるということだ。今回は菌を一つずつピックアップしたが、自然な状態では一つの菌のみが発酵することはむしろ少なく、二つ以上の納豆菌が共同作業を行うと思われる。複数チーム出場の納豆菌は強いチームが一つで、あとは弱かったが、この二つ（あるいはそれ以上）が同居すると相互作用でもっとおいしくなるかもしれない。

ミャンマーにいたっては、決勝に残ったのはミャンマー2だけだが、ミャンマー1もグループCで二位を占めており、「力が分散されてしまった」という見方もできる。

もっと範囲を広げれば、納豆菌にごく近いが納豆菌ではない枯草菌や、枯草菌が属すバチルス属の他の菌も何か発酵に寄与しているかもしれない（こういったことについては今後、研究者の方々に解明していただきたい）。

さらにもっと根本的なことを言えば、温度設定や湿度、発酵時間を変えたら結果も変わるだろう。大豆でなく、全部パルキア豆、あるいはハイビスカスやバオバブの種で試したら、東アジアの納豆菌はボロ負けするかもしれない。審査委員が全員日本人というのも異常で、本来ならすべての参加国から審査委員を招集すべきだ。

あくまでそれらの留保を踏まえて、優勝した納豆菌は素晴らしいということである。

だが、私たちが納豆および納豆菌の奥深さを改めて教えられたのはそれから約一週間後である。

まず、私と西さんの二人で、東京都立食品技術センターに優勝したブータン3とチョングッチャン2、審査委員長特別賞のナイジェリア・パルキア2、そして予選敗退ながら「個性的だったから」という理由でブルキナファソ・バオバブ2を持っていき、実験を指導してくれた三枝先生と以前からお世話になっていた細井知弘先生に味見してもらった。

お二人の感想は「どれも意外と納豆なんですね」というものだった。また、「日本の納豆に似ていて安定した美味しさ」という点でチョングッチャンの評価が高かった。

もっとも、私と西さんは別のことに衝撃を隠せなかった。

「納豆の味が変わってる！」

端的に言えば、豆がまろやかになり、さらに美味しくなっていた。特にバオバブのえぐみが消えていたのには驚いた。今の状態なら、バオバブも決勝進出できただろう。

「ワールドカップの結果が変わっちゃいますよ！」と西さんは動顚《どうてん》していたが、考えてみれば、サッカーのW杯だって、一週間後にもう一度やれば当然結果は変わるはずだ。調整のピークは異なるし、あるいはチームワークが固まったり弱くなったりもする。

要するに、サッカーのチームも納豆菌も生き物なのである。勝つのは強豪だが、同じ強豪がいつも勝てるわけではない。彼らは一時として同じ状態にない。サッカーも納豆菌も、W杯は、常に変化しつづける生き物の一瞬を切り取って比較した結果にすぎない。

とはいっても、W杯が終わったのに帰国もせず休暇もとらず、まだプレイを続けていたとは納豆菌チームの人知れぬ仕事ぶりには脱帽だ。

もっと面白かったのは登喜和食品の遊作社長にこの四種の納豆を味見してもらったときである。遊作さんがまず言ったのは「豆の煮方が上手い。柔らかくよく煮えてる」。これは私がガッツポーズ。遊だてに世界中で納豆作りを取材してきたわけじゃない。

そして肝心の味。さすが納豆作りのプロだけあり、一粒ずつ口に入れていき、瞬時に味を判断していた。

「どれも美味い。でもいちばん美味いのはこれだ」と社長が指さしたのは、なんと私が推したナイジェリア・パルキア2だった。具体的には「納豆菌が豆に食い込んでいる」とのこと。やはり、私の感覚は間違いではなかったらしい。

しかし遊作さんも驚いていた。「いやあ、どれも本当に美味しいよね。いい納豆だよ。びっくりした」と言う。

たしかにふつう日本で食べる納豆は、一週間冷蔵庫に入れておくと風味が落ちるだけで、豆がまろやかに発酵して美味しくなることはない。

理由はよくわからない。遊作さんは「この納豆の菌は野生の菌だから強いのかもしれない」と言った。

「この納豆、これだけで終わりにするのは勿体ないよ」と遊作さんは真面目な顔で言う。「美味いし、個性がある。商売にしなくてもいいから、もっとたくさんの人に食べてもらうべきだよ」

こだわりの納豆職人である遊作社長をしてこう言わしめたアジアとアフリカの納豆及び納豆菌。どうやら私の長い旅は間違ってなかったらしい。

ここにおいて、ようやく本当に第一回納豆菌ワールドカップが有終の美を飾ったことを実感したのであった。各国からお集まりいただいた納豆のみなさん、お疲れさまでした。

第9章　納豆の正体とは何か

納豆の呼び声に突き動かされるように韓国とアフリカで彼らの仲間を探した。

たしかに納豆はいた。しかし彼らは「仲間」などといった生易しい言葉でくくれる同類ではなかった。私のこれまでの納豆観を覆すばかりか、日本人の食文化史、ひいては人類の文明史にまで変更を迫りそうな「大いなる存在」だった。

私は納豆に操られて誇大妄想に陥っているのだろうか。いや、決してそんなことはないはずだ。以下、私がこれまでの納豆探索で得た知識、経験、能力を総動員し、それを証明したい。

1．納豆の枠組みを変えた韓国チョングッチャン

まず韓国のカオス納豆チョングッチャン。探索へ赴く前から私はそれが納豆だと思っていた。日本で食べたとき匂いも味も納豆汁だったし、チョングッチャンから分離した納豆菌で作った納豆も日本で販売されていたからだ。ただ、チョングッチャンが納豆であるなら、どうして日本人は「納豆＝日本人の食べ物」と思い込んでいるのかという疑問が解けない。

靴に入った小石のようで実に気持ちわるいし、私にはもしかしたらこの小石はもっと大きな発見につながるかもという直感が働いていた。例えば、韓国のチョングッチャンは納豆ではあるけれど、日

本やアジア大陸部の納豆とは作り方や菌の構成がちがうとかだ。しかし、その予想は見事に外れた。韓国の納豆は日本やアジア大陸部の納豆と見事に同じものだった。今まで日本人がそれに気づかなかったのは、チョングッチャンの方はすぐに潰して塩・唐辛子と混ぜてしまうので一般の人が目にする形状が全く異なることと、日韓をまたいで食品を研究している研究者が少なすぎることが主な原因だった。

繰り返すが、日本も韓国も納豆は同じである。ちがったのは納豆ではなく、納豆以外の大豆発酵食品すなわち味噌と醤油だった。殺人事件の犯人を捜していたら事件そのものが犯人のでっちあげた罠だったような、本格ミステリも真っ青のどんでん返しである。

出来のよいミステリは読者の思い込みを利用してプロットが組まれている。チョングッチャンも見事に私の思い込みを利用した——と言いたいが、実際には多くの日本人が陥っている過ちに同じように陥っただけだ。すなわち、「韓国の事物を計るために日本の物差しを使ってしまう」という過ちである。

欧米や東南アジアにそうしないのは、明らかに対象が日本のものと異なるからだが、韓国のものは一見、日本に似ているがゆえに、日本の物差しをつい当ててしまう。

日本には納豆、味噌、醤油がある。韓国にもチョングッチャン、テンジャン、カンジャンがある。味もよく似ている。だからイコールだと思いたくなる。実際に、辞書を含め、たいていの活字情報には「テンジャン＝味噌」「カンジャン＝醤油」と書かれている。

だが、実はイコールではなかった。日本の味噌と醤油は純粋にカビ（麹菌）発酵である。納豆菌が混入すると商品が損なわれるため、味噌や醤油の工場見学では朝、納豆を食べてくるのを厳禁にしているくらいだ。

いっぽう、韓国の味噌と醬油はカビと納豆菌の共同作業で発酵している。だから日本では相容れないはずの納豆と味噌・醬油が当たり前に共存できる。共存できるどころではない。この三つは納豆菌を共有する「醬類《ジャンリュ》」として一つのグループと認識されているのだ。カンさんなどは「日本で納豆と味噌や醬油を区別することの方がわからない」と言っていたほどである。

韓国人にとって、納豆菌は納豆を作るためだけの菌ではなく、すべての醬類を作るのに必須な菌だ。ならば、韓国的には「醬類菌」と呼んだ方が適切かもしれない。

日本の味噌で本場風のチゲを作る裏技がひき割り納豆を入れることであり、私自身もそれを実践して「あー、ほんとに本場っぽくなった」と喜んで食べていたのを思い出したことも、ミステリの種明かしとしては痛恨というか痛快というか、「驚愕のラスト」だった。

チョングッチャンはわれわれの「納豆」「納豆菌」という枠組みをとっぱらっただけではない。味噌の発達において新たな道筋を提示した。

「味噌は納豆から進化したものではないか？」

これまで考えられていた味噌進化のモデルとは根本的に異なる仮説だ。従来、味噌は動物や魚の塩漬けから進化したとされてきた。少なくともその考え方が有力なようである。

日本と中国の食品学者が協力して編まれた『中国の豆類発酵食品』（伊藤寛・菊池修平編著）によれば、中国では伝統的に大豆の発酵食品を「醬」と「豉」の二種類に大きく分けているという。

醬…豆の形をとどめておらず、どろどろしているもの

豉…豆の形が残っているもの

日本の大豆発酵食を当てはめれば、味噌は「醤」、納豆は「豉」ということになる。

なぜ豆の形状などで分けるのか。はっきり書かれているわけではないが、同書を読むかぎり、「起源が異なるから」としか思えない。

「醤は最も古い時代は『ハイ』と言い、鳥獣肉や魚などの肉醤や魚醤のことで、後の時代に穀物で作った醤が普及し、穀物を発酵したものを醤と言うようになった」と書いてある（1、文献引用参照）（ちなみに、同書では豆も「穀物」に含めているようだ）。

要するに、もともとは肉や魚の塩漬けや発酵汁だったのが、豆や穀物にとって替わられたというのだ。豆なら味噌や豆板醤《トウバンジャン》であり、穀物（小麦）なら甜麺醤《テンメンジャン》である。

面白い。なぜなら——本書で私がしつこく繰り返しているように——辺境地では肉や魚が手に入りにくいため代わりに豆で発酵食を作ったからだ。ここから先は私の想像でしかないが、もともと肉や魚を塩漬けにするというのは、遊牧民や漁民が行っていたことで、それを内陸部の豊かでない農耕民が取り入れたのが大豆の味噌ではないだろうか。

いっぽう、「豉」はもともと「煮大豆に塩を加えてカメに詰め込み、発酵させたもの」だという（2）。こちらは最初から大豆、しかも粒のままなのである。今の日本で言う大徳寺《だいとくじ》納豆や浜《はま》納豆など塩辛《しおから》納豆（カビ発酵）の系譜である。こちらも潰して長期発酵させれば容易に味噌へ進化しうる。

以上の二つが古代中国の記録から読み取れる味噌の起源と進化だが、韓国のチョングッチャン及び醤類はもう一つの進化パターンを示しているように思える。

「豉」（＝糸引き納豆）を起源とする味噌への進化だ。

そう書くと、「え？　おかしくない？　チョングッチャンは醤なんでしょ？　豉とは真逆じゃない？」と読者は首を傾げるだろう。それについ今し方「豉は塩辛納豆につながる」と書いたばかりだ。

「高野は混乱してるんじゃないか？」と思われてもしかたない。

もちろん私の頭はいつも混乱気味だが、ここにおいては混乱しているのは昔の韓国人の方だ。

韓国食文化史研究の最高峰であるユン先生によれば、最も古いチョングッチャンの記録は七世紀初め、新羅《しらぎ》王の結納品リストに掲載されている「豉」だという（3）。

韓国で最も古い史書『三国史記』では「豉」と「醬」は明らかに別々のものとして記されているそうだ。そして、時代はぐっと現代に近くなるが、『雅言覚非《がげんかくひ》』（一八一九年）に、「醬にはいろいろな種類がある。豉も醬の一つである」と書かれ、一八五〇年頃に編集された『五洲衍文長箋散稿《ごしゅうえんぶんちょうせんさんこう》』は「豉は今でいう戦国醬《チョングッチャン》である。戦国醬は一晩で造ることができる」と述べている（4）。

つまり、チョングッチャンは古い時代には豉と呼ばれていたが、やがて醬の一種という位置づけに変わっていった――というのがユン先生の説なのである。

理由はよくわからない。もしかしたら、最初は日本と同じ粒状のまま食べていたのが、やがて現在のそれと同じく潰されるようになり、「醬と同じ」という認識に変わったのかもしれない。あるいはすでにテンジャン（味噌）やカンジャン（醬油）が発達し、「醬類」の一つと見なされるようになったのかもしれない。もしくは時代に従って単純に混同されていったのかもしれない。

いずれにしても、韓国の醬類を見るかぎり、味噌の成り立ちは魚肉発酵食起源や塩辛納豆起源だけではなく、納豆起源もありうると思う。最初は納豆だけを食べていたが、そのうちそれを納豆菌と麹菌で長期発酵させて味噌を作るようになった。やがて、小麦や米で麹を作るという新技術が生まれ、日本ではもっぱら納豆菌抜きで味噌を作るようになった――という筋書きである。

中国を中心とした中華文明圏はむやみに広く、民族も多彩だ。食べ物も一つの線でなく、いくつもの線がときに交わりながら発達していったと考える方が自然である。その一つとして納豆起源の味噌がありうる。

日本でも古来、「豉《くき》」という言葉が納豆に対して使われてきた。この豉が糸引き納豆なのか、カビ発酵の塩辛納豆なのか意見は分かれるところだが、日本も韓国と同様、初期の味噌は隠れ納豆食品だった可能性は充分ある。

チョングッチャンを深く考えることは、日本を含めた中華文明圏の大豆発酵食品をすべて見直すきっかけとなるだろう。

靴に入った小石ぐらいに思っていたチョングッチャンは、驚くなかれ巨石文明にも匹敵する壮大な世界につながっていたのである。

2. アフリカ納豆とは何か？

チョングッチャンは東アジアの食文化史のキーパーソンならぬキー納豆だったが、こちらのアフリカ納豆は人類全体の食文化史を揺り動かす超巨大惑星的な納豆である。その全貌に今こそ迫りたい。

・パルキア豆が基本

アフリカ納豆は基本的にはパルキア（*Parkia biglobosa*）というマメ科の樹木の種子（豆）から作られる。パルキアは西アフリカの人々にとって最も重要な木の一つとされ、調査研究も進んでいる。

パルキアはアフリカ大陸の北緯5度から15度の間、西は大西洋に面するセネガルから東は南スーダンやウガンダ北部まで分布している。このパルキア・ベルトはなぜかわからないが、西アフリカで広く（最大幅約八百キロ）、東部では狭くなる。

東部のウガンダ、南スーダンを除き、パルキア・ベルトは見事に納豆エリアと重なっている。

パルキアは適応力の高い植物で、年間降雨量百五十〜五百ミリのサヘル地域から降雨量四千五百ミリのギニアの熱帯雨林でも成長するが、最も適しているのはどうやら降雨量六百〜千二百ミリのサバンナ地帯（西アフリカでは「スーダン地帯」とも呼ばれる）らしい（5）。

探検家で環境NGO「緑のサヘル」元事務局長の山田高司氏は、チャドで活動しているとき、パルキアの植林を試みたことがあるという。それによれば「発芽したあと根が垂直に地中深くまで降りていく。地下水を見つけて吸い上げるんだ。だから基本的にはかなり乾燥した土地に適応した木だと思う」とのことだ。ただ、成長スピードが遅く、実を取るにしても材木に利用するにしても十年以上かかるので植林には向いていないと判断された。

山田さん曰く「おそらく熱帯雨林でも育つんだろうけど、他の木の成長速度の方が速いから、自然のままだとパルキアは負けてしまうんじゃないかな」（6）。

これは近年、熱帯雨林地帯のギニアビサウでパルキアの植林が盛んであるという話と一致する。人間が手入れをすれば、よく育つのだろう。かくして、ギニアビサウの人たちはパルキア豆で納豆を作ることを覚えたのみならず、豆や納豆をセネガルに売って利益を得るようになった（7）。

現時点で見る限り、アフリカ納豆の歴史はパルキア豆から始まっているようだ。

・アフリカの納豆も民族主義者

パルキア豆から作る納豆も実にいろいろある。ナイジェリアのカノ周辺に住むハウサの人たちは、半分以上豆を潰してから、せんべい状にひらたくして乾燥させて保存することが多い。中にはピラミッド状や球状にすることもある。灰をたくさん入れるので色は黒っぽい。保存用に塩を入れることも

パルキア分布図

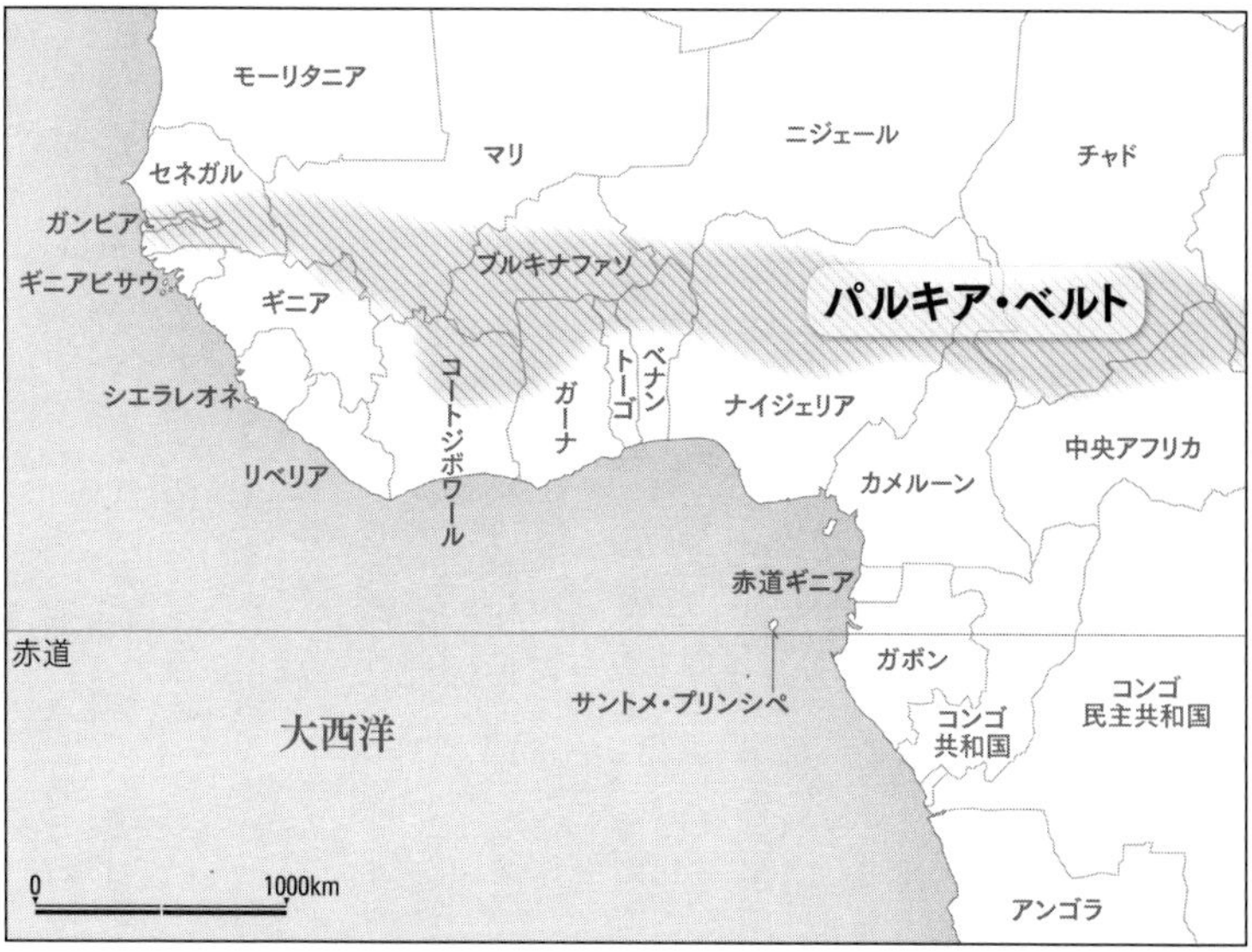
モーリタニア
マリ
ニジェール
チャド
セネガル
ガンビア
ギニアビサウ
ブルキナファソ
ギニア
パルキア・ベルト
シエラレオネ
コートジボワール
ガーナ
トーゴ
ベナン
ナイジェリア
中央アフリカ
リベリア
カメルーン
赤道ギニア
赤道
ガボン
サントメ・プリンシペ
コンゴ
民主共和国
コンゴ
共和国
大西洋
0
1000km
アンゴラ

ある。

私は直接見ていないが、同じナイジェリアでもヨルバ族の人たちはパルキア豆から「イル」と呼ばれる納豆を作る。日本在住のナイジェリア人の女性研究者でヨルバ族出身のオルクンミ・バログン博士（栄養疫学専攻）によると、ハウサの「ダワダワ」とは味がちがうという。

ヨルバの「イル」の方が豆の形が残っていること、それからイルは発酵の浅いもの（味が濃い）と深いもの（味が薄い）の二種類があり、料理によって使い分けているとのことである。

余談だが、バログン博士は日本でヨルバ族の料理を作ろうとして、イルの代わりに日本の納豆を使ってみたことがあるという。「味がちょっとちがいましたね」とのことだが、郷土料理を作るため日本の納豆を使ってみたアフリカの人がいたというのは純粋に面白い（8）。

セネガルの「ネテトウ」は粒を完全に潰し、ペースト状にしている。それをオクラに似た形で売っていることが多い。保存のため、早めに塩を入れることもあるし、無塩で売られていることもある。

ブルキナファソのモシ族が作る「スンバラ」あるいは「コロゴ」は、豆の形をはっきり残したうえで、球状に丸めるのが基本。ただし、他の民族が作るものは完全に豆を潰していることもある。

・アフリカ納豆と粘り気

パルキア豆で作る納豆もアジアの納豆同様、作りたてはよく粘るが、調理に使うとき地元の人たちはその粘り気を重視しない。というのは、西アフリカでは粘り気のある野菜を多用するからだ。オクラ、ハイビスカス（ローゼル）の葉、モロヘイヤなど、煮込めばみんなネバネバである。粘り気があったほうが餅団子にからんで食べやすいというのが第一の理由だが、白米のおかずとしてもやはりネバネバ野菜を好む。

西アフリカでは「納豆＝うま味」、「粘り気＝野菜」と役割分担が決まっている。そして誰もが独特の匂いがするネバネバ食品をこよなく愛している。

・アフリカの納豆と米食

餅団子（研究者の人たちは「練《ね》り粥《がゆ》」と呼ぶことが多い）を主食とする地域は納豆をソースの調味料として使うが、米食地域ではもっとバリエーションに富んでいる。セネガルでは同じようにご飯のおかずとなる料理の味つけにも使うが、「肉には使わない。魚と合わせる」というのが興味深い。「米＋魚＋納豆」という日本人にひじょうに馴染みのあるセットになっているのだ。

また、米を炊くとき、納豆を塩、唐辛子など他の調味料と混ぜて「納豆玉」を作り、それを米と一緒に炊き込んでしまう。こちらは、ご飯と納豆という、もっとダイレクトな組み合わせになるのだ。納豆に磨《す》り潰したオクラをまぜたものを載せて食べる方法など、「納豆卵かけご飯」そっくりの味と食感である。

ブルキナファソでは小腹が空いたときなど、白飯に湯に溶いた納豆（つまり簡易な納豆汁）をかけて食べたり、もっと簡単に、乾燥納豆の粉をふりかけてバクバクと食べる。

セネガル南部では「何も他におかずがないときはご飯にネテトウ」という人もいた。

米食になると、納豆は簡便な副食になりうるのだ。

そして、西アフリカの多くの地域で米食は急速に普及している。米食は手軽な時短食である。また、ブルキナファソのアブドゥルさんによれば、「子供が米を好きなもので、どうしても米食が増えてしまう」とのことだ。子供にも食べやすいらしい。米食がさらに広がれば、納豆を副食として食べる人たちも増えることが当然予想される。

・アフリカの納豆は材料にこだわらない

アフリカにはパルキア以外の豆や種を使った納豆がある。私たちが探索したのは、そのうち、ブルキナファソで作られ食べられているハイビスカス納豆とバオバブ納豆だった。

いずれも、これまでの私の納豆概念を覆す存在だった。なにしろ、純粋にダシとして用い、本体は食べないのだ。日本で言えば、ダシをとったあと昆布や煮干しを捨ててしまうのと同じだ。

これらのダシ専用納豆はどのようにして生まれたのか。これはブルキナファソの国立科学技術研究センターのパルクダ博士に再度会って詳しく話を聞いたところ、「パルキアの木が少なく、パルキア豆が入手しづらい地域で食べられている。特に雨が少ない地域だ」という回答を得た。私たちの想像通りであった。

ちなみに、パルクダ博士は私たちが取材したガンズルグ県の隣のクリテンガ県の出身であり、そこもパルキアでなく専《もっぱ》らバオバブの納豆を食べていたという。つまり博士にとってバオバブ納豆はソウルフードであり、だからこそ、彼はバオバブを筆頭としたアフリカ納豆の調査研究を熱心に行ってきたのだ。

博士によると、ハイビスカス納豆はブルキナファソ以外では、ニジェール、ナイジェリア、カメルーン、スーダン（おそらく現在の南スーダン）で報告されているという。

いっぽう、バオバブ納豆はマリ、ニジェール、カメルーン、ガーナ北部で作られている。やはり多くがサヘル地域である。特に西アフリカを代表する遊牧民フルベ（別名プール）族の人たちがよく作っているという。

バオバブ納豆は廃れつつある。村ではバオバブの実をワガドゥグの人たちが買っていってジュースにしてしまうからだと聞いたが、博士によれば、状況はもっと劇的かつ深刻であった。農村部で集められたバオバブの実はそのままガーナに運ばれ、そこでラムネに似たパルプ部分だけ抽出してから、ヨーロッパに向けて輸出されるというのだ。ヨーロッパではバオバブのジュースやサプリメントが大人気だという。

もはや輸出産業になってしまっているわけで、このままでは村の人がバオバブの種で納豆を作る余地などなくなる。皮肉なことに、バオバブ納豆が好まれている地域はサヘル地域かそこに隣接する地域であり、イスラム過激派の勢力が強い。ブルキナファソにかぎらず、町の人が危なくて買い付けに行けないような地域はバオバブ納豆がまだしばらく残るかもしれない。

ハイビスカス納豆とバオバブ納豆は代用品として出発したせいだろう、製造過程が文字通り「紆余曲折」を経ていた。

種子はあまりに炭水化物、糖分、脂質が少ないうえ、殻が多いので、ふつうの仕込みでは納豆菌が十分に発酵してくれない。そこで、誰かが「臼で搗《つ》いてから蒸す」という工程を加えることを思いついた。さらに最近になると、植物繊維やヒョウタンの代わりに金属のたらいを用いるようになり、ふつうの仕込みでは全く発酵しなくなった。

それでも、「臼で搗いてから蒸す」という工程を経れば、最終的には納豆がちゃんとできてしまう（この私たちの推測は後日、パルクダ博士によって「その通りです」と確認された。さすが我ら納豆バカ、世界各地で長年納豆探索を続けているだけのことはある）。

それにしても、二日間の仕込みのあと、何一つ発酵してなかったのを見たときは心拍停止になるかと思ったほど衝撃を受けた。最終的にちゃんとできて本当によかった。

ハイビスカス納豆とバオバブ納豆は代用品として出発したのかもしれないが、現実にはそこにとどまらないパワーを秘めていた。ダシとしてひじょうに優れているのだ。

フールー村では「干し魚のダシのソース」と「干し魚＋ハイビスカス納豆」のソースを食べ比べたが、後者の圧勝だった。プシギン村では「プレーン」「パルキア豆ダシ」「バオバブダシ」のソースを食べ比べたところ、バオバブが同様に圧勝した。

ハイビスカスとバオバブの納豆のダシがかくも美味いのは、一つには純粋にダシとして使い、残りを捨ててしまうからだろう。雑味が少ないのだ。使用する量も多いように思える。

ダシ専用納豆ではタンパク質が摂取できない。だからパルキア豆があるならそっちを使うようだが、パルキア豆があってもハイビスカスやバオバブを合わせた方が美味いので、村の人たちはそうしていた。

私たちが感心したのは、「おいしいものを食べたい」というブルキナファソの村の人たちの執念である。彼らの味覚は質量ともに私たちと変わらないように感じられた。

健ちゃんの同僚である味の素（株）の元エジプト法人社長・宇治弘晃さんは「貧しい地域から味の素は売れます。貧しい人ほど、少しでも美味しいものを食べたいんです」と述べている（9）が、その素地は昔から存在するのだ。

食べ物が豊かでない土地の人はなんでも食べられれば満足するという、一部の先進国の人間のもつイメージは現実とは異なっていると思う。

・急成長する「アジアの納豆」

今回の取材で、私たちが最も驚かされたことの一つは、ナイジェリアとブルキナファソで大豆の納豆が盛んに作られていたことだ。

総合地球環境学研究所（地球研）の元研究員である宮嵜英寿氏（境界農学専攻）によれば、西アフリカの大豆栽培は二〇〇〇年代半ばぐらいまで九五パーセントがナイジェリアだった。現在ではブルキナやトーゴなど他の西アフリカ諸国でも普及が進んでいるようだ。

ナイジェリアで、大豆が導入されたのはおよそ百年前だが、爆発的に生産が伸びたのは八〇年代後半。前出のナイジェリア人研究者・バログン博士によると「軍事政権時代に食糧不足に陥り、大豆をたくさん食べるようになったんだと思う」(10)。

大豆納豆が存在するということは、アフリカ納豆が日本や他のアジアの納豆と同じ物であるという逆証明となっている。ただし、立場はハイビスカスやバオバブ同様、「代用品」である。

大豆は豆の値段も安く、納豆としての値段も安い。パルキア納豆と比べると味が落ちるとされる。純粋に味という観点からは、ハイビスカス納豆やバオバブ納豆の後塵を拝し、最下位である。ただし、とにかく簡単に栽培でき、簡単に納豆を作ることができる。貧しい人たちと主婦の味方なのだ。食べ方としては、他のアフリカ納豆と同じようにうま味調味料として使うほか、豆腐の味つけに使われているのを見た。

大豆納豆はまだまだ勢力は弱いが、将来的にはどうなるだろう。

西アフリカは世界でも屈指の人口爆発地域だ。二〇一八年の世界の国別人口増加率ランキングでニジェールが二位タイ、マリが十一位タイ、ブルキナファソが十四位タイと上位グループを形成している(11)。

パルキア豆の増産はとても見込めないうえ、バオバブ納豆は廃れ、ハイビスカス納豆もダシとしてはいいが、タンパク源にはならないので、完全な代用とはならない状況を考えると、その穴を埋めるのは大豆以外にない。豆腐や豆乳といった利用法もあるし、農業の機械化と大豆栽培はひじょうに相性がよい。大豆食が広がるのはまちがいないだけに、大豆納豆も今後急速に伸びていくことが予想される。

米食のさらなる普及と合わせて考えれば、「究極の時短食」として、「白いご飯に大豆納豆」という日本の納豆スタイルが西アフリカを席巻する日が来るかもしれない。

・アフリカの納豆は社交的

西アフリカで納豆取材をして強く印象に残ったことは、商品としての納豆が驚くほど発達していることだ。納豆をよく食べるということと商品として流通が発達しているというのは別問題である。例えば、世界屈指の納豆民族であるミャンマーのシャン族の人たちはあまり市場で納豆を売り買いしない。あくまで「自宅で手作り」が基本なのだ。

それは日本以外のほとんどのアジアの国に当てはまる。韓国にいたっては一九九〇年代になってやっとチョングッチャンの商品化が始まったという。

西アフリカは前近代的な村の市場でもふつうに納豆が売られているし、首都の大きな市場でも目立つところに置かれている。

セネガルの首都ダカールでは外国であるギニアやギニアビサウからネテトウ（納豆）を輸入している。前出の探検家・山田さんの話では、一九八〇年代、ニジェール川全流を舟で旅したとき、パルキア豆がとれないところでも市場でスンバラが普通に売られていたという。

歴史を遡ってもアフリカ納豆は社交性にあふれている。地球研の特任助教である中尾世治氏（歴史人類学専攻）によれば、一九二〇年代、当時「仏領オートヴォルタ」という名前だったブルキナファソから南隣のコートジボワールへの輸出品の第三位がなんとスンバラだったという。当時はオートヴォルタでの圧政を逃れ、年間一万人もの人がコートジボワールに移住した。おそらくはその人たちが必要としたのだろう。

どうしてこのように西アフリカでは納豆の流通が古くから発達していたのだろう。一つには西アフリカでは経済がひじょうに発展していたことが挙げられる。中世の各王国はみな交易で発展していた。北の地中海や塩鉱から物資を得て、南へもっていくという南北の交易と、ニジェール川を利用した東西の交易があり、縦横無尽に物資が運ばれるシステムがあった。

もう一つはアフリカ納豆の基本がパルキアだということだ。大豆納豆の場合、「お、納豆ってうまいな！　俺たちも自分で作りたいな」と思ったら、大豆を持ち帰って自分で植えて作れば済む。大豆は痩せた土地でも乾燥した土地でもよく育つ。アジアでは大豆栽培と納豆食はそのようにして広まったただろう。

ところが、パルキアはそうはいかない。パルキアの木が自生していなければ豆がとれない。その場合、選択肢は三つある。覚悟を決め十年ぐらいかけて植林するか、他の豆や種子を使うか、そしてもう一つは「他の場所から輸入する」。

アフリカ納豆が早い時期から交易品として活発に取引され、今でも国内外で重要な商品となっているのはそれが理由だと思われる。そのルートに乗るように、味の素やマギーなど他の人工的なうま味調味料がこの地域に入り込んで普及しているのも面白い現象だ。

・表舞台に躍り出た納豆

アジアの納豆は現状維持もしくは縮小傾向にあるが、アフリカ納豆はこの百年の間、むしろ拡張を続けている気配がある。その好例がセネガルだ。一九六〇年以前は南部のカザマンスの民族しかネテトウ（納豆）を食べていなかったようだが、一九六〇年のセネガル共和国独立以降、首都ダカールを基点として急速に全国に広がり、いまや美食大国の民にとって欠かせない調味料となっている。

また、前述したようにコートジボワールは一九二〇年代にブルキナファソからスンバラ（納豆）を大量に輸入していたが、いまでは自前でまかなっている。

熱帯雨林でもともとはパルキアの木が生えづらいギニアやギニアビサウでもパルキアが植えられているところを見ると、納豆の需要はますます大きくなり、生産・消費範囲も広がっているのではないかと想像される。

この納豆拡張傾向は、大豆での納豆製造が普及することによって拍車がかかっていく可能性がある。そして、それとは全く別次元で、アフリカの納豆は表舞台に躍り出た。仕掛け人は、ラゴスの健ちゃんである。私と一緒に納豆村を調査したあと、彼は本格的にダワダワの商品開発に着手した。これまでマリ共和国ではダワダワが商品化されていたが、それは単にダワダワを乾燥粉末にしてパッケージ化しただけのものだった。彼が目指したのは「日本のほんだしにあたるものをダワダワで作る」ということだった。

二年以上に及ぶ試行錯誤の結果、二〇一九年十二月、ついに商品が完成した。商品名は「デリダワ」。パルキアの豆を充分に蒸し煮し、それを発酵させて納豆にしてから、塩やアジノモトの粉やタンパク加水分解物などと混ぜた、まさに「アフリカのほんだし」である。小さいパックの封を切って鍋に入れればもうダシがとれてしまう。

健ちゃんたちはテレビＣＭも作った。お母さんと娘が台所で料理している。お母さんが昔ながらのダワダワを使おうとすると、若い美人の娘が「お母さん、もっといいものがあるよ」とデリダワを見せる。お母さんは「何それ？」と訝しげな顔をするが、デリダワを入れた料理を味見して驚く。「美味しいじゃないの！」……。

この二人は本物の親子で、娘はナイジェリアで大人気の映画女優だという。アフリカ納豆が新たなステージに入ったことは間違いない。健ちゃんの活躍を讃えるとともに、近代的納豆がどこまでアフリカに広まるのか、今後の行方を見守りたい。

・アフリカ納豆の本場はナイジェリアとブルキナファソか

アフリカ納豆がどこで生まれたのかはわからない。アジア大陸や日本の納豆同様、いろいろな場所で、いろいろな時期に見出されたと私は思っている。つまり「非同時多発説」である。

では、アフリカ納豆の「本場」はどこだろうか？　質量ともによく食べられており、納豆の種類や食べ方に多様性が見られる場所を「本場」と考えるなら、ナイジェリアとブルキナファソが有力候補となる。

前述したようにナイジェリアでは三大民族であるハウサ族、ヨルバ族、イボ族の人たちがそれぞれ自分たちの納豆を確立している。前出のバログン博士は「ヨルバ族はふつうヨルバ族のイルしか食べない」と言い、同じく在日ナイジェリア人女性だがイボ族のルース・エジンネ・チブウェゼ博士（血液疾患専門研究医）は「私は他の民族のものも食べるけど、母は（イボ族の納豆である）オギリしか食べない」と笑う(12)。

二人とも「どの納豆を食べるかを訊けば、だいたい民族がわかってしまう」という。都市部や若い人の間では他民族の納豆を食べる人もいるようだが、特に地方や農村部ではよその民族の作った納豆は「うまくない」「劣る」と見なされるらしい。アジア全地域に見られる「手前納豆意識」そっくりで嬉しくなってしまう。

ちなみに、イボの人たちの食べる納豆は「オギリ」と呼ばれるが、いろいろな豆や種子で作られる。いちばんポピュラーなものはエグシという野生のスイカに似た野菜（果物）の種を使った「オギリ・エグシ」だ。

エグシは外見こそ緑に黒い縦の模様が入りスイカそっくりだが、中はメロンに似た種がびっしり詰まっている。果肉はいくらもないのでこの種を食べる。エグシ・シチューは民族を問わずナイジェリア全土で食べられ、同国を代表する料理の一つとなっている。

このエグシを使ったオギリに私はラゴスの市場で初めて遭遇したが、その形状とあまりの臭さに驚いた。青黒いペーストで納豆とは異なる強烈な匂いがする。健ちゃんは初めてこれを開けて匂いを嗅いでみた瞬間、思わず吐いたという。世界で最も臭い納豆はおそらくこれだろう。

私も最初匂いを嗅いだときは一瞬「うわっ！」と思ったが、よくよく嗅げば、決して初めてではない匂い。しかも日本で食べたもの。そう、それはフランスのウォッシュタイプのチーズによく似ていた。そして、もっとじっくり嗅ぐと、納豆の匂いも感じられるのだ。

イボの人たちも場所によって、手に入りやすい材料でさまざまな納豆を作るらしい。アフリカン・オイル・ビーンズやカスター・ビーンズというローカルな豆からも作るらしい。その他、文献によれば、ナイジェリアでは綿花の種、カポックの実などからも納豆（らしきもの）が、さまざまな民族によって作られているようだ（13）。

多様性とこだわり、そして圧倒的な納豆人口の多さでナイジェリアは突出している。

もう一つの本場候補であるブルキナファソは対照的だ。ナイジェリアが地域超大国なのに対し、ブルキナファソは最も目立たない国の一つだが、自他ともに認める納豆好きだ。

個人の消費量だけではない。ブルキナの納豆は作る人、材料、食べ方のいずれをとっても他の追随を許さない多様性を誇る。

基本であるパルキア豆だけでなく、パルキア豆と白インゲンのミックス、ハイビスカスやバオバブの種、大豆も利用されている。さらに、パルクダ博士によれば、「アカシアの種で作ったスンバラも見たことがある」という。

モシ族の人々（主にアブドゥルさんだが）は「スンバラは私たちが最初に作った」と誇るが、南部のビサという民族の人も「われわれのスンバラがいちばん」と言っている。手前納豆意識が発達しているのだ。

そして、なにより食べ方。スンバラ飯なんて料理はブルキナにしかないし、それだけを出す食堂が人気を博しているというのも他国にはない。というか、日本を含めたアジア諸国にもない。北アフリカから伝わったクスクスチキンにもさり気なくスンバラを入れてしまうところは、まるで日本人が醬油を垂らすよう。納豆が民族の味なのである。

そして、鯉や鶏やホロホロ鳥に納豆をどっさり入れた鉄板焼き浸し。ブルキナファソでも珍しい料理のようだが、アジア・アフリカを通してもこれだけ美味くて豪華な納豆料理は他に見当たらない。ご飯にもパンにも合うところはグローバル・スタンダードとしてのポテンシャルをも持つ。納豆料理のワールドカップを行ったら、優勝候補筆頭であろう。

今後、アフリカの納豆料理は、東の横綱ナイジェリア、西の横綱ブルキナファソ、それに美食大国のセネガルを軸にさらに発展していくのかもしれない。

・アフリカ納豆は「辺境食」なのか？

アジア大陸の納豆は、海や大河から遠く、肉や魚、塩、油を入手しにくい内陸部で主に食べられている。辺境部に暮らすマイノリティの食べ物というイメージである。日本もかつてはそういう傾向が強かったはずだ。

アフリカ納豆はちょっと意味合いが異なるように思う。

まず、アフリカ納豆は内陸部だけでなく、海や大河の近くでも食べられている。特にセネガル南部や首都のダカール、そしてナイジェリアのニジェール・デルタ地帯など、魚介類がわんさかとれる土地だ。そんな場所でも納豆を好んで食べている。必ずしも内陸部の食べ物ではない。

また、納豆食がもれなく行き渡っていると思われるニジェール川沿いは前にも述べたように中世から近世にかけて、数々の王国が栄えた文明の中心地であった。現在も各国の首都で納豆が食べられている。

決してマイノリティの食べ物ではないし、農村部の人たちや庶民だけが食べているわけでもない。そして都市部の中流層以上の人々も同じくらい納豆にプライドをもっている。納豆は必ずしも辺境地の食べ物ではなく、その意味ではアフリカ納豆はアジアの納豆とは位置づけがちがうと言える。

だが、私の納豆辺境セオリーが全く当てはまらないかというと、そんなこともないんじゃないかと思う。

「納豆=内陸の食べ物」説だが、セネガル南部の納豆村では魚が簡単に手に入らなかったし、今もお金がないと買えないと聞いた。海や川に近くても、本人が漁師や釣り師でないと魚は入手しづらいのだ。交通の不便な時代、水辺から数キロ離れれば、もう「内陸」であったかもしれない。

ヒントを与えてくれたのは、京都精華大学のウスビ・サコ学長だ。サコ先生はマリ出身で、アフリカ人として初めて日本の大学の学長になったことで知られる。同大学で行われたアフリカ食文化に関する講演会の挨拶で、サコ先生は冗談交じりにこう述べた。

「私たちマリ人もスンバラを食べるけど、あくまで隠し味ですね。ブルキナファソの人たちはすごくよく食べている。遅れてるなーという感じです」

そうなのか！　と思ったものだ。スンバラ（納豆）はマリでも食べる。でも「スンバラばっかり食べる」のは田舎のイメージらしい。

要するに食の選択肢の問題である。マリでは大河ニジェール川が流れているので、魚はふつうに口にしている。だからタンパク質は足りているけど、味つけの幅を広げる意味で納豆があるわけだ。

もう一つ、私が取材で気づいたのは、魚ダシだけより納豆を加えた方が美味しくなるということだ。魚のイノシン酸と納豆のグルタミン酸の相乗効果が現れる。また、魚介のダシをうまくまとめる力もあるらしい。そうでなければ、ダカールのセネガル人が親の仇のように料理に魚介ダシとマギーを投入していながら、さらにネテトウを加える意味がわからない。

このように考えると、一つの仮説が私の脳内に浮かび上がってしまう。それはアフリカ納豆ももとは内陸の辺境食ではなかったのかということだ。

ブルキナファソやナイジェリアの内陸部で、パルキアが生えている土地で、なおかつ川から遠い場所で納豆は食べられ始めたのではないか。というのは、パルキア豆が貴重なタンパク源となるからだ。さらに調味料としても欠かせない。魚介が入手しにくいのである。今では塩漬けの干し魚が普及しているが、おそらくはせいぜいここ数十年のことだろう。

西アフリカはその昔、塩が生活上の大問題であった。沿岸部以外では塩がとれず、またその海の塩はなかなか内陸に入ってこなかったようだ。むしろ、現在のマリ共和国北部のサハラ砂漠にある塩鉱からラクダのキャラバンが運んで来ていたという。これらの王国の多くは大河ニジェール川に沿って生まれ、サハラ砂漠を通した地中海諸国との交易で栄えたのだが、最も重要な交易品の一つが塩だった。

岩塩の板はラクダにくくりつけて何十日もかけてサハラを縦断し、ニジェール川沿いのやはり現在マリの都市トンブクトゥまで運ばれていた（現在、そのエリアはアルカイダ系イスラム過激派の支配下にあるので、まだ塩輸送キャラバンが続いているかどうかは不明）。さらにそこから他の土地へ運ばれる。

運ぶ距離が長ければ長くなるほど、塩の値段はあがる。特に陸路は高くついたようだ。前出の地球研・中尾さんによれば、二十世紀初めの記録だが、トンブクトゥから現在のブルキナファソ北部の町まで運ぶと（直線距離にして四百キロ程度だが：高野註）、塩の値段は四〜五倍になったという。塩の値段が高ければ干し魚の値段も当然高くなる。はっきり言って贅沢品だっただろう。

そういう意味では、ブルキナファソはやはりアフリカ納豆の故地の一つと考えたくなるのである。ニジェール川から離れていたから、ブルキナファソには強い王国も生まれなかった。今も昔も辺境なのだ。

本来、内陸部の辺境地で好まれていた納豆だが、魚と合わせるとなお美味くなることが理解されるにつれ、ニジェール川流域に広まった。やがては、本来必要と思われないナイジェリアのデルタ地帯にまで進出したのかもしれない。デルタ地帯はパルキアが分布しない土地である。川沿いに商品が届くようになり、やがて現地の民族が似たような「ダシの素」を作るべく工夫を重ねて、さまざまな納豆食が花開いた——という歴史を思い描いてしまうのだ。

アフリカ納豆も私の納豆セオリーから決して外れていないと思うのは以上のような理由からだが、私はニジェール・デルタに行ったこともないし、ガーナ王国、マリ王国、ソンガイ王国といったきらびやかな王国（帝国とも言われる）が栄えたマリやニジェールのニジェール川沿いも取材していない

(現在は治安上難しい)。その辺を調べたうえでないとこれ以上のことは言えない。今後の課題である。

・イスラム過激派と納豆

いまやイスラム過激派が最も活発なのは中東でもヨーロッパでもなく、アフリカである。理由は北アフリカに拠点を置く組織がどんどん南へ広がってきているからだ。北で勢力が強くなれば南へ拡張するし、北で政府軍などに弾圧されれば南へ逃げる。どちらにしても南へ移動する。

サハラ砂漠は地理的・民族的な障害物がないので、彼らは武装した車両で一気に「海」を渡り、対岸のサヘル地帯に到達してしまう。そして、サヘル地帯には主にムスリムが住んでいるので、彼らにとって支配が容易である(詳しくは後輩の服部正法が書いた『ジハード大陸「テロ最前線」のアフリカを行く』を参照されたい)。

今現在、過激派が主に勢力を強めているのは納豆的にいえば、「パルキア豆はとれないけど納豆は食べるエリア」か「バオバブ納豆やハイビスカス納豆などの代替納豆を食べるエリア」だ。

彼らは、パルキア・ベルトまではまだ支配できていない。そこは降水量も多く、人口密度も高く、したがって各国の政府・軍が比較的コントロールできているエリアだからだ。だが、機動性に優れる過激派はしばしばそのエリアに侵入してテロ行為をおこなっている。

納豆ベルトが攻防の最前線となっているのだ。

ちなみに二〇二〇年三月三十一日に配信されたNHKニュースのWEB特集「手のひらに輝く黄金がテロの資金源に」によれば、ブルキナファソの金山はIS(イスラム国)の資金源になっているという。バオバブ納豆取材に来ていた私たちに軍や警察があれほどピリピリしていたのも当然だろう。あのバオバブ納豆取材は本当にリスキーだったのだ。

3. 西アフリカは「世界最大の納豆地帯」？

アフリカで納豆探索を行っているうちに、私は否応もなく「西アフリカは世界最大の納豆地帯じゃないのか？」という、恐ろしい疑念に襲われるようになった。もし本当なら、私たち日本人の常識は木っ端みじんに打ち砕かれることになる。ぜひ検証しなければならない。

「最大」という概念だが、質量ともに最大でなければいけないと思う。もちろん、アジア大陸、日本、朝鮮半島と比較してのことだ。

まず、「量」から行こう。西アフリカで納豆を食べている国の数は、私が直接自分の目で確認した範囲でナイジェリア、ブルキナファソ、セネガルの三カ国、私の友人知人が直接確認したのがニジェール、マリ、ギニアビサウ、チャド、トーゴ、ベナン、ガーナ、コートジボワール、カメルーンの九カ国。さらに私が文献上で見つけたかぎりでは、シエラレオネ、ギニア、ガンビアの三カ国（14）。以上、全部で十五カ国である。

いっぽう、アジア大陸で納豆が確認されているのは中国、ミャンマー、タイ、ベトナム、ラオス、カンボジア、インド、ブータン、ネパールの九カ国だから、国の数では西アフリカの方が断然多い。

納豆が食されている地域の面積はどのくらいだろうか。正確に割り出すのは困難だが、地図をざっと見た感じ、アフリカ納豆エリアはアジア納豆エリアの二倍程度の広さがある。

納豆を食べている人の数はどうだろうか。

日本人は仮に七割が食べるとして約九千万人。

チョングッチャンは朝鮮民族のすべてが食べると仮定して、韓国の人口が約五千二百万、北朝鮮が

アジア納豆地帯

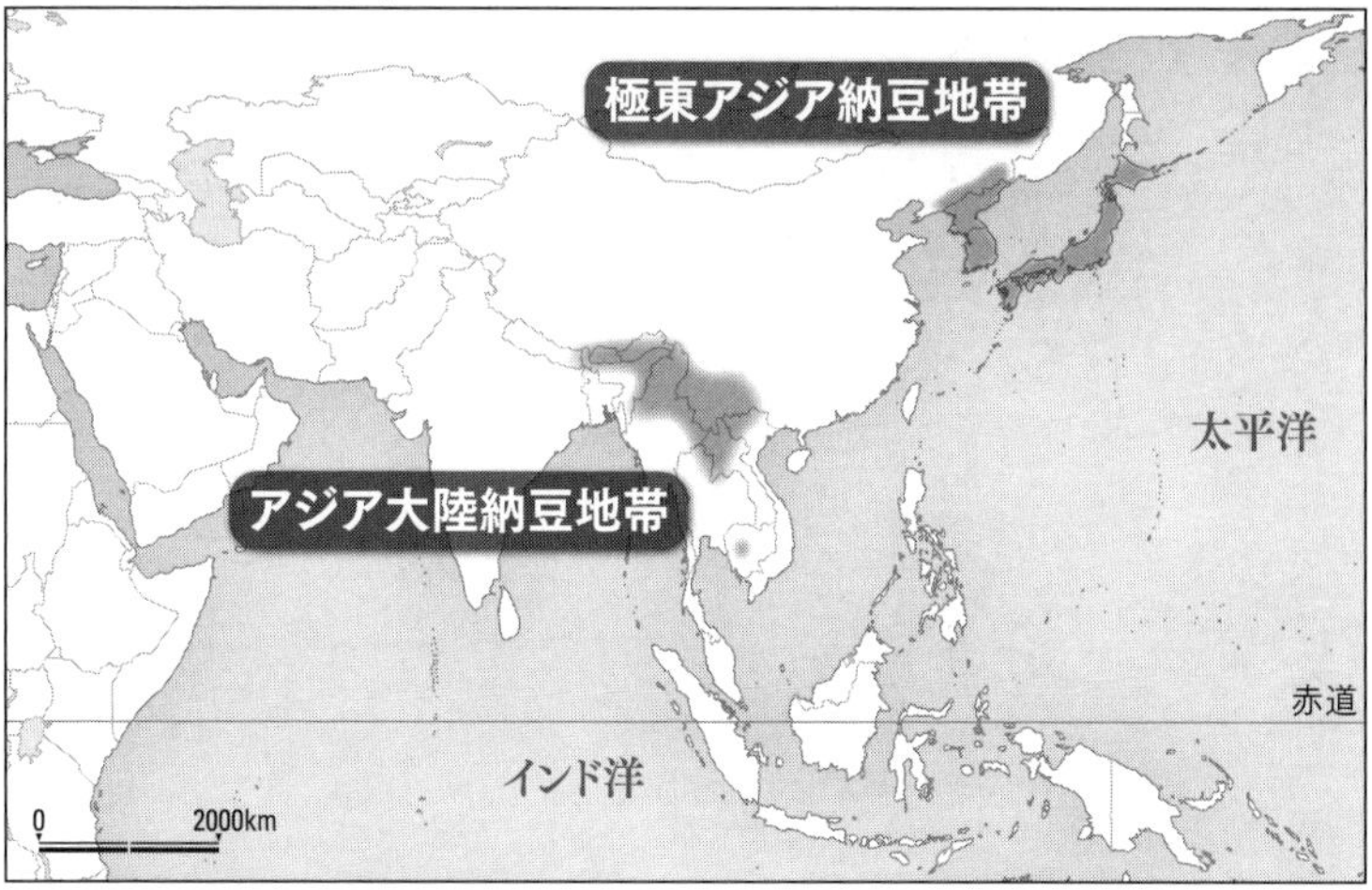

アフリカ納豆地帯

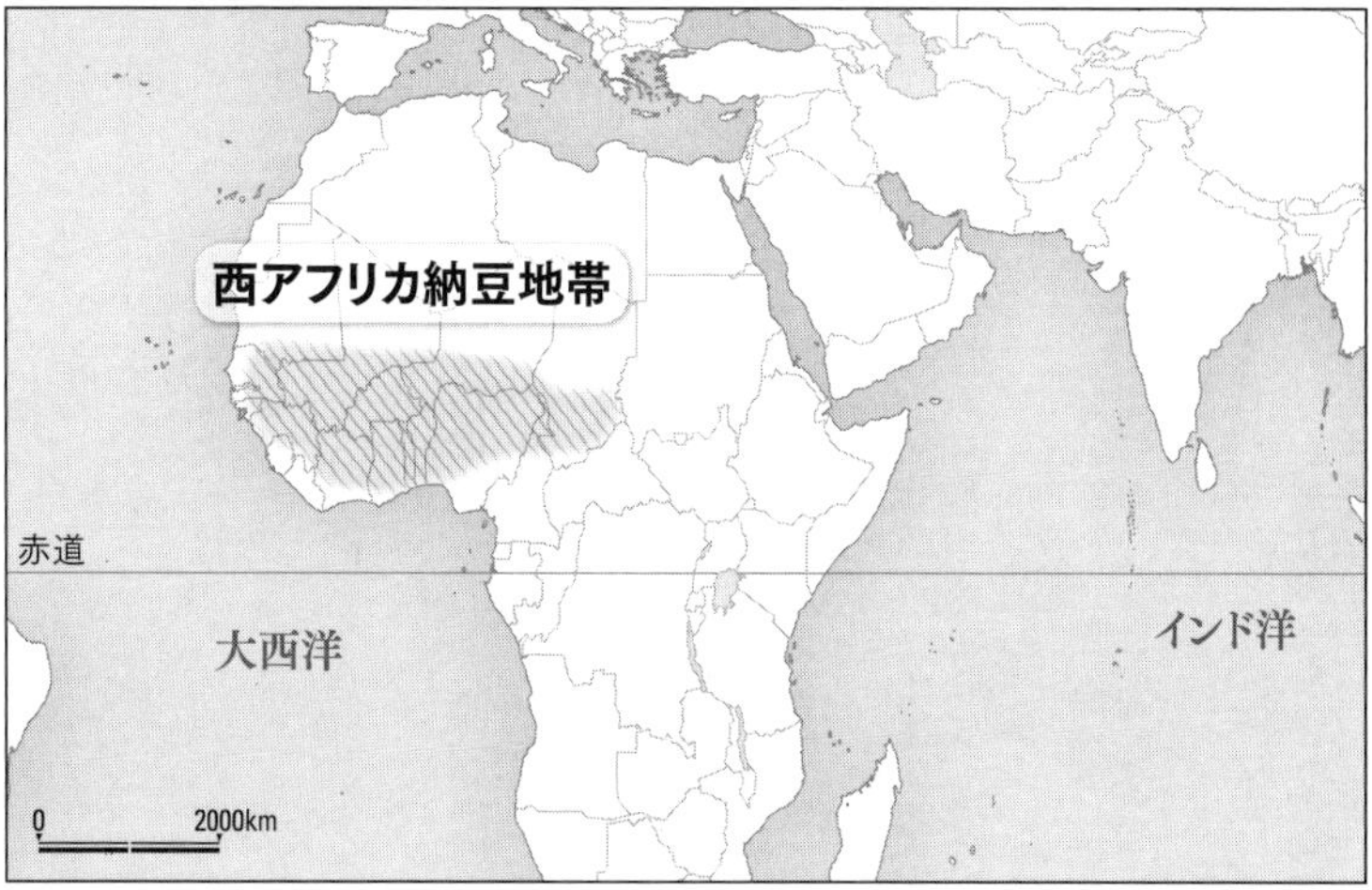

約二千五百万、中国の朝鮮族が約百八十万であるので、合計約七千八百八十万人。

アジア大陸は推計がひじょうに難しいが最も納豆人口の多そうなミャンマーでさえ二千万人程度であり、合計しても五千万人程度ではないだろうか。中国南部は漢族もけっこう食べているので、もしかするとそこで人口が跳ね上がるかもしれないが、それでもトータルで一億には達しないだろう。

かたやアフリカ納豆。ナイジェリアは推計人口一億八千万人の六〇パーセント以上を占めるハウサ、イボ、ヨルバの三大民族がいずれも納豆を常食している。他の民族も少なからず納豆を食べるようなので、この国だけで一億を楽々突破してしまう。残りの十四カ国は、納豆民族の割合が国によってちがうが、ざっと「半分」と見積もっても五千万人は余裕で超えるだろう。西アフリカ全体で二億人に達するのではないだろうか。

一人当たりの消費量はどうか。ナイジェリアは第1章で見たように日本人を上回りそうだ。ただ、朝鮮半島やアジア大陸ではデータがないので何とも言えない。アジア諸国もアフリカ諸国も国や地域、民族によってかなりばらつきがある。でも全体的にはいい勝負なのではないか。

以上を総合すると、「量」の面ではアフリカが他を圧倒している。

では「質」はどうか。まず多様性を見ると、アフリカ納豆は並外れている。なにしろ材料が何種類もある。パルキア豆にかぎっても、製造方法はいくつもあり、また食べ方もバラエティに富んでいる。

自分たちの納豆がこの世でいちばん美味いという「手前納豆」の考えを持つ民族も少なくない。アジアに勝っても劣ることはないだろう。

次に歴史。

地球研の中尾さんによると、ブルキナファソ北部にある紀元十世紀の住居跡からパルキアの一部（種なのか根なのかなど、どの部分かは不明）が発見されているという。パルキアが人の家の近くにあれば当然納豆を食べていたと思われる。

西アフリカの考古学調査はまだいくらも進んでいない。なのに、ごく限られた遺跡から千年前のパルキアが見つかっているのだ。それを考えれば今から二千年、三千年、いやもっと前から広い範囲で西アフリカ人がパルキア納豆を食べていた可能性が十分ある。

つまり、アフリカ納豆はアジア納豆にもひけをとらない長い歴史をもっていると考えられる。

さらに顕著なのは、「納豆が体にいい」という信仰だ。日本では血液サラサラ信仰があるし、納豆が体にいいと信じられている。新型コロナウイルスが流行し始めたときは「納豆はコロナに効く」という噂が流れ、あっという間に売り切れになった。

韓国では一部の健康食志向の人の間で「生のチョングッチャンはとても体にいい」と信じられ、中には「ガンにも効く」なんて意見も聞いた。健康美容グッズとしても成長著しい。

不思議なことにアジア大陸ではそのような納豆健康神話は全く聞いたことがない。存在しないと言ってもいい。

だがアフリカでは極東アジアに負けていない。「納豆は体にいい」とは私が訪れた三カ国の全てで、しかもいろいろな場所で耳にした。ブルキナでは特に「血圧を下げる」と信じられている。病院に行くと、「マギーなどを止めて、スンバラ（納豆）を食べなさい」と言われるという。

強力な納豆健康神話をもっているということは、たとえそれが全く科学的ではなかったとしても、それだけ納豆についてはアホになっているのだから、質的に納豆民族度が高いと私は考えたい。

このように、質量の何を比べても、アフリカがナンバーワンである。世界最大の納豆地帯は西アフリカであると私は断言したい。

納豆文化圏については著者の調査結果に基づく

失われた納豆超大陸（イメージ）

ウランバートル
モンゴル
牧畜文化圏
（乳製品）
牧畜文化圏
（乳製品）
中華人民共和国
ライ、リンブー
（ネパール、インド、ブータン）
ツァンラ（ブータン）
納豆文化圏
ネパール
ナガ（インド、ミャンマー）
カトマンズ
ブータン
重慶
ティンプー
カチン（ミャンマー、中国）
カレー文化圏
苗族
貴陽
バングラデシュ
ミッチーナ
ダッカ
インド
コルカタ
シャン、北タイ、傣族、ラオ
（ミャンマー、タイ、中国、ラオス）
ミャンマー
マンダレー
チェントゥン
ハノイ
タウンジー
ネーピードー
ラオス
ベトナム
チェンマイ
ビエンチャン
ヤンゴン
タイ
ベンガル湾
魚醤文化圏
トンレ・サップ湖周辺で
納豆を食べるという報告有り
バンコク
カンボジア
0
500km
プノンペン

4. 失われたパンゲア納豆超大陸

現在こそ西アフリカが世界最大の納豆地帯だが、人類史上ずっとそうであったとはかぎらない。というより、私はかつてアジアに、超大陸パンゲア並の巨大な納豆の支配区が存在したと考えている。ミッシングリンクは漢民族エリアである。あまりにも広大なのでミッシングリンクに見えないが、かつては間違いなく納豆を食べていたはずだ。

『中華料理の文化史』を著した張競・明治大学教授は私のインタビューに対し、「中国の歴史では明らかに納豆とわかるものは確認されていません」と述べているが、それは中国においては日本とも韓国・朝鮮とも「納豆」の定義が異なるからである。

前にも紹介したが、『中国の豆類発酵食品』によると、中国では、大豆発酵食品を大きく二つに分けている。一つは豆の形が残っていない（潰れてペースト状になっている）「醤」であり、もう一つは豆の形が残っている「豉《し》（豆豉《とうし》）」。

さらに豆豉は無塩の「淡豉《たんし》（淡豆豉《たんとうし》）」と塩が含まれる「鹹豉《かんし》（鹹豆豉《かんとうし》）」に分けられる。

中国の少数民族や一部の漢民族が食している納豆は「淡豉」となるはずなのだが、実際にはめったに鹹豉と淡豉の区別はつけられていない。歴史上も現在も、二つともひっくるめて「豆豉（豉）」とだけ書かれるのが普通なのだ。

塩入りの発酵ならカビである可能性が高く、塩なしの発酵ならたいていが納豆菌によるもののはずだが、中国人はそこに頓着しないのである。昔の日本人が無塩＋納豆菌発酵の糸引き納豆と塩＋カビ発酵の塩辛納豆（大徳寺納豆や浜納豆）を区別せず、両方とも「納豆」と記し、後世の人（私たちだ）を混乱させているのと同じだ。

だが、傍証はある。平安時代に書かれた医学書『医心方《いしんほう》』だ。この書を現代語に全訳した槇佐知子氏によれば、『医心方』は有史以来九世紀までの中国の医書や本草書などからあらゆる傷病の治療法や予防法などを集めたもので、そこには豆豉を使った処方も数多く掲載されている。そして、その豆豉は糸引き納豆だという。

「基本的に漢方では塩をあまり使わないんです。二カ所だけ塩を使った豆豉が薬として出てきますが、その場合は塩豉（鹹豉）と明記しています。だから他の豆豉は淡豉でしょう」(15)

なお、現在の漢方で淡豉というと、「塩の薄い豆豉」とされているようだ。塩の濃い薄いで薬の効能が全く異なるのは不自然すぎる。おそらく、昔、納豆を食べていた頃は淡豉＝糸引き納豆だったのが、食べなくなってから入手できなくなり、知る人もいなくなって淡豉＝薄味の鹹豉ということになったのではないかと私は推測する。

余談だが、『医心方』には釈迦の主治医であるジーヴァカが豆豉を薬として用いていたとあるそうだ。もし本当なら紀元前五世紀まで遡り、納豆を記した最古の記録となる。どこまで信用していいのかはわからないが、お釈迦さんも納豆を食べていたという想像は面白い。ただネパールでは今も納豆を食べる人たちがいるから不自然でもない（現在食べている人たちは中国の方から移動してきたと思うが）。

いずれにしても、塩を必要とし、工程も数倍複雑で時間もかかる醤（味噌）作りより、塩が不要で簡単にできる納豆が先に作られたと考える方が自然だろう。

ところが、やがて醤が普及し、なぜかわからないが納豆は廃れてしまった——と私は推測する。

漢民族が納豆を食べていたと考えれば、遠く離れた日本・朝鮮半島の極東アジアと東南アジアからヒマラヤにかけての内陸部だけに納豆が見られる謎が氷解する。

かつては、アジア大陸東部では、納豆を食べるエリアが広大にひろがっていた。海岸部は魚醬、また北や西の遊牧民は乳製品、インド周辺ではスパイスを利用していたが、それに囲まれる内陸部では納豆が盛んに食べられていたのではないか。

もしその推測が正しければ、それはまさに超大陸パンゲア並の納豆地帯であり、面積・人口ともに、西アフリカの納豆地帯を上回ったことだろう。

失われてしまったのは返す返すも残念だが、最近は中国でも北京、上海など都市部を中心に日本の納豆がブームだという。もしかすると、十年後、二十年後には漢民族もふつうに納豆を食べるようになり、ネパールから日本までつながるアジア納豆超大陸が復活するかもしれない。

その過程で、世界納豆界の盟主の座をかけた、アジアとアフリカの最終戦争が起きる可能性がある。

それはきっと眺めて楽しい、食べて美味しい、極めて平和的な激戦となるにちがいない。

エピローグ　そして現れたサピエンス納豆

長い長い旅もいよいよ終わりに近づいている。最後に納豆最大の謎に迫りたい。

「なぜアジアでは大豆で納豆を作るのか？」

日本やアジア諸国で取材中には一度も感じたことのない疑問が浮かんだのは、アフリカでパルキア納豆やハイビスカス納豆やバオバブ納豆に出会ったからだ。彼の地では大豆以外の様々な種類の豆や種子から納豆を作っていた。しかもそれらは美味しかった。

大豆と納豆は切り離せないものと思っていたが、そんなことはないのである。試しに私は自分で他の豆から納豆を作ってみた。すると、アズキもインゲンもキドニービーンズも、みんなちゃんと納豆になった。どれも美味しくて驚いた。糸引きや香り、味はそれぞれちがうが、それも「個性」と感じられるような出来映えなのである。

ではなぜ、大豆でだけ納豆を作るのか？

その答えもアフリカ納豆が鍵を握っているように思える。

アジアとアフリカの納豆（の材料）は容姿がとても似ている。大豆の方がやや細長く、ちょっと色がベージュっぽいが、取材中はどっちが大豆でどっちがパルキア豆なのかしょっちゅう間違えたし、今写真を見ても混乱するほどだ。

しかし人を容姿で決めつけてはいけない。人間は中身だ、とおっしゃる方もいるだろう。人じゃないけど。私もそう思ったので、成分を比べてみた。次頁の表をご覧頂きたい。

他の豆と一緒に比べてみると一目瞭然だが、大豆とパルキア豆は実によく似ているのだ。豆類の中でもずば抜けてタンパク質が多く、脂質も多め。炭水化物は少なめ。カロリーはほぼ同じだ。容姿のみならず中身も酷似している。

長所だけでなく短所にも注目したい。大豆にはサポニンやトリプシンインヒビター（消化酵素トリプシンの働きを阻害する物質）など消化を妨げる成分や体に有害な成分が含まれているがゆえに、日本人以外では発酵させずに食す人はほとんどない（納豆菌はこれらの有害物質を分解してくれたうえ、ビタミンや血栓予防物質ナットウキナーゼのような人間にとって有益な物質を作ってくれる）(16)。パルキア豆も同様で、サポニンやトリプシンインヒビターそれにシアン化合物といった消化を妨げる成分や体に有害な成分を含むため、茹でただけでは食べず、必ず発酵させて納豆にする(17)。

全くもって不思議と言うしかない。なぜなら、パルキアは自然の植物だが、大豆は人類が何千年もかけてゆっくりと栽培化した品種だからだ。どうしてそれがここまで類似した豆になったのだろう。

——納豆は神の使い？

「神の見えざる手」なんて言葉が頭に浮かんでしまう。

迷走状態に陥っていた私に衝撃的な情報が届いたのはその頃だ。「（大豆の野生種である）ツルマメで納豆を作る実験を行っている考古学者の先生がいる」というのである。

	カロリー(kcal)	タンパク質(g)	脂質(g)	炭水化物(g)
大豆	**422**	**33.8**	**19.7**	**29.5**
パルキア豆	**407**	**28.2**	**14.0**	**42.0**
あずき	339	20.3	2.2	58.7
いんげん豆	333	19.9	2.2	57.8
そらまめ	348	26.0	2.0	55.9
レンズ豆	352	23.2	1.5	60.7
ひよこ豆	374	20.0	5.2	61.5
落花生	562	25.4	47.5	18.8
えんどう	352	21.7	2.3	60.4

＊乾燥豆、可食部100g当たりの含有量。
＊パルキアのデータは一般財団法人　日本食品分析センターによる。
＊その他の豆のデータは公益財団法人　日本豆類協会HPによる。
＊各豆にはこの他に水分と灰分が含まれるが、ここでは省略した。

自分と同じことをやっているプロがいたのか！　実は私も以前、ツルマメ納豆にチャレンジしたことがある。

前作『謎のアジア納豆』のエンディングで、私は日本の納豆の起源がどこまで遡れるのか挑んだ。以前より「納豆は稲わらで作るので稲作が伝わった弥生時代から作られていてもおかしくない」という声はあったが、アジア納豆探索で「納豆はどんな葉っぱでも作れる」と知ってしまうと、稲作は無関係だとわかる。

私は「もっと歴史を遡れる」と思った。どこまでかというと、大豆ができたときまでだ。煮た大豆を葉っぱに包んで囲炉裏の上に置いておけば簡単に納豆ができてしまう。実際に現代でもミャンマーのナガ族の人たちはそのようにして納豆を作っている。古代の人が同じことをしていても不思議はない。

いつ大豆ができた（栽培化された）のか調べてみてびっくりした。てっきり中国のどこかだと思っていたら、「圧痕《あっこん》レプリカ法」という最新の考古学的手法により、中国、朝鮮半島、日本の三カ所で別々に栽培化された可能性が高いことが判明したというのだ。

しかもその中でいちばん古いのはなんと日本。縄文人は一万三千年も前からツルマメを食べていたが、今から約五千年前、縄文時代中期頃からツルマメが急激に大きくなり、現在の大豆に似た豆になった。

その最初の痕跡は山梨県の酒呑場《さけのみば》遺跡というナイスな名前の遺跡で見つかった。そして、これが日本における最初の農耕の痕跡かもしれないという。世界的には麦や米などの穀物が農耕の始まりであることが多いらしいが、我が国では大豆が農業のキックオフだったのだ。

以上は工藤雄一郎・国立歴史民俗博物館編『ここまでわかった！　縄文人の植物利用』に書かれていた。私は当該部分の執筆を担当した熊本大学の小畑弘己教授を訪ね、詳しい話を聞いたうえで、縄文人が納豆を食べていた可能性があるんじゃないかと自説を話した。すると、小畑先生は「納豆が稲わら以外の葉でできるとは知りませんでした。その可能性はありますね」と同意してくれたのだった。

小畑先生は大変に親切な方で、お昼に熊本ラーメンを御馳走してくれたあと、近くの川に連れて行ってくれた。ちょうど季節は秋で、ツルマメが川辺に生えていたのだ。それは私が子供の頃、川辺で遊んでいたときよく目にしたつる性の雑草になった、小さい小さい豆とも思えない豆だった。これが大豆の原種なのかと感銘を受けた。

東京にそのツルマメの豆を持ち帰ると、それで納豆作りを試みた。もし納豆が作れたら恐ろしいことになる。あくまで可能性の話だが、納豆の歴史は大豆を飛び越えてツルマメまで遡ってしまう。一万三千年前だ。まだシベリアにマンモスがいた頃だ。

だがしかし。話はそんなにうまくいかなかった。縄文人が利用したというトチの葉に包んで発酵器に入れ四十度に温度設定したものの、丸三日たっても何も変化が起きなかった。もう一度試したが、結果は同じだった。ツルマメは殻が固く、中身がひじょうに少ない。そのせいだろう、納豆菌の取りつく島がないようなのである。

やっぱり、ツルマメはダメか。私は諦め、納豆発祥の分水嶺はツルマメと大豆の間にあるんじゃないかという暫定的な結論に落ち着いた。結論と言っても誰に話すわけでもなかったが。

以来、ツルマメのことは忘れていたのだが、アフリカ納豆探索から帰って、もう一度ツルマメ納豆実験に挑戦したいと思うようになった。一つには単純な対抗心である。

「西アフリカが世界最大の納豆地帯だった！」と大々的に発表して世間を驚かせたいという野望とは裏腹に、「アフリカ納豆に負けたくない」という納豆民族特有の手前納豆意識がはたらき、「歴史だけでも勝ちたい」という思いに駆られてしまったのだ。前回の失敗を覆す秘策も頭に浮かんでいたし、もう一つ別の理由もあった。

ところがそれを思いついたのは十月であり、ぐずぐずしているうちにツルマメのシーズンは終わってしまった。ツルマメは現代人の食べ物ではないので、どこにも売っていない。次のシーズンまで待っているとこの本が出版できない。諦めかけていたところに、その考古学者の先生の話を耳にしたのだ。


果たしてツルマメ納豆はできたのか？　先方と連絡をとり、直接話を聞きに伺った。

奇特な実験を行っていたのは、帝京大学客員教授で、山梨県笛吹市にある同大学文化財研究所の中山誠二先生。奇しくも熊本の小畑先生の研究仲間であり、それどころかナイスな酒呑場遺跡で大豆の原型とおぼしき豆の痕跡を発見したのが他ならぬこの中山先生だった。

もっと言ってしまうと、中山先生は私の母方の伯父・清雲俊元とたいへん親しかった。たまたま伯父は山梨県の郷土史家にして文化財保護・研究の第一人者だった。それどころか伯父はこの研究所の設立にも関与し、今も研究所を運営する財団の理事を務めていると知り、私は驚きを通り越して呆れた。中山先生は伯父の家（私の母の実家で祖母の家でもある）も幾度となく訪れていた。

なんという奇縁。またしても納豆の粘つく赤い糸にからめとられたようだ。

さて、中山先生に実験について伺うと、「いくつかの葉っぱをタネに発酵させてみたら、一部で納豆になり、枯草菌《こそうきん》が検出された」という。

おお、素晴らしい！

ただ、納豆にならなかったものもあったとのことなので、「もう一度挑戦してみませんか」と私は提案し、中山先生も快諾してくれた。幸運なことに、ツルマメは山梨県の他の研究施設に大量に保存されており、分けてもらえるという。

実験は二〇二〇年一月下旬、中山先生が館長を務める南アルプス市の「ふるさと文化伝承館」で行われた。同市の文化財課職員である保阪太一さんに、前もって納豆菌のタネとなる葉っぱを確保しツルマメを煮ておいてもらった。

作った納豆は大きく二種類。一つはツルマメの粒をそのまま葉っぱと一緒にタッパーへ入れる。もう一つは――これぞ私の秘策だが――タッパーに入れる前にツルマメを磨《す》り潰すことにした。わかりやすく言えば「ひき割り」である。

バオバブ納豆やハイビスカス納豆では必ず臼で搗《つ》いて細かくしていた。臼で搗くときに納豆菌が付着するからだけでない。バオバブの種にしてもハイビスカスの種にしても、殻が固くて中身が少ない。そのままでは納豆菌が付きにくいから、砕いて中身のタンパク質や脂質を露出させるのだ。

ツルマメは見てくれやサイズがバオバブやハイビスカスの種に似ている。どうして同じ方法で納豆を作ってはいけないだろう。しかも縄文人は石臼を使っていたのだ。

私がこのアイデアを話すと、中山先生は「それは面白い。石臼ならありますよ」と言って、持ってきてくれた。野球のボールくらいの丸い石と硯《すずり》を大きくしたような台の石。両方とも同じ、ざらざらした安山岩《あんざんがん》でできている。レプリカかと思ったら遺跡から拾われた「本物」だという。しかも先生は「これ、使っていいですよ」と気軽に言う。

ええっ!?

ありえない幸運である。縄文遺跡から出土した本物の石臼でツルマメを潰すことができるなんて。

手にすると球は実にしっくり手のひらにおさまり、使い込まれた硯状の台にぴったりフィットした。びっくりするほど手になじむ。ついさっきまで縄文人の誰かが使っていたみたいだ。ツルマメはたちまち、粉とも土ともつかない形状――バオバブやハイビスカスの種をつぶしたような形状――と化した。

これをクリ、トチ、笹、稲、アシ、ススキという六種の葉っぱと一緒にタッパーに入れ、ヨーグルトメーカーに納めた。

翌日から中山先生と保阪さんより納豆の観察報告が送られてきた。それによると、ひき割りの方はどの葉っぱも二日後から納豆臭が強くなったという。粒はだいぶばらつきがあり、納豆臭がしたものとはっきりと確認できなかったものがあったという。発酵後は冷蔵庫に保管してもらった。

私と中山先生の予定がなかなか合わなかったうえ、新型コロナウイルス騒動の勃発によりスケジューリングがままならず、私が再び南アルプス市を訪ねたのは二カ月も後のことだった。

作業室へ入ると、「粒」と「ひき割り」という二種類の豆が六種類の葉っぱごとにトレイに入れて並べられていた。粒の方は稲を使用したもの以外は固くて納豆の匂いも味もしなかったが、ひき割りの方はどれも鼻を近づけると、うっすらながら愉快な納豆の香りがした。黒っぽい土のような見てくれも匂いも、やけにバオバブ納豆とハイビスカス納豆に似ていて、思わず笑いがこみあげてくる。

でもアフリカのダシ用納豆とはちがい、口に含むと柔らかい。

「噛んでいるとだんだんネバネバしてきて納豆の味になりますね」と中山先生は楽しそうに言う。

その通りだった。最初はピンと来ないのだが、しばらく咀嚼《そしゃく》していると、納豆の粘り気と恥ずかしげな味わいがほのかに浮かび上がってくる。同時になんとも言えないうま味が滲み出てきた。そのうま味は一言でいうなら「滋味」であり、あえて「いつくし味《み》」と呼びたくなるような優しくて甘い味であった。試食なのに食べ出すと止まらず、中山先生と二人してひとしきり食べ続けてしまった。

縄文人もこの納豆を食べたにちがいないと私は確信した。

ここに私の新しい仮説が生まれた。

「人間は大豆で納豆を作ったのではない。納豆で大豆を作ったのだ」

意味がわからん！　と思われるだろう。つまりはこういうことだ。誰もが「大豆で納豆を作る」と当たり前のように言うが、アフリカ納豆を見てしまうとそれは決して当たり前ではなくなる。どんなものからも納豆は作れるからだ。でも大豆から納豆を作る必然性はあって、それはパルキア豆同様、そうしないと食べにくいからだ。

では、なぜ縄文人はそんな食べにくい豆を栽培化したのか？　最大のミステリはそこだ。

縄文人が今の人間より胃腸が強かったにしても、栽培化する前の野生のツルマメはもっと食べにくかったはずだ。他にも食用に適した豆や種子はあっただろうに、縄文人がツルマメにこだわった理由。誰にも明かされていない彼らの動機は何か。

それは納豆にすることを知っていたからではないか。納豆にすればおいしくて体にいいツルマメが食べられる。だからこそ、彼らはそれを集落の脇に繰り返し植えて栽培化するようになったのではないか。

大豆より先に納豆があった。「納豆で大豆を作った」とはそういう意味だ。

中山先生も「確かにその可能性はありますね」と言ってくれた。

東アジアと西アフリカは、食べにくいけど栄養のある野生の豆を巧みな方法で食べ始めたという意味で出発点を共有していたのだ。なぜ同じ知恵が働いたかといえば、「両方とも同じホモ・サピエンスだったから」というしかない。

近年急速に発達をとげている認知科学の考え方によれば、人類という種は文化や住環境、見かけなどのちがいこそあれ、脳と体の作りは基本的に同じであり、根本的な思考、感情、行動の様式——つまり「認知」の仕組みを共有するとされる。

そして、先史時代の人間と現代人も同じホモ・サピエンスなので、やはり認知の機能は等しいとされている。

つまり、現代のアフリカ人とアジア人が同じ問題に遭遇したとき似通った解決方法を探すのと同様、先史時代人と現代人も基本的には似通った考え方や嗜好、行動様式を共有していると思われるのである。

少しでも美味いものを食べたい。もっと体にいいものを食べたい。そのためには労を惜しまず工夫を凝らす……という部分も同じはずなのだ。それがホモ・サピエンスの属性だと私は考える。実際、縄文人は常食していたトチの実のあく抜きをするために、驚くほど手間暇をかけていた。

東のツルマメ、西のパルキア豆に直面した二組のホモ・サピエンスが同じ解決法を編み出して不思議はない。

ただ、パルキアは樹木でありツルマメは一年草だったことが、その後の展開を大きく分けた。西アフリカ人は他の豆や種子を納豆化させたが、縄文人と他の東アジア人はツルマメを栽培化し大豆に育て上げた。

これが私の仮説——名づけて「サピエンス納豆仮説」である。

納豆は多くの人の生活を支えてきた裏方だ。だが、それは単に辺境民族や庶民の強い味方だっただけではない。世界の食文化を大幅に変え今も変え続ける大豆をつくった裏方だったかもしれない。味噌だって、醤油だって、大豆なしでは作れないのだ。いや、納豆は日本の農耕の礎《いしずえ》を築いた黒幕かもしれないのだ——。

私の推理を、納豆は天の彼方からひっそりと笑っているような気がする。とぼけた顔で見下ろしているような気がする。

今日もあの懐かしくも独特な匂いのする粘ついた糸を醸しながら。

あとがき

長い長い納豆の旅が完結した。

初めてタイの納豆を調べ始めてから最後のツルマメ縄文納豆まで、なんと七年もかかった。想像を絶するような地点にたどり着いてしまったものだ。

もちろん、まだ目にしたことのない変わり納豆はたくさんある。ブータンのチーズ入り納豆、直径五センチにも及ぶ巨大な豆から作るナイジェリアの納豆（豆を茹でてから細かく切って発酵させるらしい）、あるいはマリの有名な民族ドゴン族の作る納豆であるとか。

しかし、『謎のアジア納豆』と本書に記した納豆の物語が大幅に変更されることはもうないだろう。自分としては、スキーのジャンプ競技でいうところの「最長不倒距離」（転倒せずに最も遠く飛んだ距離）に達してしまった感がある。

あとはあくまで「趣味」として、世界各地のいろいろな納豆や納豆料理を訪ねてみたい。

もう一つ、本文を書き終えてから入ってきたニュースがある。南アルプス市ふるさと文化伝承館の中山誠二先生と保阪太一氏は、あらためて厳密なツルマメ納豆製造実験を行った。

前回と同じように種のままとひき割りという二種類のツルマメを、同じく六種類の葉をスターターに発酵させてみた。ただし湿度や温度など細かい条件を変えてみたところ、前回よりもよく発酵し、とりわけひき割りは「糸もよく引いていて、ふつうの納豆と変わらないように思えるほど」という素晴らしい結果だったという（詳細はこれから研究論文として発表されるはずだ）。

「高野さんのひき割りのアイデアがよかった」と中山先生はおっしゃってくれたが、それを私に教えてくれたのはアフリカのみなさんであり、これまで取材に協力してくれた全ての納豆民族のみなさんだ。

ホモ・サピエンスの知恵はぐるぐる回って今、学問の最先端にある。それが何よりもエキサイティングで楽しいのである。

二〇二〇年六月末日　東京にて

文献引用

(1)『中国の豆類発酵食品』伊藤寛・菊池修平編著（幸書房、二〇〇三年）、一二四頁
(2)同、一八頁
(3)尹瑞石先生へのインタビューによる
(4)『韓国食生活文化の歴史』尹瑞石著、佐々木道雄訳（明石書店、二〇〇五年）、二九六頁
(5)https://uses.plantnet-project.org/en/Parkia_biglobosa_(PROTA)
(6)山田高司氏へのインタビューによる
(7)ギニアビサウを調査研究する早稲田大学大学院の淺野塁氏へのインタビューによる
(8)バログン博士へのインタビューによる
(9)宇治弘晃氏へのインタビューによる
(10)バログン博士へのインタビューによる
(11)The World Bank - World Development Indicators-Population growth（2018）
(12)チブウェゼ博士へのインタビューによる
(13)O.K.Achi, "Traditional fermented protein condiments in Nigeria."（2005）
(14)高野が直接確認した国…ナイジェリア、ブルキナファソ、セネガル
友人知人が直接確認した国…ニジェール（山田高司氏ほか情報提供。以下同）、マリ（ウスビ・サコ氏ほか）、ギニアビサウ（淺野塁氏）、チャド（山田高司氏）、トーゴ（清水貴夫氏）、ベナン（清水貴夫氏ほか）、ガーナ（清水貴夫氏）、コートジボワール（清水貴夫氏）、カメルーン（パルクダ博士）

文献情報…シエラレオネ、ギニア、ガンビア
Emmanuel Ilesanmi Adeyeye, "The effect of fermentation on the dietary quality of lipids from African locust bean (*Parkia biglobosa*) seeds." (2013)

(15)槇佐知子氏へのインタビューによる

(16)『マメな豆の話　世界の豆食文化をたずねて』吉田よし子（平凡社新書、二〇〇〇年）、六三―六四頁

(17) Kehinde Olugboyega Soetan, Akinleye Stephen Akinrinde, Shehu Bolaji Adisa, "COMPARATIVE STUDIES ON THE PROXIMATE COMPOSITION, MINERAL AND ANTI-NUTRITIONAL FACTORS IN THE SEEDS AND LEAVES OF AFRICAN LOCUST BEAN (*Parkia biglobosa*)." (2014)

謝辞

今回の取材においては多くの方のご協力をいただいた。おかげでなんとか本書をまとめることができた。ここでお礼を申し上げたい。

東京都立食品技術センターの細井知弘先生には、前作『謎のアジア納豆』から引き続き、納豆菌に関するあらゆることをご相談しており、今回もたいへんお世話になった。

同じく東京都立食品技術センターの三枝静江先生、佐藤万里先生、中山里彩先生には、納豆菌ワールドカップに参加する菌の準備についてご指導いただいた。

登喜和食品の遊作誠社長には、納豆菌ワールドカップに参加する菌の準備にご協力いただき、また納豆のプロの作り手として貴重なご意見もいただいた。

京都精華大学人文学部准教授・総合地球環境学研究所（地球研）客員准教授の清水貴夫さんには、ブルキナファソの情報を事細かに教えていただき、また地元の方を紹介していただいた。地球研と京都精華大において二度にわたってアフリカ納豆の勉強会を開催し私がそれに参加できたのも清水さんのおかげである。

地球研教授の田中樹先生には、アフリカ勉強会を主催していただいたうえ適確なアドバイスもいただいた。

同じく地球研の寺田匡宏客員准教授、中尾世治特任助教、一般財団法人地球・人間環境フォーラム研究推進ユニットの宮嵜英寿研究官のみなさんにもアフリカ納豆勉強会で実に多くのことをご教示いただいた。その後、宮嵜さんにはパルキア豆の抗栄養素について、中尾さんにはパルキア豆の歴史記録についてご教示いただいた。

早稲田大学大学院博士課程在籍の浅野塁さんにはギニアビサウとガンビアのネテトウについて情報をいただいた。

槇佐知子さんには『医心方』における納豆の処方についてご教示をいただいた。

名古屋大学教授で、アジア納豆研究の先駆者である横山智さんには前作『謎のアジア納豆』に引き続き、今回も多くの貴重なアドバイスをいただいた。

帝京大学文化財研究所客員教授で南アルプス市ふるさと文化伝承館館長でもある中山誠二先生には、ツルマメによる納豆製造実験を一緒に行わせていただいた。また縄文人の生活についてもご教示いただいた。

南アルプス市教育委員会文化財課の保阪太一さんには、ツルマメ納豆製造実験をお手伝いいただいた。

早稲田大学探検部ＯＢで毎日新聞外信部（現・欧州総局長）の服部正法氏には、アフリカのイスラム過激派、特にボコ・ハラムの状況とナイジェリアのカノについてご教示いただいた。

味の素エジプト法人元社長の宇治弘晃さんにはうま味調味料について貴重なコメントをいただいた。

東京新宿三丁目にあるナイジェリア料理店「エソギエ」のオーナー、ラッキーさんにはナイジェリア料理について教えていただいた。

アフリカンダンサーのFATIMATAさん（マナさん）には、セネガル・ダカールで取材協力してくれたマンボイさんとアブ・ジョップさんをご紹介いただいた。

奥様が韓国人でありご本人も韓国通である報知新聞記者の甲斐毅彦さんには韓国取材に協力してくれる方をご紹介いただいた。また韓国の食文化についてもいろいろとご教示いただいた。

朝鮮総聯神奈川県南武支部委員長の朴成澤《パクソンテク》さんには在日コリアン社会と朝鮮民主主義人民共和国（北

朝鮮）におけるメジュやチョングッチャンの作り方・食べ方について教えていただいた。また早大探検部の後輩である遠藤史朗君には朴さんをご紹介いただいた。

株式会社ニムラ・ジェネティック・ソリューションズ社長の二村聡さんには、生物資源の取扱に関してご相談させていただいた。

友人の金澤聖太さんには、納豆ワールドカップ用の大豆を煮るのに台所を使わせていただいた。

東京農業大学探検部OBで探検家・「緑のサヘル」元事務局長の山田高司さんにはアフリカ納豆とパルキアについて広範囲にご教示いただいた。特にパルキアの植生やアフリカ納豆の分布においては貴重なご意見をいただいた。

「幼なじみの健ちゃん」こと小林健一君には最初から最後までずっとお世話になった。ナイジェリアのみならず、西アフリカの他の国にも足を伸ばし、アフリカ納豆を探しては報告してくれた。なお、健ちゃんは二〇二〇年六月付けで味の素株式会社を退社した。アフリカ納豆の商品化という偉業を成し遂げたので満足したようだ。今後はフリーの辺境好きの旅人として生きていくのかもしれない。

大学探検部の先輩である竹村拡さんには今回も海外取材をほぼ全部同行していただき、撮影もしていただいた。食べ物取材は手順が複雑で混乱しがちだが、竹村さんの映像をあとで見ることによって、正確な手順を確認することができた。竹村さんは今や世界で最も多くの種類の納豆映像を撮影している映像作家である。いつかそれをドキュメンタリー作品としてまとめていただきたいものだ。

妻・片野ゆかには今回も辛抱強く協力してもらった。私は納豆の話ばかりしているし、冷蔵庫の冷凍室も納豆でいっぱいだが、大目に見てもらっている。

また愛犬のマドには私が取材から持ち帰る全ての納豆を試食してもらった。というか、マドは本当に納豆好きで、どんな納豆でも実に喜んで食べる。世界で最もくさいナイジェリアのオギリ（健ちゃんが最初に匂いを嗅いだ瞬間吐いたというやつ）もパクパク食っていたほどだ。名実ともに「国際納豆犬」

と言えよう。

本書の取材・執筆にあたっては、新潮社の西麻沙子さん、村上龍人さん、青木大輔さんにとことんお世話になった。このお三方に同じく新潮社の白川絢子さん（納豆ワールドカップに参加していただいた）を加えた「新潮納豆組」は私のライフワークにもなった世界納豆探索における必要不可欠なサポート隊である。それにしても納豆W杯の実行委員兼審査委員まで務めていただけるとは思わなかった。

一方で、新潮納豆組の諸氏は私同様あまりに納豆に深くコミットしすぎて客観的な視点を保っていないかもしれないと危惧し、同じく新潮社の眞板響子さんに納豆に侵されない立場から原稿を読んでいただき、重要なご指摘をいただいた。

最後になったが、納豆ワールドカップ用に雪納豆を提供していただいた岩手県西和賀町の中村キミイさんはその後病気で亡くなられた。雪納豆を作れる人は中村さんしかおらず、あのときのものが文字通り「最後の雪納豆」となった。心よりお礼申し上げるとともにご冥福をお祈りしたい。

他にも大勢の方にお世話になった。心より感謝致します。

Acknowledgements（英語圏の方々への謝辞）

I would like to thank all the people who helped my research in Nigeria.

〈Nigeria〉
Aminu Ahamed
People of Dankwali village
Kano branch of West African Seasoning Co.,Ltd
Aminu Abubakar
Dr.Ruth Ezinne Chibueze
Dr.Olukunmi Balogun

Remerciements（フランス語圏の方々への謝辞）

Je remercie toutes les personnes qui ont aidé mes recherches au Sénégal et au Burkina Faso.

〈Sénégal〉
Maneboye Djigo
Abou Diop

〈Burkina Faso〉
Abdoulaye Ouedraogo
Julian Sawadogo
Naaba Boulga II de Komsilga
Dr.Charles Parkouda
Population de village de Poussiguin

〈감사의 말씀〉(韓国の方々への謝辞)

청국장의 취재 과정은 많은 한국 분들의 진심어린 협력없이는 이루어질 수 없었을 것입니다.

이 분들께는 지면을 통해 특별한 감사의 말씀을 전하고싶습니다.

한국의 식문화연구의 제 1 인자인 윤서석(尹瑞石) 선생님께는 청국장의 역사에 대해 많은 가르침을 받았습니다.

김우영씨는 사전 취재를 갔을 때 통역으로 수고 해 주셨고, 청국장에 관한 많은 정보를 제공해 주셨습니다.

복두부집의 함재상 대표님과 이옥순 이사님께는 파주지역의 특산품인 장단콩을 이용한 두부와 청국장의 제조에 관한 많은 가르침을 받았습니다.

통일동산순두부의 차진호 사장님은 영업비밀이라 할 수 있는 청국장 제조의 전과정을 상세히 설명해 주셨고, 청국장 제조에 관한 실패담을 공유해 주셨습니다.

최상희, 김용택 부부를 통해서는 전라도에서의 취재에 도움이 되는 많은 분들을 소개 받을 수 있었습니다.

전라도 순창군 쌍치면 묵산마을에 계시는, 제가 어머니라 불렀던 김현숙 여사 덕분에 시골에서 전래되는 청국장 제조의 전과정을 관찰할 수 있었습니다. 저는 청국장이 익어가는 동안 그 댁에 묵으면서 매끼니 향토색 넘치는 시골음식을 맛볼 수 있었습니다. 또한 묵산마을에 머무는 동안 마을 어르신들이 보여주신 친절함을 잊기 힘듭니다. 그 중에서도 늘 인자한 미소를 보여주시던 정이쁜여사의 얼굴이 떠오릅니다.

김현숙 여사의 아드님이신 오기석씨는 제가 배탈이 났을 때, 정체를 알 수 없는 약을 다려 주셨습니다.

전라도 완주를 취재할 때에는 최운성님께서 안내를 해 주셨습니다.

완주군 화산면 원우마을의 박명기 대표, 장중섭 이장, 유병은 작업반

장께서는 마을의 특산품인 솔잎청국장의 제조 및 전라도지역의 청국장의 역사에 대해서 가르쳐주셨습니다.

농업회사법인 순창장류(주)의 이정미 소장님께는 한국의 장류와 청국장에 대해 많은 가르침을 받았습니다.

마지막으로 강병혁씨에게는 전반적인 취재과정의 통역과 안내를 부탁드렸을 뿐만아니라, 한국의 역사와 한국의 현재상황에 대해 많은 조언을 받았습니다. (만약 제가 한국에 대해 잘못 기술한 부분이 있다면 이는 모두 강병혁씨 때문입니다.)

이 외에도 정말 많은 분들에게 신세를 졌습니다. 덕분에 한국과 청국장의 놀라움을 실감할 수 있었습니다. 일본의 독자들은 제가 경험했던 경이로움을 이 책을 통해 추체험(追体験) 하게 될거라 믿습니다. 마음 깊은 곳에서 우러나오는 감사의 뜻을 전하고 싶습니다.

参考文献

◎書籍

『ジハード大陸　「テロ最前線」のアフリカを行く』服部正法著（白水社、二〇一八年）
『農業起源をたずねる旅　ニジェールからナイルへ』中尾佐助著（岩波書店、一九九三年）
『韓国食生活文化の歴史』尹瑞石著、佐々木道雄訳（明石書店、二〇〇五年）
『マメな豆の話　世界の豆食文化をたずねて』吉田よし子著（平凡社新書、二〇〇〇年）
『中国の豆類発酵食品』伊藤寛・菊池修平編著（幸書房、二〇〇三年）
『納豆の科学　最新情報による総合的考察』木内幹・永井利郎・木村啓太郎編著（建帛社、二〇〇八年）
『中華料理の文化史』張競著（ちくま文庫、二〇一三年）
『ここまでわかった！　縄文人の植物利用』工藤雄一郎・国立歴史民俗博物館編（新泉社、二〇一四年）
『タネをまく縄文人　最新科学が覆す農耕の起源』小畑弘己著（吉川弘文館、二〇一六年）
『納豆の起源』横山智著（ＮＨＫブックス、二〇一四年）
『納豆近代五十年史』（全国納豆協同組合連合会、二〇〇四年）
『納豆沿革史』フーズ・パイオニア編（全国納豆協同組合連合会、一九七五年）
『平安時代の納豆を味わう』松本忠久著（丸善プラネット、二〇〇八年）
『納豆の研究法』木内幹監修、永井利郎・木村啓太郎・小高要・村松芳多子・渡辺杉夫編（恒星社厚生閣、二〇一〇年）
『物語　ナイジェリアの歴史　「アフリカの巨人」の実像』島田周平著（中公新書、二〇一九年）

『セネガルとカーボベルデを知るための60章』小川了編著（明石書店、二〇一〇年）
『ブルキナファソを喰う！　アフリカ人類学者の西アフリカ「食」のガイド・ブック』清水貴夫著（あいり出版、二〇一九年）
『星の王子さま』サン＝テグジュペリ著、河野万里子訳（新潮文庫、二〇〇六年）
『「塩」の世界史　歴史を動かした、小さな粒』マーク・カーランスキー著、山本光伸訳（扶桑社、二〇〇五年）
『サハラ砂漠　塩の道をゆく』片平孝著（集英社新書ヴィジュアル版、二〇一七年）
『ボコ・ハラム　イスラーム国を超えた「史上最悪」のテロ組織』白戸圭一著（新潮社、二〇一七年）
『世界民族事典』綾部恒雄監修（弘文堂、二〇〇〇年）

◎論文

「アフリカのイネ、その生物史とアジアとの交流の歴史」田中耕司（熱帯農業研究6（1）２０１３）
「西アフリカ・セネガルの食と景観をめぐる謎」手代木功基・清水貴夫（月刊「地理」二〇一六年七月号）
Kehinde Olugboyega Soetan, Akinleye Stephen Akinrinde, Shehu Bolaji Adisa, "COMPARATIVE STUDIES ON THE PROXIMATE COMPOSITION, MINERAL AND ANTI-NUTRITIONAL FACTORS IN THE SEEDS AND LEAVES OF AFRICAN LOCUST BEAN (*Parkia biglobosa*)." Annals. Food Science and Technology 2014
Charles Parkouda, et al. "Volatile compounds of maari, a fermented product from baobab (*Adansonia digitata* L.) seeds." African Journal of Biotechnology vol.10 (20), 2011
O.K.Achi, "Traditional fermented protein condiments in Nigeria." African Journal of Biotechnology vol.4 (13), 2005
Emmanuel Ilesanmi Adeyeye, "The effect of fermentation on the dietary quality of lipids from African locust bean (*Parkia biglobosa*) seeds." Elixir Food Science 58 (2013)

◎新聞
「韓国の清麹醬vs日本の納豆」（中央日報・日本語版、二〇〇八年四月十五日）

◎ウェブサイト
The World Bank - World Development Indicators-Population growth（2018）
https://data.worldbank.org/indicator/SP.POP.GROW

◎雑誌記事
「韓国の麹『メジュ』について」長谷川摂（あいち産業科学技術総合センターニュース 二〇一三年七月号）
「天皇皇后も愛読される『医心方』のすごい処方箋」槇佐知子（文藝春秋二〇一七年十一月号）

本書は、「小説新潮」二〇一七年十月号から十二月号、二〇一八年一、四、五月号、二〇一九年七月号から二〇二〇年一月号に連載された作品を、大幅に加筆修正したものです。

幻《まぼろし》のアフリカ納豆《なっとう》を追《お》え！
そして現《あらわ》れた〈サピエンス納豆《なっとう》〉

著者／高野秀行《たかのひでゆき》

＊

発行／2020年８月25日
２刷／2020年９月20日

発行者／佐藤隆信
発行所／株式会社新潮社
郵便番号 162-8711
東京都新宿区矢来町71
電話：編集部(03)3266-5411・読者係(03)3266-5111
https://www.shinchosha.co.jp

＊

印刷所／大日本印刷株式会社
製本所／大口製本印刷株式会社

＊

ISBN978-4-10-340072-1　C0095